매봉통일연구소총서8

Issues of
Contemporary Japanese Politics

현대 일본정치의 쟁점

이기완 | 최기성 | 김용민

현대 일본정치의 쟁점

지 은 이 이기완·최기성·김용민
발 행 인 남광규
발 행 처 매봉
초판발행 2010년 10월 1일
등록번호 제6-479호
주 소 서울시 영등포구 여의도동 13번지 진미파라곤 1102호
Tel (02) 780-9013~4 Fax (02) 780-9017
값 / 18,000원 · ISBN / 978-89-92799-05-8

현대 일본정치의 쟁점

Issues of Contemporary Japanese Politics

이기완·최기성·김용민

Lee Ki Wan·Choi Ki Sung·Kim Yong Min

발간에 즈음하여

일본 정치는 1993년 호소카와 연립정권의 성립을 계기로 '55년 체제'로부터의 탈각을 시작한 이래 20여년의 세월이 흐르고 있다. 이 기간 동안 일본 정치는 국민의 압도적 지지를 바탕으로 안정적으로 국정을 운영한 고이즈미 정권을 제외하면 정치적 이합집산과 리더십의 부재로 극심한 정치적 혼동을 거듭하고 있다. 이러한 혼미는 새로운 정치 구상과 정치 전략에 기초한 정책 방침을 충분히 준비하지 못한 정당과 정치인들이 단지 정계개편 과정에서 정권을 장악하기 위한 무원칙적인 정당 내·정당 간 합종연형만을 되풀이한 것에 기인한다.

그러나 이러한 정치변동 속에서 일본 정치는 그 동안 정치학자도 매스컴도 자국의 정치적 균열구조 하에서 요원할 것으로 간주해 온 새로운 정치 현상—연립정권과 포퓰리즘—을 경험하고 있다. 또한 1990년 이래 정치·군사 대국화를 지향하는 신보수주의 정치세력의 부상과 사회의 보수화 현상이 맞물리면서 55년 체제 하에서 수면 아래에 가라앉아 있던, 그 동안 금기시되어 온 문제들—국가, 민족주의, 헌법개정—이 정치의 장에서 본격적으로 논의되고 있다.

이러한 정치적 쟁점뿐만 아니라 일본은 경제적으로도 1990년대 거품 경제의 붕괴 이후 계속되고 있는 경기 침체와 과도한 재정 지출로 눈덩이처럼 불어나고 있는 재정 적자의 문제를 해결해야 하고, 더 나아가 1997년 동아시아 금융위기를 계기로 본격화된 동아시아 공동체 형성을 적극적으로 모색해야 할 절체절명의 상황에 직면해 있다.

이 책은 바로 이러한 일본이 떠안고 있는 주요 정치·경제적 쟁점들에 대한 체계적인 이해를 위해 집필된 연구서로 모두 일곱 편의 논문으로 구성되어 있다.

제1장에서는 가타야마 중도연립내각의 사례를 통해 일본 정치의 거대한 분수령이며 현실 정치의 초미의 관심사가 되고 있는 연립정권의 문제를 심도 깊게 분석하고 있다. 제2장에서는 자민당 내 비주류

정치인으로 정치적 반대라는 것 이외에 독자적인 정책을 제기한 적이 거의 없던 고이즈미가 어떻게 정권을 장악하여 대중의 절대적 지지를 받을 수 있었는지의 문제를 '포퓰리즘'이라는 분석틀을 통해 고이즈미 정치를 분석하고 있다.

제3장에서는 일본정치의 핵심쟁점인 헌법개정에 관한 논의, 특히 헌법 형성 및 개정의 동학을 둘러싼 정치세력—개헌파와 호헌파—간 논쟁을 분석하고, 이를 통해 향후 일본이 선택할 수 있는 방향이 무엇인지를 예측하고 있다. 제4장에서는 오늘날 일본사회의 커다란 부담으로 작용하고 있는 '오키나와 문제'가 일본 근대화 과정에서 나타난 일탈 현상이며 일본의 특수한 민족주의에 기인하고 있다는 사실을 체계적으로 분석하고 있다.

제5장에서는 1970년대 중반부터 심화된 일본의 재정적자 문제를 무분별한 국채발행에 초점을 맞추어 분석하고, 이를 해소하기 위한 정부의 역할과 정책을 제시하고 있다. 제6장에서는 1990년대 이후 세계화와 지역주의가 확산되는 상황에서 일본이 추진하고 있는 동아시아 경제공동체의 구상과 전략, 그리고 한계를 체계적으로 규명하고 있다.

제7장에서는 1990년대 이래 일본 정치사회에서 보통 국가론이 지배적인 담론으로 대두된 상황에서 그것의 태생적 기반이 된 일본 국가의 '특수성' 문제를 심층적으로 분석하고 있다.

이러한 내용으로 구성된 본서는 현 시점에서 일본 정치사회의 주된 쟁점을 이해하는데 있어 좋은 연구서가 될 것으로 기대된다. 끝으로 바쁜 연구일정 속에서도 이 책의 기획에 흔쾌히 동참해 주신 최기성 박사와 김용민 박사께 진심으로 감사를 드린다. 또한 이 책의 출판을 허락해 주신 도서출판 매봉의 남광규 대표와 관계자 여러분들께도 심심한 감사의 마음을 표한다.

2010년 9월 20일
이기완

目次

목차

제1장

일본정치와 연립정권

-가타야마 중도연립내각을 중심으로-

이 기 완

1. 서론

제2차 세계대전에 의해 황폐화된 일본경제와 산업부흥은 전후 초기 정권을 담당한 내각과 국민 각층에게 요구된 긴급한 과제였다. 당시 일본은 패전에 의한 국내 부의 파괴와 식민지 상실로 생산기반의 완전 붕괴상태에 직면했다. 이 때문에 전후 일본정치는 '경제부흥'이라는 국민적 과제를 해결해야한 했다. 이러한 상황에서 1946년 5월 성립한 요시다 시게루(吉田茂)내각은 이시바시 단잔(石橋湛山)대장상으로 대표되는 자유주의 경제정책을 실시했지만,[1] 오히려 과도한 재정지출로 극단적 인플레와 격렬한 노동운동을 초래했다.

이러한 와중에 요시다 내각은 연합국총사령부(GHQ)의 지령에 따라 자유주의 경제정책의 재검토에 착수하여 석탄과 철의 순환적 생산 확대를 위한 자원의 우선적 투입과 '경사생산방식'을 중심으로 한 경제개혁과 경제통제를 실행했다.[2] 1946년 9월 4일 맥아더는 대일 이사회에 '탄광의 소유권 및 보조금 지출에 관한 각서'를 제출하고, 9월 22일 지령 제3호를 통해 경제부흥을 위해 요시다 내각으로 하여금 엄격한 경제통제를 실시하도록 명령했다. 이를 계기로 석탄 국가관리

---

* 이 글은 "연합정책협정과 정당 내·정당 간 정치"(『국제·지역연구』 제13권 제1호)에 실린 논문을 수정하고 보완한 것이다.

1) 経済企画庁戦後経済史編纂室(編), 『戦後経済史: 経済政策編』(東京: 大蔵省印刷局, 1960), pp. 70-71.

2) 宮崎義一, "経済安定本部の思想," 長幸男·住谷一彦(編), 『近代日本経済思想史Ⅱ: 近代日本思想史大系(6)』(東京: 有斐閣, 1971), p. 321; 経済企画庁戦後経済史編纂室(編),『戦後経済史: 経済安定本部編』(東京: 大蔵省印刷局, 1964), pp. 11-12.

문제는 중요한 정치적 쟁점으로 부각했지만, 요시다 내각의 열의 부족과 대일 이사회의 논의 중단 속에서 점차 정치적 쟁점으로부터 사라져 갔다.

전후 점령기 일본의 정당정치가 경제정책과 경제부흥방식을 둘러싸고 자유주의, 수정 자본주의, 사회주의를 축으로 분극화하는 과정에서 실시된 1947년 제23회 총선거에서 사회당은 예상을 깨고 제1당이 되었다. 하지만 사회당은 단독과반수를 확보하지 못하여 자유당, 민주당, 국민협동당과 '4당 연합정책협정'을 체결하고 6월 1일 가타야마 데츠(片山哲)중도연립내각을 성립시켰다.[3] 이 과정에서 사회·민주·자유·국협의 4당은 정권형성을 우선적으로 염두에 둔 나머지 각 당의 정책차이를 심도 있게 조정하기보다는 애매모호한 형태로 남겨둔 채 연합정책협정을 체결했다. 이로 인해 가타야마 중도연립내각은 석탄국가관리정책과 예산편성방침을 둘러싸고 사회·민주 양당의 격렬한 정책대립과 연립정권의 참여와 정책의 해석을 둘러싸고 사회당 좌우파의 대립 및 민주당의 분열을 초래하여 1948년 2월 붕괴했다.

이 글의 목적은 가타야마 중도연립내각의 사례를 통해 첫째, 정책을 달리하는 정당들이 어떻게 연합협상을 통해 정책협정을 체결하는지의 문제와 이 과정에서 발생하는 정당 내·정당 간 정치를 고찰하고, 둘째, 정당이 표방하는 기본정책과 연합교섭에 의해 체결된 연합정책협정의 차이가 어떠한 형태로 연립여당 내 대립과 정당 내 대립을 초래하는지를 살펴봄으로써 포괄적이며 모호한 형태의 연합정책협정이 연립정권의 안정성 및 지속성에 미치는 정치동학을 보다 심층적으로 이해하는데 있다.

이하 제2절에서는 기존 이론의 한계와 새로운 연구방법을 제시하고, 제3절에서는 전후 초기 주요 정당인 자유·민주·사회 3당의 경제정책을 살펴보고, 제4절에서는 가타야마 중도연립내각의 형성과 연합정책협정을 둘러싼 정치과정을 살펴보며, 제5절에서는 가타야마 중도

3) 자유당은 사회·민주·국협 3당과의 연합교섭에 참여하여 4당 연합정책협정을 체결하지만, 사회당과 공산당의 관계를 문제 삼아 가타야마 중도연립내각에 직접적으로 참여하지는 않는다.

연립내각 하에서 석탄 국가관리법안과 예산편성방침을 둘러싸고 전개된 정당 내·정당 간 정치를 통해 연합정책협정이 연립정권의 정책조정에 미치는 영향과 딜레마를 분석한다. 그리고 제6절에서는 연립여당의 분열과 정당 재편성 문제를 고찰하고, 제7절에서는 사회당 수반의 가타야마 중도연립내각이 사회당 좌우파의 대립에 의해 붕괴되는 정치과정을 설명하며, 제8절에서는 결론과 함의를 도출한다.

2. 연구동향 및 분석방법

1) 기존 연립정권 이론의 동향[4)]

연립정권에 관한 연구는 1960년대 리커(W. Riker)로부터 시작하여 1970년대 스완(A. De Swaan), 악셀로드(R. Axelrod), 데일러(M. Taylor), 레버(M. Laver), 스트롬(K. Strom), 버지(I. Budge)등을 거쳐 1980년대의 합리적 선택이론에 이르러 괄목할만한 발전을 이루었다. 그러나 이런 이론적 발전에도 불구하고 지금까지 주창되어 온 대부분의 연립정권 이론은 연립정권의 '내부 메커니즘'보다 주로 '형성 메커니즘'에 초점을 맞추고 있었다. 즉 기존의 이론들은 연립정권의 정책전개 및 붕괴과정을 설명하는데 있어 그 형성과정에서의 한계가 연립정권의 붕괴를 초래한다는 식의 설명방식을 제시했다. 그 결과 연립정권이 전체적으로 어떤 구조를 구성하고 있는지의 논의에 대해서는 명확한 한계를 드러낼 수밖에 없었다.

더욱이 연립정권 형성에 관한 일반전제, 즉 왜 정당은 연립정권에 참여하는지 하는 기본적인 정당의 동기에 관해서 조차 연립정권을 연구하고 있는 학자들 사이에서도 입장이 사분오열되어 있다.[5)] 그 중에서

4) 연립정권동학에 대해서는 이기완, 『전환기의 일본정치와 연립정권』(서울: 케이시, 2002), 제1장.

5) Michael Laver and Norman Schofield, *Multiparty Government* (Oxford:

연립정권의 형성·유지·붕괴를 설명하는 두 상반된 이론—관직추구 이론과 정책거리 이론·정책추구 이론—이 있다.

우선 초기 연립정권 이론을 주도한 관직추구 이론부터 검토해보기로 한다. 이 이론을 대표하는 리커는 정당을 각료 포스트를 최대화하는 행위주체로 정의하고 있다. 연립정권을 형성하기 위한 정당 간 교섭은 각료 포스트의 수를 배분하는 제로섬 게임으로 간주하고 있다.[6] 이 이론은 연립정권에 참여하는 정당의 수와 당 소속 국회의원의 수를 기본 변수로 해서 어떠한 형태의 연립정권을 형성하면 최소승리 내각이 형성되는지를 중심으로 설명하고 있다.[7] 이러한 연구는 1970년대 돗드(L. C. Dodd)에 의해 비약적인 발전을 이루게 된다. 그는 연립정권을 세 가지 유형으로 분류해 각각의 연립정권의 안정도와 법칙성을 찾으려고 한다. 그에 의하면 온건한 분절화의 정당체계는 최소승리 내각, 극단적 분절화의 정당체계는 정치체제에서의 이데올로기 대립의 강약 유무에 따라 소수파 내각 또는 과대규모 내각이 성립한다고 한다.[8] 더욱이 오스틴 스미스와 뱅크스(D. Austen-Smith and J. Banks)에 의하면 연립정권 형성은 최대 의석을 가진 정당과 최소 의석을 가진 정당과의 사이에서 성립된다고 한다. 즉 그들은 연합의 순서를 결정하는 제도적 규범을 가정함으로써 연합형성의 비협력적 측면에서 발생하는 불안정성을 해결하려고 했다. 그러나 이 이론은 정당의 수를 '셋'이라고 하는 특정 조건을 전제로 하고 있기 때문에 다당제의 다양한 정당체계에는 적용되지 않는 한계가 있다.[9]

Oxford University Press, 1990), pp. 36-61.

6) William Riker, *The Theory of Political Coalition* (New Haven: Yale University Press, 1962).

7) Norman Schofield and Michael Laver, "Bargaining Theory and Portfolio Payoffs in European Coalition Governments 1945-83," *British Journal of Political Science*, vol. 15, no. 2(1985), pp. 143-164.

8) Lawrence C. Dodd, *Coalitions in Parliamentary Governments* (Princeton: Princeton University Press, 1976)/岡沢憲芙(訳),『連合政権再考』(東京: 政治広報センター, 1977), p. 31.

9) David Austen-Smith and Jeffrey Banks, "Coalitions and Legislative Outcomes," *American Political Science Review*, vol. 82(1988), pp. 405-422.

이러한 관직추구 이론에 관해서는 다양한 비판이 제기되고 있고, 그 유용성에도 한계가 있다. 첫째, 이데올로기상의 양극에 위치하는 보혁 정당이 최소승리 내각의 형성을 전제로 교섭하는 것을 현실정치에서는 거의 발견할 수 없으므로 정당의 정책 또는 이데올로기를 간과하는 것은 비현실적이다. 둘째, 연립정권에는 참여하지 않지만 이를 지지하는 각외협력 정당에 의해 소수파 내각이 현실정치에서 종종 형성된다는 것이다.[10] 이것은 각료 포스트의 최대화를 통해 정당의 동기를 달성하려고 하는 관직추구 이론의 기본적 전제에 정면으로 반하는 것이다.

연립정권에 관한 두 번째의 이론은 정책추구 이론이다. 이 이론은 관직추구 이론처럼 연립정권을 형성하는 기본적인 정당의 동기를 각료 포스트를 최대화하려는 제로섬 게임의 과정으로 보지 않고 연립정권의 형성에서 정당의 동기를 정책·이데올로기로 설명한다. 그러나 이러한 정책추구 이론에도 다양한 분석틀이 있고, 경우에 따라서는 상당한 차이가 있다. 스완의 최소정책거리 이론은 연립정권 형성에서 정책교섭을 정책거리의 최소화 과정으로 간주하여 이데올로기 차이가 적은 연립정권의 형성을 예측한다.[11] 악셀로드는 최소승리인접 이론(minimal connected winning theory)을 주창하여 정당 간 거리가 최소일 뿐만 아니라 이데올로기 차원에서 인접한 연립정권이 형성될 가능성이 높다고 주장한다.[12] 최근의 정책추구 이론에서 정당은 다차원적 공간에서 정책수행을 목표로 하는 행위주체로서의 측면이 강조되고 있다.[13] 또한 일군의

10) Kaare Strom, *Minority Government and Majority Rule* (New York: Cambridge University Press, 1990).

11) Abram De Swaan, *Coalition Theories and Cabinet Formations* (New York: Elsevier, 1973); Abram De Swaan, "A Classification of Parties and Party Systems according to Coalitional Options," *European Journal of Political Research*, vol. 3(1975), pp. 361-375.

12) Robert Axelrod, *Conflict of Interest* (Chicago: Markham, 1970).

13) Michael Laver and Kenneth Shepsle, "Coalitions and Cabinet Government," *American Political Science Review*, vol. 84(1990), pp. 873-890; Michael Laver and Kenneth Shepsle, "Government Coalitions and Intraparty Politics," *British Journal of Political Science*, vol. 20(1990), pp. 489-507; Michael Laver and Kenneth Shepsle, *Making and Breaking Governments* (New York: Cambridge University Press, 1996).

학자들은 각료 포스트의 정치적 역할, 특히 정책결정에 대해 각료가 행사할 수 있는 특권을 중심으로 해서 논의를 전개하고 있다.[14] 그러나 이러한 이론들은 정책에 초점을 맞추어 연합형성을 설명하고 있을 뿐 연립정권의 안정성 및 지속성과 관련하여 어떠한 적합성을 가지는지에 대해 논의하고 있지 않다.

2) 연구방법

이 글에서는 기존의 이론들이 소홀히 취급하여 온 연립정권의 유지 및 붕괴와 관련하여 연합정책협정과 정당 내·정당 간 정치에 초점을 맞추어 분석할 것이다. 이를 통해 연합정책협정이 연립정권의 동학에 어떠한 인과관계를 가지고 있는지의 문제와 그것이 정당 내·정당 간 정치에 어떠한 영향을 미쳐 연립정권의 붕괴를 초래하는지의 문제를 규명할 것이다.

본래 연합교섭은 각각의 이데올로기, 정책, 사회적 지지기반 등을 가진 정당 간 타협에 기초하고 있어 각 정당의 정책만을 엄격하게 고집하면 연합정책협상은 실패로 끝나게 된다. 따라서 정당 간 차이는 가능한 한 부각되지 않도록 애매하고 포괄적인 내용의 연합정책협정을 체결한다.[15] 그러나 연합교섭을 통해 체결된 정책협정의 내용이 특정 정당의 정책과 현저히 차이가 날 때 그 정당은 정체성의 위기에 직면한다. 즉 각 정당은 각각의 강령이 있고 각 정당에게 있어 타협하기 어려운 당의 정체성 유지와 밀접하게 관련된 기본 한계선이 존재하기 때문이다. 그런데 연립정권이 특정 정책을 집행하는 과정에서 특정 정당은 정당 본래의 기본노선을 넘어 양보할 것을 강요받는다. 이러한 상황에 처한 정당이 정당 간 정책조정 및 타협에 유연한 대응을 하지 못할 때, 연립정

---

14) Ian Budge and Hans Keman, *Parties and Democracy* (Oxford: Oxford University Press, 1990).

15) Michael Laver, "Party Competition and Party System Change," *Journal of Theoretical Politics*, vol. 1, no. 3(1989), pp. 313-317.

권은 위기를 맞게 된다.

더욱이 연립정권과 특정 정당 간 정책차이는 당내의 대립과 분열을 초래한다. 현실적으로 정책과제를 처리해야 하는 연립정권은 정책을 조정하고 타협하여 정책방침을 결정해야 한다. 그러나 조정·타협 후의 정책이 정당의 기본정책 및 선거공약과 상당한 차이를 보일 경우, 당내에서는 연립정권의 정책타협에 대한 불만이 증가하여 당내 대립을 발생시킨다.[16] 이것은 정당동기의 해석과 연립정권의 참여비용을 둘러싸고 정당의 전략과 밀접하게 뒤얽혀 당내 대립을 한층 심화시킨다.[17] 즉 연립정권에의 참여과정에서는 현실적인 단기적 정책을 둘러싼 정당정치와 이념적인 장래 비전에 관한 정치철학과의 긴장상태가 항상 존재한다. 또한 연립정권에 각료를 보내지 않은 정당 내 파벌은 연립정권의 정책과 당의 정책과의 불일치를 계기로 연립정권의 정책을 비판하는 동시에 당 지도부와의 대결자세를 점차 강화한다. 정당 내 대립이 끊임없이 되풀이되고 연립정권이 표방한 정책에 대해 당내의 비주류파가 반발해 당내의 정책대립에서 당과 연립정권이 동시에 위기에 직면하는 현상이 발생한다.

또한 정당 내·연립여당 간 대립은 내각과 그 조정기관에서 주도권 다툼을 초래한다. 이것은 각료의 경질과 내각개조문제를 낳는다. 이 과정에서 각료를 일방적으로 경질하려는 시도는 연립여당 내 균열을 한층 심화시키는 요인이 된다.[18] 이런 각료 해임과 내각개조 시도는 국민에게 연립정권 내 불일치로 보여질 뿐만 아니라 연립여당 간 대립을 한층 깊게 한다.

한편, 연립정권에의 참여는 연립에 참여한 정당에게 차기총선거에 부

---

16) 이기완, “연립정권 이론의 가능성과 한계: 호소카와 내각을 중심으로,” 『국제정치논총』제42집 1호(2002), p. 160; Sven Groennings, "Notes toward Theories of Coalition Behavior in Multiparty Systems," in S. Groennings, E. W. Kelley, M. Leiserson(eds.), *The Study of Coalition Behavior* (Holt, Rinehart and Winston, 1970), p. 462.

17) Carol Mershon, "The Costs of Coalition: Coalition Theories and Italian Governments," *American Political Science Review*, vol. 90, no. 3(1996), pp. 538-539.

18) Ian Budge and Hans Keman, op. cit., p. 58.

정적인 영향을 미칠 수 있다.[19] 왜냐하면 연립정권에의 참여는 자당의 정책적 양보와 정책위치의 변화를 전제로 한 것이기 때문에 이것은 차기총선거에서 유권자의 자당에 대한 지지를 감소시키는 요인이 될 수 있다. 즉 그것은 종래의 정당지지 구조를 지탱하던 지지기반의 쇠퇴와 비당파적 정치참여형태의 대두, 그리고 정당체계의 탈편성을 초래한다.[20] 이것은 연립정권의 참여로부터 오는 단기적 이득이 장기적으로는 선거비용에 의해 감쇄된다는 것을 의미한다.[21] 그러므로 각 정당은 차기총선거를 둘러싸고 연립정권에서 탈퇴하고 싶은 유혹에 빠진다. 즉 연립정권에의 참여비용을 줄이려는 정당전략이 연립정권의 수명을 단축하는 원인이 되기도 한다.[22]

심지어 연립정권에 참여해 공동으로 국가를 운영하고 있는 연립정권의 정당 및 각료는 차기총선거에서 유권자의 앞에 설 때에는 서로 적이 될 지도 모른다는 사실을 인지하고 있다. 또한 각 당은 연립정권을 유지한 채 총선거에 임하는 것이 유리한지, 아니면 연립정권을 해소하는 것이 득책이 되는지 하는 양자택일의 문제에 직면한다. 전자의 경우에는 연립정권의 정당성과 업적을 어느 정도까지 매스컴과 국민에게 이해시킬 수 있는지의 문제가 중요하다. 후자의 경우에는 연립정권에의 참여로부터 오는 당의 정체성 상실을 어떻게 극복할 수 있는지, 그리고 정권참여의 불가피성과 이 과정에서의 정책추진과 업적을 어느 정도까지 당의 공적으로 하고 실정의 책임을 어느 정도까지 타당에게 돌릴 수 있는지의 문제가 중요하다.

이것은 연립여당 간 연계관계에도 커다란 영향을 끼친다. 연립정권의 정책전개가 진행되는 과정에서 연립여당 내 개인 간·정당 간 대립에 의

---

19) Michael Laver, op. cit., p. 312.
20) Paul Allen Beck, "Patterns of Dealignment," in R. J. Dalton, S. C. Flanagan, and P. A. Beck(eds.), *Electoral Change in Advanced Industrial Democracies* (Princeton: Princeton University Press, 1984), p. 233.
21) Michael Laver and Kenneth A. Shepsle, "Cabinet Mnisters and Parliamentary Government," Ian Budge and David Mckay(eds.), *Developing Democracy* (London: Sage, 1994), pp. 143-147.
22) Carol Mershon, op. cit., p. 539.

해 정당 간 연계관계는 끊임없이 변화한다. 정당 간 연계관계가 변화한다는 것은 종래의 정당 간 공통목표가 그 의미를 상실하거나 새로운 개별 정책목표를 둘러싼 대립이 전개된다는 것을 의미한다. 개별 정책을 둘러싼 정당 간 대립관계를 지속시키면서 동시에 연립여당의 구심적 통합을 유지하는 것이 불가능하기 때문에 새로운 영역에서 협력할 수 있는 다른 정당과의 새로운 연립정권을 모색한다.

따라서 정당 내·정당 간 대립은 한층 더 격렬하게 되며 연립정권을 유지하는 것은 의미를 잃어버린다. 그럼에도 연립정권은 정당 내·연립여당 간 대립에 의한 사실상의 기능정지에도 불구하고 해소에는 이르지 않는다. 왜냐하면 어떤 정당이 연립정권의 해소에 적극적으로 관여하면 그 정당은 연립정권의 해소에 대한 책임을 져야 하기 때문이다.

이상의 내용을 종합해보면, 정당이 표방하는 기본정책과 연합정책협정과의 필연적 차이에 의한 정당 내·정당 간 대립이 연립정권 취약성의 메커니즘을 작동시키게 된다. 결국 연합정책협정이 어떤 내용을 포함하고 있는지에 따라 정당 내·정당 간 협력 및 대립 범위와 정도는 상당히 다른 양상을 보이며 연립정권의 안정성과 지속성에도 결정적인 영향을 미친다.

3. 전후 주요 정당의 정책: 경제정책을 중심으로

정당은 이념, 강령, 그리고 사회세력 등에 기초하여 정책방침을 결정하며 동시에 선거에서 그 정책방침을 강하게 주창하면서 국민적 지지를 확보하기 위해 다른 정당과 경쟁한다. 또한 정당이 표방하는 강령과 주요 쟁점을 둘러싼 기본정책은 정당 간 정책의 일치 또는 불일치를 나타내는 지표로서 협력 가능성을 결정하는 요인이 된다.[23)]

23) 이기완, "연립정권 입법과정에서의 정당 재편성," 『아세아연구』 제45권 3호 (2002)에서 재인용.

〈표 1〉 전후 정당과 정치사상

<table>
<tr><th>이분법</th><th colspan="3">혁 신</th><th colspan="3">보 수</th></tr>
<tr><td>삼분법</td><td colspan="2">혁 신</td><td colspan="2">중 도</td><td colspan="2">보 수</td></tr>
<tr><td>사회관</td><td colspan="2">혁 명</td><td colspan="2">개 혁</td><td colspan="2">현상유지</td></tr>
<tr><td>정치체제</td><td colspan="2">인민 민주주의</td><td colspan="4">자유민주주의</td></tr>
<tr><td>경제체제</td><td colspan="2">계획경제</td><td colspan="2">혼합경제</td><td colspan="2">시장경제</td></tr>
<tr><td>정 당</td><td>공산당</td><td colspan="2">사회당</td><td colspan="2">민주당
국민협동당</td><td>자유당</td></tr>
</table>

여기서는 전후 점령기 일본의 정당체계가 경제정책을 둘러싸고 자유주의, 수정 자본주의, 사회주의를 축으로 분극화하는 속에서 수정 자본주의를 표방한 가타야마 중도연립내각의 성립 배경과 그 정권에 의해 추진된 석탄 국가관리문제를 해명하기 위한 사전작업으로 각 당의 경제정책을 검토한다. 특히 경제정책을 둘러싼 정당 내·정당 간 대립은 기본적으로 점령기 각 정당이 표방한 이데올로기 및 경제부흥방식과 밀접히 관련되어 있다.

1) 자유당의 자유주의 경제정책

자유당은 전전에 익찬의원동맹에 비판적인 구정우회 간부 하토야마 이치로(鳩山一郎)를 중심으로 한 동교회계 중의원 의원 일부가 모여 1945년 11월 9일 창당대회를 개최하고 반공과 자유경제를 표방하는 보수정당으로 출발했다.[24] 자유당은 10항목의 긴급대책[25] 중 여섯째 항에서 "불가피한 자주적 통제 이외의 모든 통제를 폐지하고 자유경제를 부활해 국민의 생산활동을 촉진해야 한다"는 정책을 표방했다.

자유당은 당의 이념적 주체성을 구축하기 위해 전시체제에서의 소수파 이데올로기인 자유주의를 전후 야당의 이데올로기인 자유주의와 연

24) 議会政治研究会政党年鑑編集部, 『政党年鑑』(東京: ニュース社, 1947), pp. 120-130.
25) 위의 책, pp. 128-131.

계해 경제통제에 대결하려고 했다. 1947년 3월 자유당은 당 기관지 '재건'을 통해 자유주의를 당의 이념적 토대라고 발표했다.[26] 자유당에 의하면, 자유주의는 "냉전 시기에 주창된 이데올로기로서의 자유주의가 아니라 구체적인 역사성을 띤 자유주의, 즉 경제활동에 대한 국가간섭을 배제하고 민간기업에 의한 자유로운 경제활동을 최대한 보장하는 자유방임주의 경제정책을 핵심으로 한 것이다"고 한다. 이러한 관점에서 자유당이 경제통제의 철폐를 주장하고, 그 연장선상에서 후일 가타야마 중도연립내각의 석탄 국가관리법안을 신랄하게 비판한 것은 당연한 일이었다.[27]

자유당은 전시 관료통제와 전후 관료통제에 공통으로 내재된 것을 사회주의로 파악하고 전시 관료통제가 사회주의라는 치장 속에서 전후 관료통제로 재차 강화된 것이라고 주장했다.[28] 자유당은 전시 통제경제를 소련의 '전시 공산주의'에 해당하는 것으로 파악하고, 패전은 군국주의를 지탱한 사회주의에 대한 자유주의의 승리를 의미하는 것으로 간주했다. 그렇기 때문에 전후 민주당과 사회당이 계획경제와 통제의 필요성을 주장할 때, 자유당은 과거 사회주의 비판을 재개한 것이었다. 즉 자유당의 주된 비판은 전후 사회당이 주장한 국가관리론이 전시 관료통제를 기본적으로 계승하고 있다는 점에 맞추어져 있었다.

여기서는 다음과 같은 대립구도를 가정할 수 있다. 자본주의 재건을 둘러싼 전시의 변화를 역사상 실패로 간주하여 끝까지 자유경제 부활을 지향하는 자유당과, 자유주의를 시대에 뒤떨어진 것으로 파악하고 자본주의에 수정을 가하여 국가간섭을 인정하려는 민주·사회 양당이 대립하는 구도였다.[29] 그것은 바로 경제재건방법을 둘러싼 대립이었다. 이러한 입장에서 국가관리가 비판의 표적이 된 것은 당연한 일이었다.

---

26) 三谷太一郎, "戦後日本における野党イデオロギーとしての自由主義," 犬童一男·山口定·馬場康雄·高橋進(編), 『戦後デモクラシーの成立』(東京: 岩波書店, 1988), pp. 108-109.

27) 위의 논문, p. 110.

28) 위의 논문, p. 111.

29) ジョン·ダワー/大窪愿二(訳), 『吉田とその時代 (下)』(東京: TBS·ブリタニア, 1981), p. 8.

1947년 6월 가타야마 중도연립내각이 발표한 경제긴급대책에 대해 자유당 마스다 가네시치(增田甲子七)정조회장은 국민의 자주적 경제활동을 압살하는 것이라고 비판했다.[30] 또한 자유당은 전후 경제재건의 기본노선으로 채택한 기초산업 중점주의와 경사생산방식이 계획경제였다고 스스로 비판하기에 이르렀다.[31] 단 자유경제로의 즉각적 복귀는 곤란하다는 것을 인식하고 국가관리의 내용을 담은 4당 연합정책협정을 체결하지만, 자유당은 가타야마 중도연립내각에 불참하고 야당의 길을 선택하여 자유주의를 선명히 했다.

그런데 자유경제는 국내적으로는 자유기업체제에 의해 기능하고, 대외적으로는 자유통상에 의해 유지된다. 즉 사회주의 계획경제가 전후 일시적 고립경제의 관념적 표현이고 전시 쇄국경제의 이론적 소산으로 자립경제에 기초하고 있는데 비해, 자유경제는 국제경제와 밀접한 관련을 가지고 있다.[32] 이에 입각하여 자유당은 무역과 외자도입을 중심으로 한 개방경제를 중시하고 그것이 국내 자유경제체제와 양립한다고 주장했다. 또한 계획경제와 무역은 극히 제한된 범위에서만 양립할 수 있으며 무역과 외자도입 추진을 위해서는 자유기업체제 확립과 노동문제 해결이 필수적이라고 주장했다.[33]

2) 민주당의 수정 자본주의론

1947년 3월 31일 민주당은 창당선언에서 "우리들은 끝까지 폭력과 혁명을 피하고 민주주의에 입각한 올바른 길을 걸어야 한다. 고루한 자본주의의 폐해를 탈각하고 사회주의 비현실성을 수정하는 방향으로 나가야 한다"는 방침을 내걸고,[34] 자유주의 시장경제를 표방한 자유당 및 사회주의 국가관리를 주창한 사회당과의 정책차이를 명확히 했다. 또한

30) 增田甲子七, "経済緊急対策批判,"『再建』第1卷 第4号(1947), pp. 14-16.
31) 石橋湛山, "我が国財政経済の現状と前途,"『再建』第1卷 第2号(1947), p. 3.
32) 增田甲子七, "我党新政策の基本方針,"『再建』第2卷 第1号(1948), pp. 7-8.
33) 三谷太一郎, 앞의 논문, pp. 114-119.
34) 朝日新聞政党記者団,『政党年鑑』(東京: ニュース社, 1948), p. 209.

민주당은 "산업부흥을 위해 필요에 따라 국가 관리권을 강화하는 동시에 대기업의 자본과 경영을 분리하고 경영협의회를 활용하여 이윤 분배제를 확립해야 한다"는 정책을 표방했다.

이러한 민주당의 수정 자본주의론과 아래에서 언급할 사회당의 국가관리론 사이의 친화성을 주장하는 견해도 있지만,[35] 사회·민주 양당의 정책은 근본적인 내용에서 차이가 있었다. 정책강령과 총선거공약으로 양당이 동일하게 국가관리론을 내걸었지만, 민주당이 주장한 국가관리의 내용은 사회당의 그것과 근본적으로 차이를 보였다. 수정 자본주의에 입각한 민주당의 국가관리론은 이누카이 다케루(犬養健)가 지적했듯이,[36] 경영형태의 변경에 반대하는 통제경제를 의미하는 것이었다. 1946년 9월 그는 석탄 국유화에 대한 반대 의견을 표명하고 각 탄광의 자주적 창의를 활용하는 것이 중요하다는 견해를 피력했다.[37] 후일 기업의 자주적 창의 허용 여부를 둘러싸고 가타야마 중도연립내각의 연립여당인 사회당과 민주당은 격렬히 대립하게 된다.

이러한 민주당의 수정 자본주의론은 그 지지기반을 이루고 있던 경제동우회의 경영협의회 구상과 상당 부분 일치했다.[38] 이것은 기존의 기업체제 해체를 기도한 사회당 좌파의 사회주의 국가관리론과 다른 또 하나의 사회화 구상이었다. 이것은 노동공세에 의한 자본주의 제도 붕괴라는 위기의식에 기초하여 노동자의 경영참여를 제도화하고 그것에 의해 자본주의 경영에 정당성을 부여하려고 한 것이었다.[39]

경제동우회의 경영협의회 구상은 오츠카 반조(大塚万丈)의 '수정 자본주의의 기본구조' 속에 잘 나타나고 있다.[40] 그의 논의는 세 가지로 요약할 수 있다. 첫째, 수정 자본주의는 자본주의와 사회주의의 단순한

---

35) 伊藤悟, "戦後初期の連立連合の構図: 進歩党を中心に," 油井大三郎·中村政則·豊下楢彦(編), 『占領改革の国際比較: 日本·アジア·ヨーロッパ』(東京: 三省堂, 1994), p. 121.
36) 1947년 7월 30일, 중의원 예산 위원회에서의 이루카이의 발언 "第4回衆議院予算委員会議事録"
37) 『朝日新聞』 1946년 9월 3일.
38) 三川譲二, "民主党成立の序幕," 『史林』 第71巻 第3号(1988), pp. 131-132.
39) 大嶽秀夫, 『戦後日本のイデオロギー対立』(東京: 三一書房, 1996), pp. 17-19.
40) 大塚万丈, "修正資本主義の基本構造," 『東洋経済新報』(1947.5.10), pp. 13-16.

중간적 형태가 아니라 역사성을 띤 독자적인 제도이다. 둘째, 경영민주화의 단위는 주식회사가 적당하며 주식기업의 민주화는 경영협의회 제도를 중핵으로 한다. 셋째, 소유와 경영의 분리 및 경영자의 경영능력 확립을 경영협의회 운영의 전제조건으로 한다. 이러한 관점에서 볼 때, 그의 주장의 이면에는 기업 경영의 민주화를 통해 사회화를 실현하려는 논의로 사회당 좌파의 사회주의적 국가관리론에 대항하여 자유기업 체제를 옹호하려는 의도가 숨어 있다고 할 수 있다.[41]

3) 사회당의 국가관리론

1945년 11월 2일 창당된 사회당은 경제정책을 둘러싼 논의에서 국가관리론을 강하게 주장했다. 전후 사회당의 국가관리론을 검토하기에 앞서 세 갈래—노농파 마르크스주의에 입각한 좌파,[42] 일본노농당계의 중간파,[43] 의회 민주주의를 지지한 사회민중당계의 우파[44]—조류를 통합한 사회당 내에는 전전에도 두 흐름의 국유화 구상이 존재하고 있었다.

우선 사회당 우파·중간파의 '공약적' 국가관리 구상이었다. 1926년 창당된 사회민중당은 주요 정책의 하나로 중요산업의 사회화를 내걸었다. 또한 1932년 7월 사회민중당과 노농대중당 합당으로 창당된 사회대중당은 중요산업과 금융기관의 국유화를 표방했다. 그러나 이 단계에서 국유화 논의는 구체성이 없는 하나의 공약에 불과했다.[45] 이와는 반대로 일본무산당은 국유화 정책에 대해 부정적인 입장을 표방했다. 일본무산당은 히로타(廣田)내각의 통제경제 정책에 대해 "산업에 대한 파

---

41) 浅井良夫, "占領期における社会化構想と国有化·国家管理," 権上康男·広田明·大森弘喜(編), 『20世紀資本主義の生成』(東京: 東京大学出版会, 1998), p. 352.
42) 鈴木徹三, 『鈴木茂三郎(戦前編): 社会主義運動史の一断面』(東京: 日本社会党機関紙局, 1982).
43) 増島宏·高橋彦博·大野節子, 『無産政党の研究』(東京: 法政大学出版局, 1969).
44) 岡本宏, 『日本社会民主主義政党論史序説』(東京; 法律文化社, 1968).
45) 浅井良夫, 앞의 논문, p. 345.

쇼 정책인 국가통제를 강화해 일부 군수품 자본가에게 이득을 제공하는 것에 불과하다"고 비판하는 동시에,[46] 사회대중당의 '국영론'도 파쇼화로 연결될 소지가 있다는 점을 들어 반대 입장을 피력했다.[47]

이러한 전전의 입장과는 달리 전후 사회당의 국유화·국가관리론을 주도한 인물은 우파·중간파가 아니라 전전에는 국유화 정책에 소극적이던 좌파의 스즈키 모사부로(鈴木茂三郎)였다. 1945년 11월 2일 창당대회에서 사회당은 국유화와 관련하여 다음과 같은 정책들—첫째 사회주의적 계획경제 실현, 군사적·관료적 통제 철폐, 둘째 최고경제회의 설치, 셋째 철광업·석탄광업·인조비료공업·전기사업, 그 밖의 중요산업 국유화, 넷째 은행·신탁·보험사업 국유화, 다섯째, 철도·우편·전기·전화 등 국영사업과 전매사업의 경영 민주화—등을 표방했다.[48]

특히 국유화를 전제로 석탄 국가관리를 표방한 사회당은 구체안 작성을 서둘러 1946년 9월 20일 국유화를 전제로 한 석탄의 사회적 국가관리에 관한 정책초안을 작성하여 9월 28일 개최된 제2회 당 대회에 제출했다. 여기서 사회당은 경제정책으로 사회주의적 계획경제 실현, 최고경제회의 설치, 경제안정본부 개혁, 그리고 철광업·석탄광업 및 주요산업의 국유화를 표방했다.

스즈키는 1946년 1월 25일 사회주의 정치경제연구소를 설립하고,[49] 적극적으로 경제정책을 입안하기 시작했다. 그는 사회주의적 국가관리 구상으로 노동자 계급의 경영참여를 중심으로 한 산업 민주화를 내걸고 사회당의 국유화·국가관리론이 노동자의 경영참여를 기본 이념으로 하고 있음을 명백히 했다. 더욱이 1947년 4월 총선거에서 사회당은 석탄·철광의 즉각적인 국가관리 단행, 금융기관 국유화·국영화 등의 기본 정책을 내거는 한편, 자유당의 자유주의 경제정책이 경제적 약육강식을

46) "労農無産協議会の結社および活動に関する調査,"『思想月報』第26号(1936), pp. 29-32.
47) "日本無産党のその後情勢に関する調査,"『思想月報』第39号(1937), p. 34.
48) 日本社会党結党40周年記念出版刊行委員会(編),『資料日本社会党40年史』(東京: 日本社会党中央本部, 1986), pp. 71-73.
49) 鈴木徹三, "社会主義政治経済研究所について,"『大原社会問題研究所雑誌』第336·337号(1986).

심화시키는 동시에 생산에 종사하지 않고 불법 유통에만 몰두하는 계급을 양산한다고 비판했다.50)

4. 연합정책협정과 가타야마 중도연립내각의 형성

1) 제23회 총선거

일본경제의 3월 위기설이 유포되는 상황에서 경제부흥을 달성하기 위해서는 자유주의 경제정책이 아닌 계획화를 축으로 한 자본주의 경제의 수정이 필요하다는 인식과 차기 정권은 사회당을 중심으로 한 중도연립내각의 성립이 바람직하다는 분위기가 확산되는 가운데 1947년 4월 25일 제23회 총선거가 실시되었다. 이 총선거에서 각 당이 표방한 경제정책의 차이는 경제정책의 방향과 경제재건의 부담계층을 둘러싼 문제에서 비롯된 것이었다.

첫째로, 자유주의 경제정책과 국가관리에 의한 통제경제를 둘러싼 정당 간 정책차이다. 지금까지 정권을 담당한 자유당은 경사생산방식에 의한 생산의 재개를 주장하면서도 불필요한 통제 철폐 및 경영권의 확립과 개인의 창의력 존중 등 자유주의 경제정책을 표방했다.51) 경영의 협동민주화를 주장한 국민협동당의 입장은 상당히 모호했지만, 대략 자유당 정책과 유사했다. 이에 비해 민주당과 사회당은 종합적 생산계획 수립과 국가관리를 주장했지만, 국가관리의 내용에서는 명백한 차이를 보였다. 민주당이 주장한 국가관리의 내용은 경영형태의 변경에는 반대하는 경제통제를 의미하는 것이었다. 즉 민주당의 경제정책은 사회당이 주장한 기본적인 생산수단의 국유·국영화 정책과는 달리, 국가공유의 복지에 반하지 않는 범위 내에서 개인의 창의성을 존중하며 이를 통해 공사(公私)의 생산활동을 촉진하려는 것이었다. 반면 사회당은 생산 자

50) 中北浩爾, 『経済復興と戦後政治』(東京: 東京大学出版会, 1998), p. 78.
51) 三谷太一郎, 앞의 논문, pp. 108-111.

재의 국가관리와 배급제도의 철저한 확립을 역설했다. 공산당은 재벌의 철저한 해체와 중점산업의 인민관리를 주장했다.

둘째로, 경제재건을 어떤 계층의 부담으로 할 것인지를 둘러싼 각 당의 정책차이다. 모든 정당이 신흥 소득계층에 대한 과세와 불법거래의 근절을 주장하여 표면적 구별은 매우 어렵다. 그러나 자유·민주 양당이 새 화폐의 봉쇄 및 군사공채 이자 지불 정지 절대 불가를 주장하고 있다는 점에서 그것의 정지를 주장한 사회당과 차이를 보였다.

그러나 각 정당이 표방한 정책은 주로 단편적·추상적 공약 및 내용을 담고 있어서 그 정당 본래의 기본정책과는 상이한 선거용의 의미가 강했다. 이를 염두에 두면서 당시 각 정당의 정책을 비교해 보면, 자유당과 공산당의 정책이 이데올로기상 양극에 위치하지만, 민주·국민협동당·사회 3당의 정책은 복잡하게 얽혀져 있어 단순히 이데올로기상에서 좌우로 구분하는 것이 매우 어렵다. 그럼에도 각 정당의 경제정책을 이데올로기상에 배치하면 자유당의 자유주의, 민주당의 수정 자본주의, 국민협동당의 협동주의, 사회당의 사회주의적 국가관리, 공산당의 인민관리 등으로 분류할 수 있다.

이리하여 전후 경제부흥 방법 및 운용과 관련하여 각 당의 선거공약이 중요한 의미를 가진 제23회 총선거에서 사회당이 제1당이 되었다. 총선거 결과에 대해 『아사히신문』은 "사회당이 제1당이 된 것은 예외적인 결과이지만, 패전의 현실과 그것에 직면한 국민의 고뇌를 반영한 것인 동시에 국제적인 주시 속에서 국민의 정치적 자각과 민주주의를 충분히 보인 것이다"고 논평했다.[52)]

그러나 이번 총선거에서는 정권을 형성하는데 기본조건인 과반수를 차지한 정당이 존재하지 않는다는 것이다. 사회당이 제1당이 되었지만, 의석수는 466석 중에 3분의 1에도 미치지 못했고 제2당과의 차이도 12석에 불과했다. 이 때문에 제1당인 사회당의 단독 소수파 내각 구상안과 사회당 중심의 중도연립내각 구상안이 대두했다.

---

52) 『朝日新聞』1947년 4월 28일.

〈표 2〉 제23회 총선거 결과

정 당	입후보자 수	당선자 수	득표율	선거전 의석 수
자유당	326	131	26.7	140
민주당	35	124	25.4	145
사회당	289	143	26.2	98
국협당	108	31	7.0	63
공산당	120	4	3.7	6
제 파	155	21	5.1	4
무소속	242	12	5.9	9
계	1,590	466	100%	465(결원: 1)

출처:『朝日新聞』 1947년 4월 25일.

2) 연립정권 형성을 둘러싼 정당 내 정치

총선거 결과 제1당이 되어 사회당의 수반 가능성이 현실화된 국면에서 사회당 좌우파는 보수정당과의 연립정권 구상을 둘러싸고 격렬하게 대립했다. 즉 사회주의 정책실현을 전면에 내건 연립정권인가, 구국이라는 대의명분 하에 정치적 안정을 표방하는 연립정권인가, 좀더 구체적으로 연립정권의 범위를 사회·공산·민주·국협의 정당 간 조합으로 할 것인가 아니면 사회·자유·민주·국협의 정당 간 조합으로 할 것인가 하는 양자택일의 문제가 쟁점이 되었다.[53] 그러나 이 시점에서 공산당과 연립정권을 형성하려는 입장은 사회당 좌파에게 전혀 보이지 않았다. 좌파의 스즈키는 공산당과의 관계에 대해 "현재의 조건 하에서 아직 공동정부를 구성할 정치적 분위기가 조성되어 있지 않다"고 주장했다.[54] 따라서 연립정권의 정당 간 조합과 관련한 초점은 자유당을 포함할 것인지의 여부를 둘러싼 문제라고 할 수 있었다.

사회당 니시오 스에히로(西尾末廣)서기장은 "사회당 정책 이외에는 패전한 일본의 부흥은 있을 수 없고, 사회당은 다른 정당과의 연립정권

53) 木下威,『片山内閣史論』(京都: 法律文化社, 1982), pp. 87-88.
54) 鈴木茂三郎, "政局の展望と社会党の態度,"『政治経済通信』(東京: 法政大学出版局, 1995).

에 참여하는 이외에 당의 정책을 실행할 수 없다"고 연립정권에의 참여를 적극 주장했다. 또한 제1당인 사회당에서 총리가 나올 필요는 없고, 오히려 자유당을 수반으로 한 자유·사회·민주·국협의 4당 연립정권이 바람직하다는 입장을 표명했다.[55)]

니시오가 사회당 수반을 회피한 이유는 다음과 같다.[56)] 첫째, 사회당이 정권에 참여해도 경제부흥이 곧바로 실현되는 것은 아니므로 오히려 실패의 책임을 지게 될 위험성이 있다. 둘째, 사회당이 연립정권의 수반을 차지하려면 정책면에서 다른 정당에게 양보하지 않을 수 없고, 이것이 자칫 사회당의 존재의의를 부정하게 되는 상황을 초래할 수 있다. 셋째, 관료기구를 어떻게 작동시킬 것인지에 대한 이해가 사회당에게는 아직 부족하다. 넷째, 정권 담당의 조건은 단독 과반수의 확보이고 이 조건이 충족될 때까지 다른 정당에게 책임을 떠맡기는 것이 바람직하다. 다섯째, 사회당 수반 내각을 고수하면 시데하라 기주로(幣原喜重郎)를 수반으로 한 보수 연립정권이 형성될 가능성이 높다.

그러나 사회당 좌파는 5월 7일 개최된 중앙집행위원회에서 당의 정책을 실현하기 위해서는 사회당 수반이 불가피하다는 의견을 제출함과 동시에, 자유주의 경제정책을 표방하는 자유당을 연립정권의 정당 간 협상 대상에서 배제할 것을 주장했다. 스즈키는 보혁 양당제를 이상적 정치체제로 간주하고 연립정권을 일탈한 정권형태라고 규정했다.[57)]

위에서 알 수 있듯이 사회당 좌우파의 대립은 다음 두 가지 사실에 기인하고 있다. 첫째로, 연립정권의 구성을 둘러싼 대립이었다. 우파가 보수정당과의 타협을 희망하지는 않지만 현 단계에서는 어쩔 수 없다고 한 것에 반해 좌파는 불가피하게 보수정당과 협력할 필요가 있는 경우라면 사회당 수반 하에 양당 중에서도 진보적 인사만을 참여시켜야 한다는 것이었다. 둘째로, 연립정권의 정책을 둘러싼 대립이었다. 우파는 노농대중의 요구를 중시하는 것은 당연하지만 그 요구대로 움직일

---

55) 西尾末廣, "連立內閣への主張とその經過," 『社會思潮 (2)』(東京: 法政大學出版局, 1991), pp. 108-112.
56) 片山內閣記錄刊行會, 『片山內閣』(東京: 片山哲記念財團, 1980), pp. 217-218.
57) 鈴木茂三郎, 『鈴木茂三郎 選集 第2卷』(東京: 勞働大學, 1970), p. 203.

수는 없고 사회당만의 입장이 아니라 구국의 입장에서 위험을 무릅써야 한다고 주장한 반면 좌파는 노농대중의 목소리는 일본 민주화의 토대이고 그 강력한 지지 없이는 이 위기를 돌파할 수 없으므로 노농대중의 의견을 들으면서 사회당이 '위기돌파대책요강'에서 총괄한 정책을 추진해야 한다고 주장했다.[58)]

이리하여 연립정권의 수반, 대상, 그리고 정책을 둘러싸고 사회당 좌우파는 격렬하게 대립했다.[59)] 즉 사회당 내에는 니시오를 비롯한 우파처럼 정책타협을 통한 정권형성을 주장하는 세력이 있었지만, 사회당 단독정권을 끝까지 주장하며 연립정권에 반대하는 좌파 세력도 존재했다. 그러나 사회당 좌파는 연립정권 문제로 당이 분열하는 것을 막기 위해 민주·국협 양당의 협력을 바탕으로 정국 수습을 꾀하는 것이 바람직하다는 견해를 제시했다.

한편, 민주당 내에는 아시다 히토시(芦田均)파의 중앙정당 구상과 시데하라 파의 자유당과의 보수합당 구상이 대립했다. 민주당은 시데하라를 수반으로 한 자유·민주 양당 연립정권 또는 자유·민주·사회·국협의 4당 연립정권을 추진하려는 다나카 만이츠(田中萬逸), 기무라 고자에몬(木村小左衛門)그룹과, 사회·민주·국협의 3당 연립정권을 주장하는 아시다 그룹으로 양분되었다. 즉 자유·사회 양당의 중간에 위치한 민주당은 자유·민주 양당 연립정권을 표방하는 시데하라 파와 이에 반대하는 아시다 파의 갈등이 공석중인 당수 결정문제와 연결되어 복잡하게 전개되었다. 5월 4일 열린 간부회의에서는 4당 연립정권 구상이 우세했지만, 다음 날 양원 의원총회에서는 총재문제로 양 파벌이 대립하여 결론을 내지 못했다.[60)]

그러나 민주당의 주도권을 장악한 아시다 간사장은 사회·자유·민주 3당의 의석수가 팽팽히 맞서는 상태에서 자유·사회 양당 사이에서 '상대적 약자효과'를 충분히 활용하여 수반을 획득하려는 야심을 가지고 있었기 때문에 연립정권의 구체적 정당 간 조합에 대해서는 확실히 언

58) 木下威, 앞의 책, p. 53.
59) 片山內閣記錄刊行會, 앞의 책, pp. 215-232.
60) 『朝日新聞』1947년 5월 5일.

급하지 않았다.[61] 이는 민주당이 연합교섭에서 가진 한계효용을 극대화할 수 있는 전략적 위치를 점하여 의석수보다도 유리한 결과를 획득하려는 것이었다.

자유당의 경우 요시다 총재는 일찍부터 야당으로의 입장을 굳혔지만, 오노 반보쿠(大野伴睦)간사장은 위기국면에서는 연립정권도 불가피하며 사회당의 입장을 보면서 판단해야 한다고 주장하여 대립양상을 보였다. 자유당은 "4당 연립정권에 의한 거국태세로 차기정권의 수립에 노력한다"는 입장을 정리했지만,[62] 상황이 순탄치만은 않았다. 자유당은 입각 의사를 가진 간부들 때문에 연립정권에의 참여인가, 야당으로 돌아설 것인지의 문제에 대해 명확한 입장을 표명하지 못했다.

3) 연합정책협정을 둘러싼 정당 간 정치

연립정권의 참여문제와 관련하여 각 당의 내부사정이 복잡한 상황에서 제1당으로 정권수립을 주도한 것은 사회당이었지만, 중추정당(pivotal party)인 동시에 완충정당(buffer party)의 역할을 한 것은 민주당이었다.[63] 이데올로기 좌표상에서 민주당의 정책은 자유당과 사회당의 중간에 위치하여 완충적 역할을 수행함과 동시에 민주당의 지지향방에 따라 연립정권 형태가 변한다는 점에서 중추적 위치를 차지했다. 즉 민주당의 동향에 따라 사회당 중심의 연립정권이 아닌 자유·민주 양당의 보수 연립정권 형성도 배제할 수 없는 상황이었다. 국민협동당은 다수파 공작에 불필요한 보완정당(complementary party)으로 연립정권의 향방에 규정력이 거의 없었다. 따라서 연합교섭의 내용은 사회당 정책을 반영하기보다는 오히려 민주당 정책을 중심으로 타협점을

---

61) Browne Eric and Mark Franklin, "Aspects of Coalition Payoffs in European Parliamentary Democracies," *American Political Science Review*, vol. 67(1973), pp. 453-469.

62) 『朝日新聞』1947년 5월 11일.

63) 篠原一, "連合政治の理論的諸問題," 篠原一(編), 『連合政治 I』(東京: 岩波書店, 1984), pp. 29-40.

모색하게 되었다. 이것이 후일 사회당 좌우파의 대립과 이데올로기 논쟁을 초래하는 원인이 되었다.

정당 간 연합교섭은 5월 8일 요시다와 가타야마의 회담으로 본격화했다. 5월 9일 사회당의 제의에 의해 개최된 사회·자유·민주·국협의 4당 회담은 우선 4당 연립정권으로 난국 타개에 협력한다는 총론에는 합의했다. 그리고 연립정권 형성을 위한 각론은 4당 간사장 회담에서 논의하기로 했다. 이 회담에서 사회당이 가타야마를 수반으로 할 것을 제안했지만, 자유·민주 양당은 회답을 유보하여 사회당 수반 문제에 난색을 표시했다.

5월 12일 제1차 4당 간사장 회담은 각료할당과 정책협정을 우선적으로 논의하기로 했다. 각료와 정책에 대해 사회당은 제1당으로 원안을 제시했다. 사회당 니시오 서기장이 정책협정 원안을 제출했지만, 결론에는 이르지 못했다. 단 각료할당에 대해서는 사회 5·자유 5·민주 5·국협 1로 할 것에 합의했다. 14일 제2차 간사장 회담에서 민주당이 국가관리와 금융통제는 필요한 경우에만 할 것, 새 화폐의 봉쇄를 단행하지 말 것 등을 명기한 4당 연합정책협정 안을 제출했다. 이를 토대로 16일 제3차 간사장 회담에서 4당 연합정책협정 안이 결정되었다.

여기서 중요한 것은 가타야마 중도연립내각 형성을 위해 체결한 4당 연합정책협정에는 정당 간 정책차이가 부각되지 않도록 구체적 정책방침을 제시하지 않고 애매한 표현을 사용하고 있다는 점이었다. 이 4당 연합정책협정 안을 사회당 원안과 비교해보면 몇 가지 점에서 중요한 수정과 대담한 타협이 이루어졌음을 알 수 있다.64)

〈표 3〉 사회당 원안과 4당 연합정책협정 안의 비교

순위	구 분	내 용
1	사회당 원안	경제위기 돌파를 위해 종합 정책에 의거하여 국가통제 실시
	4당 연합정책협정 안	경제위기 돌파를 위해 현재의 경제조직을 대상으로 한 종합계획에 의거하여 필요한 국가통제 실시

64) 片山內閣記錄刊行會, 앞의 책, p. 220.

순위	구 분	내 용
2	사회당 원안	생산증강을 위해 중점정책을 취하고 중점기초산업은 민주화된 국가관리로 대체
	4당 연합정책협정 안	생산증강을 위해 중점정책을 취하고 중점기초산업은 필요에 따라 국가관리 실시
3	사회당 원안	산업재건은 경제안정본부를 확대·강화하고 기업가와 노동자의 적극적인 협력 하에 실시
	4당 연합정책협정 안	산업부흥은 기업가와 노동자의 적극적 협력 하에 실시
4	사회당 원안	인플레 극복은 건전재정주의를 견지하고 금융통제를 행하고 인플레 및 불법거래 이득자의 희생과 부담으로 실시
	4당 연합정책협정 안	인플레 극복을 위해 건전재정주의를 견지하고, 필요한 금융통제 실시, 또한 인플레 극복에 즈음하여 인플레 및 불법거래 이득자의 부담 중시, 단 새 화폐의 봉쇄 및 군사공채 이자 지불 등의 정지를 행하지 않음
5	사회당 원안	식량문제 해결을 위해 식량의 완전공출 확보와 불법거래 차단에 만전의 조치를 강구
	4당 연합정책협정 안	식량문제해결을 위해 비료, 농기구, 그 밖의 농어업용 필수 물자의 공급을 확보하여 식량증산을 꾀함과 동시에 공출제도를 신속히 개선하여 완전공출을 도모, 또한 산업재건과 민생안정을 위해 불법거래 박멸에 만전의 조치를 강구

출처: 木下威, 앞의 책, pp. 92-93.

첫째, 제1항에서 "현재의 경제조직을 대상으로 한다"는 구절을 새롭게 첨가했다. 이것은 자본주의 경제체제의 틀 내에서 종합적인 계획을 수립한다는 의미로 지금까지 사회당이 표방한 사회주의적 국가관리를 부정한 것이었다. 또한 사회당이 "자본주의를 배제하고 사회주의를 단행하기 위해 중요기초산업 등에 국가통제·국가관리·금융통제"등을 주장해 왔지만,65) 4당 연합정책협정 안에는 그것에 '필요한 경우에만'이라는 조건을 붙여 사회당 원안에 제동을 걸었다.

둘째, 제3항의 산업부흥에 대해 사회당 원안에서는 경제안정본부를 확대·강화한다는 문구가 있었지만, 이것이 4당 연합정책협정 안에서는

65) 木下威, 앞의 책, p. 94.

삭제되었다. 관료통제 형태의 국가통제에 대해 자유·민주 양당이 반대했던 것이라고 판단할 수 있다.

셋째, 제4항의 인플레 극복에 대해 사회당 원안에서는 "인플레 및 불법거래 이득자의 희생과 부담으로 이를 행한다"고 되어 있던 것이 4당 연합정책협정 안에서는 인플레 및 불법거래 이득자의 부담을 중시한다는 형태로 표현이 완화되었다. 또한 군사공채 이자 지불 정지는 사회당 좌파의 인플레 대책에서 중요한 내용이었지만, 이것 역시 4당 연합정책협정 안에서는 명백히 부정되었다.[66]

더욱이 4월 25일 실시된 총선거 때, 사회당이 발표한 중요산업의 국유·국영화, 군사공채 이자 지불 정지, 일본은행 국영화, 최저임금제 실시, 완전고용을 목표로 한 노동시간 단축, 제3차 농지개혁 단행, 근로소득세 인하, 대중과세 폐지, 사회보험 실시 등의 정책공약은 연립정권 형성을 위한 연합교섭 과정에서 민주당을 비롯한 보수정당과의 타협을 중시한 결과, 4당 연합정책협정 안에는 거의 반영되지 못했다. "사회당이 연립정권을 형성하기 위한 정치적 고려에서 총선거 전에 국민에게 공약한 정책을 대폭 완화·수정했다"고 한 『아사히신문』의 해설은 이를 잘 보여주고 있다.[67] 이리하여 후일 4당 연합정책협정 안이 사회당에서 커다란 문제를 야기하는 원인이 바로 여기에 있었다.

4) 가타야마 중도연립내각의 성립

이 4당 연합정책협정 안의 타협점을 모색하던 제2차 간사장 회담 후, 사회당 좌파는 5월 15일 공산당과의 '절연성명'을 발표했다.[68] 이 성명에서 사회당 좌파의 가토 간주(加藤勘十)와 스즈키는 금후 사회당 좌파와 공산당 사이에는 공식적, 개인적으로 어떠한 연계도 없을 것이라고 표명했다. 이들은 공산당과의 절연성명 발표를 통해 사회당 수반 정권

---

66) 松岡英夫, 『連合政權が崩壞した日』(東京: 敎育史料出版會, 1990), pp. 58-59.
67) 『朝日新聞』1947년 5월 17일.
68) 信夫淸三郞, 『戰後日本の政治史 2』(東京: 勁草書房, 1966), pp. 556-557.

의 실현과 정권참여 의사를 표명한 것이었다.[69] 즉 이 성명은 좌파의 우파에 대한 협력선언인 동시에 좌파의 입각에 대한 의지 표명을 의미하는 것이었다.

사회당 좌파의 절연성명과 4당 연합정책협정의 체결에도 불구하고 연립정권 형성을 둘러싼 정당 간 완전한 합의는 요원했다. 왜냐하면 자유당의 요시다가 사회당과의 연립정권 형성에 반대하고 있었기 때문이다. 그것은 다음 세 가지 요인에 기인한다.[70] 첫째, 개인적인 차원에서 요시다의 반공정신과 좌파에 대한 강한 혐오감이다. 둘째, 요시다 내각 말기 사회당과의 연립공작에서 심어진 사회당 불신의 경험이다.[71] 셋째, 보혁 연립정권에 대한 불신이다.[72] 이리하여 자유당은 당시 국내 정치적 환경이 사회당 중심의 연립정권을 통한 경제부흥 실현을 요구하는 상황에서 연립정권을 둘러싼 교섭에서 탈퇴할 명분을 찾고 있었다.

이를 위한 구실이 좌파 숙청이었다.[73] 요시다는 사회당 좌파와 공산당의 관계가 명확히 정리되지 않는 한, 자유당에서 각료를 보낼 수 없다고 주장했다. 그는 가타야마 수반에 찬성하는 것과 당으로 연립정권에 참여하지 않는 것을 분명하게 구분했다. 요시다는 5월 19일 가타야마와의 회담에서 가타야마 수반 내각의 성립에 전면적으로 협력하지만,

---

69) 아라하타 간손(荒畑寒村), 마츠모토 지이치로(松本治一郎)등은 공산당 비판의 자세를 취하면서도 공산당과의 공동투쟁을 인정한다는 점에서 스즈키 및 가토의 입장과 차이를 보인다. 이것이 사회당 좌파가 스즈키·카토의 '현실 좌파'와 아라하타·마츠모토의 '순정 좌파'로 분열하는 계기가 되며, 후일 '노동자 농민당'을 결성하는 복선이 되기도 한다.

70) 松岡英夫, 앞의 책, pp. 64-65.

71) 1946년 말과 1947년 초에 자유당의 요시다는 3차에 걸쳐 사회당에 연합교섭을 타진했지만, 이시바시 대장상 경질문제와 사회당 좌파의 입각문제로 협상이 결렬되었다. 이 때 연합교섭에 진지하게 응하지 않던 사회당에 대해 요시다가 품었던 불신감이 거국내각으로 가타야마 중도연립내각을 성립하려는 사회당의 의도를 좌절시키는 요인이 되었다. 林由美, "戰後日本の連合: 片山內閣を中心に," 篠原一(編), 앞의 책, p. 263.

72) 요시다는 "거국일치 내각 또는 연립정권이라는 것은 국가 비상사태의 경우 혹은 정책이 일치한 정당 간에 성립하는 것이다. 이데올로기를 달리하는 정당·정파가 권력 유지를 위해 일시적인 방편으로 연립정권을 형성하는 것은 정당정치의 타락이다"고 주장한다. 吉田茂, 『回想10年』(東京: 新潮社, 1985), p. 55.

73) 片山內閣記錄刊行會, 앞의 책, p. 229.

자유당으로도 개인적으로도 공산당에 대한 반대 입장을 취해 온 경위에서 사회당 좌파와 공산당의 관계를 명확히 할 것과 사회당이 좌파와 절연하지 않으면 각외협력할 것을 분명히 했다. 이것은 단지 좌파가 입각하지 않는 것으로는 충족되지 않으며 당내에서 좌파를 일소할 것을 요구한 것이었다.[74] 자유당 오노 간사장의 지적처럼, 이것은 명백한 타당에 대한 간섭이었다. 이를 알면서도 사회당에 이런 요구를 했던 것은 사회당의 거절을 연립정권 교섭 탈퇴의 구실로 삼기 위해서였다.[75]

결국 자유당은 이데올로기 차이를 핑계 삼아 사회당과의 연립정권을 거부하고 수정 자본주의를 표방하여 자유당과 거리를 유지하면서도 역으로 자유당의 존재를 위협하는 민주당에 대해서도 불신감을 품어 중도연립내각에의 참여를 거부했다.

이리하여 연립정권 형성에서 캐스팅 보트를 잡았던 민주당의 동향이 가타야마 내각 성립 여하를 결정하는 열쇠가 되었다. 민주당은 5월 18일 아시다 간사장을 총재로 선출하여 사회·민주·국협의 3당 연립파가 당의 주도권을 장악했다. 특히 자유당을 탈당한 아시다는 요시다에 대한 경쟁의식이 강했고 이전부터 4당 연립정권 또는 자유·민주 양당 연립정권에 대해 부정적인 입장을 보여 왔다. 이것이 연립정권의 정당 간 조합을 변화시킴과 동시에 보수정당을 분단시키는 계기가 되었다.[76] 결국, 민주당 내에서 아시다 파의 주도권 확립은 가타야마 중도연립내각을 성립시키는 기폭제가 되어 6월 1일 사회당, 민주당, 국민협동당을 연립여당으로 하는 가타야마 중도연립내각이 성립했다.

---

74) 木下威, 앞의 책, p. 96.

75) 片山內閣記錄刊行會, 앞의 책, pp. 228-229.

76) 子安泰, "党內抗爭で自滅した片山內閣,"『政治記者OB會報』第51卷(1993.11.12).

5. 정책조정의 딜레마

1) 석탄 국가관리문제를 둘러싼 정치동학

가타야마 중도연립내각은 성립 직후 경제부흥의 일환으로 석탄 국가관리문제에 대한 검토에 착수하여 6월 2일 1947년도 석탄 3000만톤 생산계획을 결정했다.[77] 이에 따라 6월 3일 경제안정본부는 '임시 석탄 국가관리법안 요강'을 작성하고, 6월 5일에는 상공성(석탄청)도 '석탄증산 긴급조치 요강'을 발표했다. 그러나 이 양자의 입장에는 커다란 간극이 존재하여, 그 후 협의과정을 거쳐 경제안정본부 안을 축으로 한 '탄광 국가관리 요강안'을 6월 28일 경제 각료 간담회에 제출했다. 그 주된 내용은 출탄 목표 3000만 톤을 확보하기 위해 경사생산방식으로 자재·자금의 우선적 지원을 받고 있는 석탄기업을 국가가 직접 책임을 지고 관리하며, 전체 탄광을 대상으로 한다는 것이었다.[78]

그러나 민주당 출신 각료의 반대에 부딪혀 6월 28일 협의는 난관에 봉착했다. 연립여당인 민주당은 두 가지 점에서 반대 입장을 표명했다. 첫째, 민주당은 수정 자본주의를 표방하기 때문에 사기업을 국가관리하에 운영하는 사회주의 정책에 거부감이 있었다. 둘째, 탄광업자의 지지를 받고 있는 민주당 의원들에게 있어 이 법안의 수용은 사회적 지지기반의 와해를 의미하는 것이었다.[79] 이 때문에 민주당은 증산의 필요성에 따른 부분적 국가관리는 인정하지만, 국유화를 전제로 하는 것에 반대한다는 입장을 명확히 했다. 하지만 이 문제를 둘러싼 민주당 내 입장은 매우 복잡했다. 아시다 파는 수정 자본주의 입장을 취하면서도 현재의 경제위기를 돌파하기 위해서는 사회당이 추진하는 석탄 국가관리법안을 받아들이지 않을 수 없다는 입장을 취했다. 그러나 시데하라 파는 수정 자본주의도 어디까지나 자본주의라고 주장하면서 국가관리

77) 西尾末廣, 『西尾末廣の政治覺書』(東京: 毎日新聞社, 1969), p. 161.
78) 木下威, 앞의 책, p. 132.
79) 川口英俊, "占領下の政党政治と連立政權," 堀江湛(編), 『現代の政治學 I』(東京: 北樹出版, 1997), p. 198.

법안에의 반대 의사를 분명히 했다.[80]

이러한 정부안에 사회당도 비판적인 입장을 취했다.[81] 사회당은 정부안이 석탄청을 국가관리 책임자로 하여 관료통제의 색채를 강하게 띠고 있다고 비판하면서 관리의 주체를 탄광 단위의 경영위원회로 할 것을 주장했다. 석탄 국가관리문제를 계기로 가타야마 중도연립내각은 여당 내 정책 불일치 상황에 직면하게 되었다. 즉 연립정권이기 때문에 가타야마 중도연립내각의 사회주의 정책 구체화 움직임은 곧바로 연립여당 내 정책대립으로 비화하여 연정의 틀을 위협하는 위기를 초래했다. 그 결과 7월 7일 여당 3파 연락협의회는 "3파 전문위원회에서 각 당이 만든 안을 바탕으로 정부안을 조정하여 의회에 제출한다"는 점에 합의했다.

7월 14일 사회당은 '민주적 국가관리안 대강'을 발표했다. 이 안에서 사회당은 대상을 전 탄광으로 할 것, 국가관리가 직접 현장에 미칠 것, 생산협의회의 충실을 기할 것 등을 주장했다. 사회당은 석탄 국가관리를 사회화를 위한 하나의 실험으로 간주하고 석탄 경영 민주화를 촉진하기 위해 노동자의 경영참여를 제도화하려고 했다.[82]

7월 19일 민주당은 '석탄증산 긴급조치 요강안'을 발표했다. 민주당은 사기업의 경영형태를 활용하고 불필요한 변경을 가하지 않을 것을 전제로 일률적인 국가관리는 부적당하며 대폭적 변경을 피해야 한다고 주장했다. 또한 이 안에서는 석탄청 장관이 사업주를 생산책임자로 지명하고 생산책임자가 소속 탄광에 현장 관리인을 두며 생산계획 방침을 지시하는 기존의 기업 지휘명령계통을 유지하려 했다. 각 탄광에 경영자, 직원조합 대표, 노동조합 대표로 구성된 생산협의회를 설치하고 현장 감독이 생산계획, 사업계획, 노동조건 등을 토의하지만 인사권과 경영권은 경영자 측이 확보해야 한다고 주장했다.[83]

국민협동당은 7월 31일 사회·민주 양당의 중재를 목표로 한 안을 발

80) 『日本經濟新聞』1947년 7월 24일.
81) 信夫淸三郎, 앞의 책, pp. 638-639.
82) 石炭廳炭鑛國管準備室, 『臨時石炭鑛業管理法の解說』(東京: 商工協會, 1948), pp. 207-211.
83) 福永文夫, 『占領下中道政權の形成と崩壞』(東京: 岩波書店, 1997), p. 189.

표했다. 국민협동당 안은 정부 원안을 토대로 하면서도 민주당의 주장—본사와 현장을 분리하지 않고 기업 전체를 국가관리 대상으로 하는 것—을 받아들여 각 방면에서 타협을 추구하는 내용으로 되어 있었다.[84]

이리하여 8월 6일부터 연립여당 내 정책조정이 행해졌지만, 사회당 안과 민주당 안 사이에는 세 가지 점에서 커다란 차이가 존재했다. 첫째, 관리대상의 범위에서 사회당은 전체 탄광으로 할 것을, 민주당은 일부 탄광에만 한정할 것을 주장했다. 둘째, 사회당은 일원적 관리방식을 주장한 반면, 민주당은 통제·감사·관리라는 3구분의 관리방식을 주장했다. 셋째, 생산협의회의 위상을 둘러싸고 사회당은 생산협의회를 집행·의결기관으로 할 것을 주장한 반면, 민주당은 자문기관으로 할 것을 주장했다.[85]

8월 15일 연립여당은 정책조정을 통해 '임시탄광 국가관리 요강안'에 합의했다. 이 안은 연립여당 내 정책타협의 산물이라고 말할 수 있다.[86] 그러나 민주당 내에서는 생산협의회가 의결기관이 되고 경영자 1, 직원조합 대표 3, 노동조합 대표 4로 구성되어 노동자 측에 주도권을 준 것이라고 반대했다.[87] 9월 18일 국무회의에서 임시 석탄광업관리 법안을 수정했음에도 불구하고 민주당 내 반대 의견은 여전히 진정되지 않았다. 민주당 비주류파는 19일 "정부의 국가관리 안을 일단 승인하지만, 국회 광공업위원회에서 끝까지 민주당 수정안의 관철을 기한다"고 결정했다. 연립여당의 일각을 이루는 민주당이 정부안 수정을 전제로 국회 심의에 임할 것을 결정하여 탄광 국가관리법안 심의는 파란이 예상되었다.

사회당은 가타야마 중도연립내각을 지지하는 입장에서 정부안에 찬

84) 『朝日新聞』1947년 8월 1일.
85) 『朝日新聞』1947년 7월 19일.
86) 국가관리 범위에 대해서는 민주당이 3단계론을 철회하여 전 탄광을 대상으로 하고, 관리방식에 대해서는 사회당이 양보하여 현장론을 전 기업으로 확대했다. 또한 생산협의회에 대해서는 사회당이 강력하게 주장하여 의결기관으로 했지만, 협의회 구성에 대해서는 민주당의 주장을 받아들여 노자(勞資) 각 과반수로 했다.
87) 木下威, 앞의 책, p. 136.

성할 것을 결정했다. 사회당 좌파는 가타야마 중도연립내각의 경제정책을 기본적으로 받아들이면서 가능한 범위에서 사회당 정책을 실현하려고 한 것이었다. 특히 이 시기에 사회당 좌우파는 니시오 관방장관과 스즈키 정조회장의 협력관계가 형성되어 당내 통일을 유지하고 있었다.[88] 그러나 오카다 하루오(岡田春夫)를 비롯한 일부 좌파의원들로부터 "수정을 되풀이한 정부안은 이름만 국가관리이지 내용은 국가관리가 아니기 때문에 실효가 없다"고 하는 비판이 제기되었다.[89]

결국 임시 석탄광업관리 요강안은 연립여당 내 정책대립과 타협과정에서 당초 사회주의적 경제 사회화라는 목표와 매우 동떨어진 형태로, 9월 18일 내각결정을 보고 25일 국회에 상정되어 같은 날 중의원 광공업위원회에 송부되었다.[90] 동 법안의 국회심의 과정에서 민주당은 8월 15일 결정된 안에 대한 대폭적인 수정안을 제출했고, 미해결 부분은 여당 3파 정조회장 회담과 3당수 회담의 정치적 절충에 위임했다. 11월 7일 민주당은 대폭적인 수정안을 결정했지만, 사회당은 연립정권의 틀에 구속되어 민주당 안을 거의 그대로 받아들여 11월 11일 정부 수정안이 결정되었다.[91]

2) 예산편성을 둘러싼 정치과정

석탄 국가관리문제를 둘러싸고 초래된 정당 내·정당 간 대립이 연립여당의 균열을 낳는 하나의 정치적 진원지였다면, 예산편성방침을 둘러싼 문제는 가타야마 중도연립내각의 통합 구심력을 크게 뒤흔드는 요인이 되었다.[92] 사회당은 1948년도 예산편성방침과 관련하여 4당 연합

---

88) 『朝日新聞』1947년 9월 9일.
89) 『朝日新聞』1947년 9월 14일.
90) 日本經濟研究所, 『石炭國家統制史』(東京: 日本經濟研究所, 1958), pp. 789-794.
91) 菊地雄夫(編), 『臨時石炭工業管理法の研究』(九州: 九州大学産業勞働研究所, 1953), pp. 17-35.
92) 大藏省財政史室(編), 『昭和財政史 17: 資料(1)』(東京: 東洋經濟新報社, 1981), pp. 1030-1035.

정책협정에 얽매임 없이 과감한 방침을 취해야 한다고 주장했다.[93] 사회당 본래의 정책으로 예산을 편성하기 위해서는 가타야마 중도연립내각이 형성되는 과정에서 사회당이 자유·민주·국협의 3당과 체결한 4당 연합정책협정을 파기하는 것이 선결과제였다.

사회당은 군사공채 및 봉쇄예금 이자 지불 정지 등을 포함한 예산편성방침을 1947년 12월 8일 정조회에서 결정했다. 군사공채 이자 지불 정지는 4당 연합정책협정 제4항에서 "새 화폐 봉쇄 및 군사공채 이자 지불 정지 등은 행하지 않는다"고 명기되어 있어 사회당 정조회가 이를 예산편성방침에 포함하려는 시도는 커다란 정치적 쟁점을 야기했다. 더욱이 사회당 정조회는 12월 18일 4당 연합정책협정 파기 방침을 정식으로 결정했고, 19일 가타야마 총리에게 이를 제의했다. 사회당 좌파로서는 군사공채 이자 지불 정지는 제2회 당 대회에서 당 기본정책으로 결정된 것으로 그 후에도 일관되게 주장한 정책이었다.[94]

이러한 사회당의 예산편성방침은 민주당 방침과 정면에서 대립하는 것이었다. 민주당은 1947년 12월 11일 대표회의에서 예산편성은 4당 연합정책협정 범위 내에서 행할 것을 결정했고,[95] 도마베치 기조우(苫米地義三)간사장이 이를 공표했다. 이는 이전에 발표된 사회당 정조회의 차년도 예산요강 속에 군사공채 이자 지불 정지가 포함되었던 것이 민주당을 자극했기 때문이다.[96] 1948년 1월 7일 대표회의에서 민주당은 군사공채 이자 지불 정지에 대해 반대 입장을 분명히 했다.[97]

이리하여 가타야마 중도연립내각은 예산편성방침과 4당 연합정책협정을 둘러싼 민주당과 사회당의 대립 속에서 연립여당의 통합 구심력을 급속히 잃게 되었다. 1948년 1월 8일 차년도 예산편성을 둘러싸고 정부와 여당3파 정조회장의 간담회가 개최되었다. 이 회담에서 스즈키는 "자신은 처음부터 4당 연합정책협정을 무시할 생각이었지만, 이 협정에 따라 예산편성을 하는 것이 재차 논의되기 때문에 파기를 주장한

93) 『社會新聞』1947년 12월 8일.
94) 『朝日新聞』1947년 12월 19-20일.
95) 『朝日新聞』1947년 12월 12일.
96) 片山內閣記錄刊行會, 앞의 책, p. 349.
97) 『朝日新聞』1948년 1월 8일.

것이다. 이 틀이 있는 한 예산편성에 대해 협의할 수 없다"고 말해 4당 연합정책협정 파기를 전제로 예산편성을 행할 것을 요구했다. 이에 대해 민주당의 가와사키 히데지(川崎秀二)정조부회장은 "4당 연합정책협정은 가타야마 중도연립내각 형성의 토대로 이를 파기하는 것은 내각의 성격에 영향을 미친다"고 응수하여 4당 연합정책협정 파기에 대한 부정적 입장을 명확히 했다.[98)]

사회당과 민주당의 대립은 경제정책을 둘러싼 경제안정본부와 대장성 간 주도권 다툼과 맞물리면서 더욱 복잡하게 전개되었다. 민주당과 대장성이 4당 연합정책협정 범위 내에서의 예산편성을 주장한 반면, 사회당과 경제안정본부는 4당 연합정책협정 파기 위에 새로운 정책협정을 체결해야 한다고 주장했다.[99)]

이러한 대립은 와다 히로오(和田博雄)경제안정본부 장관이 사회당과 가깝고 구루스 다케오(栗栖赳夫)대장상이 민주당 소속이라는 점뿐만 아니라, 정책상의 차이에도 원인이 있었다. 사회당과 경제안정본부는 신물가체계 유지에 의한 인플레 억제를 주장한 반면 민주당과 대장성은 신물가체계 유지보다는 행정정리 등으로 재정균형을 꾀하면서 인플레를 억제할 것을 주장하고 또한 금융체계의 안정을 중시하는 관점에서 군사공채 이자 지불 정지에 반대했다. 1948년 1월 7일 대장성과 경제안정본부는 재차 협의를 시도했지만, 결론을 내지 못하여 예산편성방침을 둘러싸고 양자는 첨예하게 대립했다.

6. 연립여당의 분열과 정당 재편성

정부안의 대폭적인 수정안을 받아들인 결정에 대해 사회당은 당내 좌파의 강한 비난에 봉착했다. 특히 사회당 안을 고집하던 좌파의 오카다가 중의원 광공업위원회 위원을 사임하는 사태가 발생했다. 그러나

98) 『社會新聞』1948년 1월 12일.
99) 『朝日新聞』1947년 12월 22일.

사회당은 전체적으로 석탄 국가관리문제에 대해 가타야마 연립정권을 지지할 방침을 정했다.100)

이러한 사회당 좌파의 협조 자세는 우파의 히라노 리키조우(平野力三)농림상 파면을 계기로 일변하게 되었다. 즉 히라노 농림상 파면문제는 사회당 좌우파의 대립을 초래하는 동시에 석탄 국가관리 입법과정에도 중대한 영향을 끼치는 요인이 되었다. 이를 계기로 히라노 파가 중의원 광공업위원회의 표결에 불참하여 국가관리법안이 부결되는 사태가 발생했다. 또한 후임 농림상 문제를 둘러싼 사회당 좌우파의 대립 속에서 니시오와 스즈키의 협력관계도 붕괴했다. 좌파는 후임에 노미조 마사루(野溝勝)를 추천했지만, 사회당 우파, 민주당, 국민협동당이 반대하여 사회당 중간파의 하타노 가나에(波多野鼎)가 농림상이 되자, 스즈키를 중심으로 한 좌파는 '당내 야당'을 선언하고 가타야마 중도연립내각의 민주당 의존을 비난했다.

이러한 와중에 히라노는 전국농민조합(전농)의원단을 이끌고 사회당 탈당을 모색했다. 그는 아카마츠 메이초쿠(赤松明勅), 다나카 겐조(田中健三), 마츠자와 하지메(松澤一)등과 농촌의 지주층·부농층을 기반으로 신당 결성을 계획했다. 그는 국민협동당 내 농촌을 기반으로 한 신당 수립 움직임이 있음을 감지하고, 노미조의 농림상 후임 임명을 반대하는 속에서 의견을 교환했다. 국민협동당 하야카와 다카시(早川崇), 이데 이치타로(井出一太郎), 노모토 시나기치(野本品吉)등은 1947년 12월 5일 제1의원클럽 오리타 마사노부(織田正信), 도노사키 치요키치(外崎千代吉), 농민당 스나시마 세이코(綱島正興)와 함께 신정치협의회를 결성했다.101)

1948년 1월 5일 전농 의원단과 국민협동당의 신정치협의회가 회합하여 신당의 명칭과 강령을 협의했다. 그 후 전농 의원단은 총회를 열고 히라노를 포함한 16명이 사회당 탈당 성명과 동시에 신당 창당을 공식 발표했다. 16명의 탈당은 사회당 내 역학 관계에도 커다란 영향을 미쳤다. 히라노를 중심으로 한 전농 의원단 탈당으로 사회당 내 좌파의

100) 『朝日新聞』1947년 11월 13일.
101) 『朝日新聞』1947년 12월 6일.

비중이 커졌고, 1948년 1월 16일 개최된 제3회 당 대회에서 4당 정책협정 파기와 군사공채 이자 지불 정지 등이 통과되는 조건이 만들어졌다.[102)]

민주당 내에서는 석탄 국가관리문제를 둘러싸고 아시다 주류파와 시데하라 비주류파의 대립이 계속되었다 연립여당 내 타협에 의해 민주당의 정책을 대폭 받아들인 3당 공동 수정안이 결정되었지만, 이것에 불만을 품은 민주당의 국가관리 반대파 움직임은 진정되지 않았다. 시데하라 파와 탄광경영 관계의원에게 있어 석탄 국가관리는 본질적으로 그들의 이데올로기와 지지기반의 이해와 양립하지 않는 것이었다. 민주당 수정안이 받아들여진 것에 의해 석탄 국가관리 쪽으로 방향을 잡은 민주당 주류파와 시데하라를 비롯한 반대파의 대립은 상당히 격렬하게 진행되었다. 11월 13일 후리하타 도쿠야(降旗德弥), 혼마 슌이치(本間俊一)등이 자유당 간부와 회담하고, 14일 시데하라가 요시다와 회담하는 등 법안 성립을 저지하기 위해 자유당과 연락을 취했다. 그 결과 11월 23일 민주당 긴급 총무회는 후리하타를 제명 처분에 부쳤고, 28일 중의원에서 법안 채택 시 반대표를 던진 의원 중 7명을 제명하고, 17명에게 탈당권고를 했다. 탈당자는 11월 30일 시데하라를 중심으로 '동지클럽'을 결성하여 민주당은 분열하게 되었다.[103)]

야당 자유당은 민주당 국가관리 반대파를 끌어들여 보수신당 운동을 추진하여 가타야마 중도연립내각의 붕괴를 촉진했다. 자유당은 1947년 8월 15일 GHQ에 의한 대일 민간무역 재개 결정 이후, 무역진흥에 의한 경제부흥을 주장했고, 국유화 또는 국가관리에 의한 재건을 부정하면서 정책면에서 가타야마 중도연립내각과의 대립을 심화해갔다. 더욱이 자유당은 보수신당운동을 전개하여 가타야마 중도연립내각의 일각을 이루던 민주당 시데하라 파 탈당의 유인을 제공하여 연립정권을 외부에서 교란했다. 1947년 11월 18일 자유당 양원의원총회에서 호시지마 지로(星島二郎)총무회장은 "현재 일본의 정치적 혼미는 정치력 분산과 개혁 혼미에 기초하고 있다. 국민대중의 절실한 요망에 부응하기 위

---

102) 信夫清三郎, 앞의 책, p. 702.
103) 芦田均(進藤栄一·下河辺元春編),『芦田均日記 2』(東京: 岩波書店, 1986), p. 12.

해 지금이야말로 보수정당은 대동 단결해야할 시기이다. 당내 의결을 거쳐 당당히 보수합동운동을 추진하고 싶다"고 말했다.[104] 이러한 동향 속에서 1948년 1월 29일 자유당과 동지클럽은 구국신당 결성준비회를 설치하고, 3월 15일 자유당은 동지클럽과 사회당 의원 1명을 참여시켜 '민주자유당'으로 당명을 변경했다.

7. 가타야마 중도연립내각의 붕괴

1948년 1월 16·17일 열린 사회당 제3회 당 대회에서 좌파는 가타야마 중도연립내각의 정책운용과 관련해서 연립여당의 정치적 쟁점이 된 4당 연합정책협정 파기와 군사공채 이자 지불 정지를 제안했다. 이에 대해 우파는 이 제안이 가타야마 중도연립내각을 구성하는 연립여당의 대립을 초래하고, 더 나아가 자유당에게 정권을 넘겨주는 계기가 될 수 있다고 반대했다. 이러한 관점에서 니시오 서기장은 "4당 연합정책협정에 대해서는 새로운 사태에 대처하고 개별 문제에 대해서는 새롭게 협정을 맺어 당의 정책을 실현해야 한다"는 수정안을 제출했다.[105] 그러나 4당 연합정책협정 파기와 군사공채 이자 지불 정지는 찬성 366, 수정안 찬성 345로 원안대로 가결되었다. 사회당 좌파는 가타야마 중도연립내각이 붕괴된다 해도 사회당이 독자적으로 정책을 추진할 것을 주장했던 것이다.

이러한 와중에 사회당 좌우파의 대립은 가타야마 중도연립내각이 제출한 추가경정예산안의 재원을 둘러싸고 한층 더 격화되었다. 가타야마 중도연립내각은 1948년 1월 27일 추가경정예산을 편성해 국회에 제출하면서 그 재원을 철도운임 및 통신요금의 인상을 통해 조달하려고 했다.[106] 그러나 스즈키 예산위원장을 비롯한 사회당 좌파는 정부 재원안

104) 『朝日新聞』1947년 11월 19일.
105) 信夫清三郎, 앞의 책, p. 704.
106) 堀江湛·政治改革コロキアム, 『連立政權の政治學』(東京: PHP研究所. 1994),

에 난색을 표시하며 무역공단이 보관하고 있는 메리야스 수출 불합격품을 매각하여 재원을 확보하라고 주장했다.[107] 이리하여 가타야마 중도연립내각과 사회당 좌파가 대립하게 되었다. 사회당은 1948년 1월 31일 중앙집행위원회에서 니시오 관방장관을 포함한 자당 소속 각료들이 참석한 가운데 타협을 시도했지만 실패로 끝났다.

사회당 우파의 니시오 관방장관과 미즈타니 조자부로(水谷長三郎)상공상은 철도운임 및 통신요금 인상은 내각의 결정사안이고, 이를 철회하는 것은 각료가 내각에 도전하는 것이 되기 때문에 정부안을 철회하는 것에 대해 반대 입장을 명확히 했다.[108] 이러한 가운데 개최된 사회당 중앙집행위원회에서 아사누마 이네지로(淺沼稻次郎)서기장이 타협안을 제출했지만, 사회당 좌파는 철도운임 및 통신요금 인상을 전제로 한 타협안에 반대하여 타협점을 찾지 못했다. 그리하여 표결 투표가 실시되어 우파가 제시한 타협안이 당론으로 가결되었지만, 좌파는 끝까지 반대 입장을 고수하기로 했다.[109] 즉 좌파는 중앙집행위원회의 결정에 승복하지 않고, 추가경정예산안 반대를 명확히 했다. 여기서 사회당은 내부 분열 위기에 빠졌고 가타야마 중도연립내각은 붕괴 위기에 직면했다.

2월 5일에 개최된 중의원 예산위원회에서 사회당 좌파의 스즈키 위원장은 추가경정예산안의 재편성을 요구하는 동의서를 제출하고, 이에 사회당 좌파와 야당인 자유·공산 양당의 찬성으로 가결되었다. 연립여당 제1당인 사회당 좌파의 반란에 의해 정부 추가경정예산안이 부결되었기 때문에 가타야마 중도연립내각과 사회당 좌파의 대립은 결정적인 것이 되었다. 즉 가타야마 중도연립내각이 제출한 추가경정예산안은 사회당 좌파의 동의를 얻지 못하고 철회되었다. 이에 사회당 우파는 좌파와의 타협을 시도했지만, 결국 양파는 타협을 도출하지 못하여 2월 9일 가타야마 중도연립내각은 총사직을 단행했다. 사회당 좌파의 반란은 연

---

p. 223.

107) 『社會新聞』1948년 2월 4일.

108) 林由美, 앞의 논문, p. 285.

109) 月刊社會党編集部, 『日本社會党の30年(1)』(東京: 社會党中央本部機關紙局, 1974), p. 162.

립정권의 주도적 세력임에도 왜 당 본래의 기본정책을 추진할 수 없는가 하는 내적 불만에서 비롯된 것이었지만, 가타야마 중도연립내각에서 사회당의 위치를 고려하면 비현실적이고 성급한 행동이었다고 말하지 않을 수 없다.[110]

8. 결론

이 글은 연합정책협정을 둘러싼 정당 내·정당 간 정치와 정당의 기본정책과 연합정책협정의 차이가 연립여당의 균열과 정당 내 대립에 미치는 영향을, 가타야마 중도연립내각의 사례를 통해 분석했다. 이를 위해 연립정권 형성과 연합정책협정을 둘러싸고 전개된 사회·민주·자유의 정당 내·정당 간 정치와 연합정책협정이 사회당 정책과 어떠한 차이를 보이고 있는지를 살펴보았고, 그 위에서 가타야마 중도연립내각이 입법화하려던 석탄 국가관리법안과 예산편성방침을 둘러싸고 전개된 정당 내·정당 간 대립으로부터 파생하는 정책조정과 타협의 어려움을 분석했다.

사례분석의 내용을 종합해보면 가타야마 중도연립내각 형성을 위한 연합교섭 과정에서 정당 간 정책합의를 소홀히 한 가운데 체결된 4당 연합정책협정으로 인해 연립여당인 사회·민주 양당은 석탄 국가관리법안과 예산편성방침을 둘러싸고 각기 다른 정책 및 입장을 피력하여 연립정권의 안정을 파괴하는 결과를 초래했다고 말할 수 있다. 4당 연합정책협정은 오랜 시간 구체적인 연합교섭을 통해 정당 간 정책의 조정 및 타협에서 체결되었던 것이 아니라 단기간에 '정권 장악'이라는 목표하에 정당 간 정책적 차이를 무시한 채 졸속으로 행해진 것이었다. 즉 가타야마 중도연립내각은 전후 일본경제의 부흥이라는 대의명분 하에 결집한 것일 뿐 정책타협에서 출발한 것은 아니었다. 이 때문에 가타야

110) 內田健三, "片山哲內閣·芦田均內閣," 白鳥令(編), 『日本の內閣 II』(東京: 新評論, 1986), p. 142.

마 중도연립내각이 경제부흥을 위한 방안으로 석탄 국가관리를 주요 골자로 하는 법안을 상정하자, 연립여당인 사회·민주 양당에서 강한 불만이 제기되어 가타야마 중도연립내각과 대립하는 양상을 보였다.

연합정책협정을 체결하는 과정에서 잠복되어 있던 사회·민주 양당 내 대립은 가타야마 중도연립내각이 입법화하려던 석탄 국가관리법안의 해석과 예상편성방침을 둘러싸고 당내 각 세력의 이해관계와 밀접하게 뒤얽혀 발생했다. 사회당 내 좌파는 연합정책협정을 체결하는 과정에서 당의 협력을 중시하여 가타야마 중도연립내각의 성립을 지지했지만, 히라노 농림상 후임을 둘러싸고 우파와 대립하고 더 나아가 4당 연합정책협정의 파기를 주장하기에 이르렀다. 민주당은 가타야마 중도 연립내각의 형성을 둘러싼 과정에서 사회·민주·국협의 3당 연립정권을 추진한 아시다 주류파에 대해 시데하라 비주류파는 자유당과의 보수연계 또는 자유·민주·사회·국협의 4당 연립정권을 주장하며 대립했다. 그 후 아시다 주류파의 중앙정당구상과 시데하라 비주류파의 보수합당 구상이 석탄 국가관리법안을 둘러싸고 정책대립과 주도권 다툼으로 확대되었다. 그 결과 민주당의 일부 의원들은 석탄 국가관리문제에 반대함과 동시에 시데하라를 중심으로 '동지그룹'을 결성하고 민주당을 탈당했다.

결국 포괄적이며 애매모호한 연합정책협정의 체결로 출범한 가타야마 중도연립내각은 석탄 국가관리법안과 예산편성방침을 둘러싸고 사회·민주 양당 내 대립뿐만 아니라 사회·민주 양당 간 대립을 심화시켜 가타야마 중도연립내각을 붕괴시키는 원인이 되었다.

사례분석을 통해 도출된 잠정적 이론은 연립정권 형성을 위한 협상에서 각 정당 간에 충분한 협의를 통해 연립정권의 정책을 구체화한 연합정책협정을 체결하지 않고 권력 장악과 정권형성에만 몰두하여 정당 간 정책차이를 무시하고 미봉적 정책협정에 의거하여 연립정권을 성립시키면, 결과적으로 정당의 기본정책과 연합정책협정에 입각하여 연립정권이 추진하는 정책과는 필연적인 차이를 보일 수밖에 없으며 이로 인해 연립여당 내 정책대립 및 분열을 초래하여 연립정권이 가진 정책조정의 취약성을 작동시키게 된다는 것이다. 이는 또한 정당 내 각 세력의 이해관계와 밀접하게 뒤얽혀 정당 내·정당 간 연계관계의 변화와 대립을 초래하기도 한다. 결국 이런 사례분석을 통해 정책을 달리하는 정당 간 정책 총론과 정책 각론에 대해 충분한 협의를 통한 연합정책협정 체결의 중요성과 이로부터 파생되는 연립정권 정책추진 과정에서 연립여당 내 정책조정과 타협, 그리고 정당 내 각 세력의 이해관계 등을 얼마나 능숙하게 처리하는지의 문제가 연립정권의 안정성과 지속성에 커다란 영향을 미친다는 사실을 알 수 있다.

참고문헌

이기완, "연립정권 이론의 가능성과 한계: 호소카와 내각을 중심으로," 『국제정치논총』 제42집 1호(2002).

이기완, "연립정권 입법과정에서의 정당 재편성," 『아세아연구』 제45권 3호(2002).

이기완, "연합정책협정과 정당 내·정당 간 정치," 『국제지역연구』 제13권 제1호(2004).

이기완, 『전환기의 일본정치와 연립정권』 (서울: 케이시), 2002.

이기완(역), 『일본현대정치사』 (서울: 케이시), 2003.

이기완, 『일본의 정당과 정당정치』 (서울: 매봉), 2006.

Austen-Smith, D. and J. Banks, "Coalitions and Legislative Outcomes," *American Political Science Review*, vol. 82(1988).

Axelrod, R., *Conflict of Interest* (Chicago: Markham), 1970.

Beck, P. A., "Patterns of Dealignment," R. J. Dalton, S. C. Flanagan, and P. A. Beck(eds.), *Electoral Change in Advanced Industrial Democracies* (Princeton: Princeton University Press), 1984.

Browne, E and M. Franklin, "Aspects of Coalition Payoffs in European Parliamentary Democracies," *American Political Science Review*, vol. 67(1973).

Budge, I and H. Keman, *Parties and Democracy* (Oxford: Oxford University Press), 1990.

De Swaan, A., *Coalition Theories and Cabinet Formations* (Amsterdam: Elsevier), 1973.

Dodd, L. C., *Coalitions in Parliamentary Governments* (Princeton: Princeton University Press), 1976.

Groennings, S., "Notes toward Theories of Coalition Behavior in Multiparty Systems: Formation and Maintenance," S. Groennings,

E. W. Kelly and M. Leiserson(eds.), *The Study of Coalition Behavior* (Holt: Reinhart and Winston), 1970.

Laver, M., "Party Competition and Party System Change," *Journal of Theoretical Politics*, vol. 1, no. 3(1989).

Laver, M. and N. Schofield, *Multiparty Government* (Oxford: Oxford University Press), 1990.

Laver, M. and K. Shepsle, "Coalitions and Cabinet Government," *American Political Science Review*, vol. 84(1990).

Michael Laver and Kenneth Shepsle, "Government Coalitions and Intraparty Politics," *British Journal of Political Science*, vol. 20(1990).

Laver, M. and K. Shepsle, "Cabinet Ministers and Parliamentary Government," I. Budge and D. Mckay(eds.), *Developing Democracy* (London: Sage), 1994.

Laver, M. and K. Shepsle, *Making and Breaking Governments* (New York: Cambridge University Press), 1996.

Mershon, C., "The Costs of Coalition: Coalition Theories and Italian Governments," *American Political Science Review*, vol. 90, no. 3(1996).

Riker, W., *The Theory of Political Coalition* (New Haven: Yale University Press), 1962.

Schofield, N. and M. Laver, "Bargaining Theory and Portfolio Payoffs in European Coalition Governments 1945-83," *British Journal of Political Science*, vol. 15, no. 2(1985).

Strom, K., *Minority Government and Majority Rule* (New York: Cambridge University Press), 1990.

朝日新聞政党記者団, 『政党年鑑』 (東京: ニュース社), 1948.

淺井良夫, “占領期における社會化構想と國有化·國家管理,” 權上康男·廣田明·大森弘喜(編), 『20世紀資本主義の生成』 (東京: 東京大學出版會), 1998.
芦田均/進藤榮一·下河辺元春(編),『芦田均日記 2』(東京: 岩波書店), 1986.
石橋湛山, "我が國財政経濟の現狀と前途,"『再建』第1卷 第1号(1947.4).
伊藤悟, "戰後初期の連立連合の構図: 進步党を中心に," 油井大三郞·中村政則·豊下楢彦(編),『占領改革の國際比較: 日本·アジア·ヨーロッパ』(東京: 三省堂), 1994.
內田健三, "片山哲內閣·芦田均內閣," 白鳥令(編),『日本の內閣 II』(東京: 新評論), 1986.
大藏省財政史室(編),『昭和財政史 17: 資料(1)』(東京: 東洋經濟新報社), 1981.
大嶽秀夫,『戰後日本のイデオロギー對立』(東京: 三一書房), 1996.
大塚万丈, "修正資本主義の基本構造,"『東洋経濟新報』(1947.5/10).
岡本宏,『日本社會民主主義政党論史序說』(東京; 法律文化社), 1968.
片山內閣記錄刊行會,『片山內閣』(東京: 片山哲記念財團), 1980.
川口英俊, "占領下の政党政治と連立政權," 堀江湛(編),『現代の政治學 I』(東京: 北樹出版), 1997.
議會政治硏究會政党年鑑編集部,『政党年鑑』(東京: ニュース社), 1947.
木下威,『片山內閣史論: 連立政權問題を中心に』(京都: 法律文化社), 1982.
菊地雄夫(編),『臨時石炭工業管理法の硏究』(九州: 九州大學産業勞働硏究所), 1953.
経濟企畫廳戰後経濟史編纂室(編),『戰後経濟史: 経濟政策編』(東京: 大藏省印刷局), 1960.
経濟企畫廳戰後経濟史編纂室(編),『戰後経濟史: 経濟安定本部編』(東京: 大藏省印刷局), 1964.
月刊社會党編集部,『日本社會党の30年(1)』(東京: 社會党中央本部機關紙局), 1974.
子安泰, "党內抗爭で自滅した片山內閣,"『政治記者OB會報』第51卷(1993).
篠原一, "連合政治の理論的諸問題," 篠原一(編),『連合政治 I』(東京: 岩波書店), 1984.
信夫淸三郞,『戰後日本の政治史 2』(東京: 勁草書房), 1966.

ジョン·ダワー/大窪愿二(譯),『吉田とその時代 (下)』(東京: TBS·ブリタニア), 1981.

鈴木徹三,『鈴木茂三郎(戰前編): 社會主義運動史の一斷面』(東京: 日本社會党機關紙局), 1982.

鈴木徹三, "社會主義政治経濟研究所について,"『大原社會問題研究所雜誌』第336·337号(1986.11/12).

鈴木茂三郎,『鈴木茂三郎 選集 第2卷』(東京: 勞働大學), 1970.

鈴木茂三郎, "連立政權と社會党の任務,"『社會思潮2』(東京: 法政大學出版局), 1991.

石炭廳炭鑛國管準備室,『臨時石炭鑛業管理法の解說』(東京: 商工協會), 1948.

中北浩爾,『経濟复興と戰後政治』(東京: 東京大學出版會), 1998.

日本經濟研究所,『石炭國家統制史』(東京: 日本經濟研究所), 1958.

西尾末廣,『西尾末廣の政治覺書』(東京: 每日新聞社), 1969.

西尾末廣, "連立內閣への主張とその經過,"『社會思潮 2』(東京: 法政大學出版局), 1991.

日本社會党結党40周年記念出版刊行委員會(編),『資料 日本社會党40年史』(東京: 日本社會党 中央本部), 1986.

林由美, "戰後日本の連合: 片山內閣を中心に," 篠原一(編),『連合政治 I』(東京: 岩波書店), 1984.

福永文夫,『占領下中道政權の形成と崩壞』(東京: 岩波書店), 1997.

堀江湛·政治改革コロキアム,『連立政權の政治學』(東京: PHP硏究所), 1994.

松岡英夫,『連合政權が崩壞した日』(東京: 教育史料出版會), 1990.

增島宏·高橋彥博·大野節子,『無産政党の研究』(東京: 法政大學出版局), 1969.

增田甲子七, "経濟緊急對策批判,"『再建』第1卷 第4号(1947.8).

增田甲子七, "我党新政策の基本方針,"『再建』第2卷 第1号(1948.1).

三谷太一郎, "戰後日本における野党イデオロギーとしての自由主義," 犬童一男·山口定·馬場康雄·高橋進(編),『戰後デモクラシーの成立』(東京: 岩波書店), 1988.

三川譲二, "民主党成立の序幕: 進歩党少壮派の党内革新運動,"『史林』第71巻 第3号(1988).

宮崎義一, "経済安定本部の思想," 長幸男·住谷一彦(編),『近代日本経済思想史Ⅱ: 近代日本思想史大系(6)』(東京: 有斐閣), 1971.

吉田茂,『回想10年』(東京: 新潮社), 1985.

"勞農無産協議會の結社および活動に關する調査,"『思想月報』第26号(1936.8).

"日本無産党のその後情勢に關する調査,"『思想月報』第39号(1937.9).

『朝日新聞』

『社會新聞』

『日本經濟新聞』

제2장

일본정치와 포퓰리즘

-고이즈미 정치를 중심으로-

이 기 완

1. 서론

일본정치사에 있어 포퓰리즘은 정치적 상황을 달리하면서 반복적으로 등장하여 왔지만, 포퓰리즘을 정치에 본격적으로 활용한 정치인은 아마도 1992년 생활자 중심의 정치, 지방분권, 그리고 정·관·재 유착에 의한 이익형 정치의 타파를 내걸었던 호소카와 모리히로(細川護熙)와 2001년 자민당 총재선거에서 자민당 재생, 파벌해체, 그리고 구조개혁을 공약했던 고이즈미 준이치로(小泉純一郎)일 것이다. 이들은 자민당의 이권정치와 파벌정치, 그리고 관료정치와 관료의 낙하산 인사에 도전하는 '개혁자'의 이미지를 연출하여 일반 유권자 중, 특히 무당파 층과 여성 유권자로부터 높은 지지를 받았다. 즉 이들의 대중적 지지는 기성정치에 대한 불신 및 현실과 이상의 괴리에서 비롯된 불만에 기인한 측면이 강했다.

그러나 호소카와 정치가 그의 '일억엔 차입금 의혹' 폭로사건을 계기로 청렴한 개혁자의 이미지에 커다란 상처를 입고 정치 불신을 야기하면서 '배반된 정치'로 막을 내렸던 반면,[1] 고이즈미 정치는 기성의 자민당 정치질서에 저항하는 '고립된 투사', 중앙 성청의 기득권 이익을 해체하기 위해 구조개혁을 추진하는 '개혁의 전도사', 그리고 기성의 인사 관행에 맞서는 '인사의 고이즈미' 등의 이미지를 연출하면서 국민들로부터 '기대의 정치'를 불러일으키는데 성공했다. 이것이 2005년 9월 11일에

---

* 이 글은 "고이즈미의 정치방식과 포퓰리즘"(『대한정치학회보』 제15집 1호)에 실린 논문을 수정하고 보완한 것이다.

1) 이기완, 『전환기의 일본정치와 연립정권』(서울: 게이시, 2002).

실시된 제44회 중의원 총선거에서 당초의 예상과는 달리 자민당 압승의 원동력이 되었다. 이를 계기로 일본 내에서뿐만 아니라 주변국에서 고이즈미 정치에 대한 정치적 관심이 높아졌다.[2)]

고이즈미 정치는 자민당 정치가 사회·경제적 변화에 적절히 대응하지 못하는 위기감을 배경으로 등장했고, 그 정치기법으로는 포퓰리즘에서 공통적으로 보여지는 '대중에 대한 직접적인 호소'와 '기득권층에 대한 저항'[3)]이 사용되었다. 즉 합리적인 절차 대신에 이미지 및 인기에 호소하고 이성보다는 감성에 편승하여 대중을 동원하는 동시에 선악이원론에 의한 문제설정과 적대세력으로 간주된 측을 공격하는 분노의 정치에 기초하고 있었던 것이다.

이러한 자민당 정치의 한계에 대한 불만과 함께 고이즈미의 개인적 인기와 이미지도 고이즈미식 포퓰리즘을 불러일으키는데 크게 일조했다. 이는 정책과 이념에 기초한 정당체계가 형성되지 못한 상황에서 정당과 시민사회의 관계가 단절되어 있는 일본의 정치현상에서 인물이 가지는 상징성은 파급효과가 대단히 크기 때문이다. 고이즈미는 기성 정치체제의 주류가 아닌 이른바 '자민당 내 비주류'였다. 그가 비주류 정치인이었을 때 정치적 반대라는 것 이외에는 독자적인 정책 및 주장을 명확히 제기한 적이 거의 없었지만, 정치개혁을 바라는 국민의 지지를 획득하여 정치권력을 장악할 수 있었다.

결국 고이즈미는 자민당의 이익유도정치와 파벌정치를 개혁의 요체로 설정하고 개인적 매력으로 대중에 직접적으로 호소하여 국민으로부터 압도적인 지지를 획득함으로써 자민당 내 '저항세력'을 일소하고 파벌정치를 약체화시키는데 성공했다. 이 과정에서 고이즈미는 '제4의 권

---

2) 고이즈미의 정치방식과 관련하여 포퓰리즘이 커다란 쟁점이 되고 있지만, 고이즈미 총리의 정치방식을 포퓰리즘으로 간주할 수 있는지에 대해서는 의견이 대립하고 있다. 오다케 히데오(大嶽秀夫)는 고이즈미의 정치방식을 포퓰리즘으로 간주하는데 반해 와타나베 오사무(渡辺治)는 고이즈미를 '반포퓰리스트'로 평가하고 있다. 大嶽秀夫(a), 『日本型ポピュリズム』(東京: 中央公論新社, 2003); 大嶽秀夫(b), 『小泉純一郎　ポピュリズムの研究』(東京: 東洋経済新報社, 2006); 渡辺治, 『構造改革政治の時代: 小泉政権論』(東京: 花伝社, 2005), p. 26.

3) Margaret Canovan, *Populism* (New York: Harcourt, 1981), p. 293.

력'[4]으로 불리어지는 TV를 비롯한 매스미디어를 교묘히 활용하여 기성의 자민당 정치방식에 저항하는 투사와 중앙 성청의 기득권 이익을 해체하기 위해 구조개혁을 추진하는 개혁자로서의 이미지를 연출했다. 이것이 국민의 관심을 한층 고양시켜 제44회 중의원 총선거에서 자민당 압승을 가져오는데 결정적인 역할을 했다. 이 총선거에서 고이즈미는 우정공사의 민영화 찬반여부라는 단순명쾌한 대립축을 제시하여 자민당 내 우정공사의 민영화 반대세력을 저항세력으로 명명하는 동시에, '자객 후보'[5]의 극장형 화제 만들기 전술을 통해 역사적 승리를 거둘 수 있었다. 이러한 고이즈미 정치는 자민당 지지층의 이탈을 막고 무당파층을 고이즈미 지지층으로 돌리는데 결정적인 역할을 했다.

이 글은 2001년 4월에 성립하여 2006년 9월 막을 내린 고이즈미 정치를 포퓰리즘이라는 분석틀을 통해 고이즈미 총리의 정치기법, 정책전개, 지지 동원, 그리고 성공요인 등을 분석하는데 그 목적이 있다. 이하 제2절에서는 포퓰리즘에 대한 연구동향과 이론적 분석방법을 제시하고, 제3절에서는 고이즈미의 집권 동학을 살펴보며, 제4절에서는 기성체제에 도전하는 고이즈미의 '반자민' 정치의 내용을 설명하고, 제5절에서는 기성의 이익정치와 기득권 이익을 해체하기 위한 일환으로 추진한 우정공사의 민영화를 둘러싼 정치과정을 규명한다. 그리고 제6절에서는 9.11 중의원 총선거에서 자민당이 압승할 수 있던 요인을 고이즈미식 포퓰리즘을 통해 분석하고, 제7절에서는 고이즈미 정치가 초래한 부정적인 측면과 한계를 검토하며, 제8절에서는 결론을 도출한다.

---

4) 佐藤孝行, "「天下の悪役」大いに語る,"『文藝春秋』12月号(1993), pp. 157-167.
5) 자객 후보라는 표현은 고이즈미가 우정공사의 민영화 법안에 반대표를 던진 자민당 탈당파 의원들을 단죄하기 위해 공천한 후보들을 매스미디어가 자객이라고 지칭한 데서 비롯된다.

2. 연구동향 및 분석방법

본론으로 들어가기에 앞서 고이즈미 정치를 명확히 하기 위해 지금까지 진행된 포퓰리즘에 관한 이론을 검토할 것이다. 본래 포퓰리즘이라는 용어는 1870년대부터 제정러시아에서 인텔리겐치아에 의해 주도된 나로드니키 운동, 19세기 말 미국에서 농민이 철도 등 독점기업에 대항하여 인민당(people's party)을 결성하여 전개한 운동, 그리고 1930년대부터 1950년대에 걸쳐 라틴아메리카에서 등장한 정치체제 등에서 유래한 것이다.[6)]

일반적으로 포퓰리즘은 "특권 엘리트와 대립되는 보통 인민의 이해관심, 문화적 특성, 자발적 감성 등을 조장하는 정치적 운동"을 지칭한다.[7)] 딕스(R. H. Dix)는 포퓰리즘을 기성 체제에 반대하는 집권세력 내한 분파가 자율적으로 조직화되지 못한 대중을 동원하여 정권 획득과 유지에 활용하려는 전략으로 규정하면서 여러 계층에 호소하는 인기영합주의와 이념적 일관성의 결여를 그 특징으로 한다고 주장한다.[8)]

문제는 연구자들이 주관적 편견과 이념적 성향에 따라 서로 다른 정치현상을 염두에 두면서 포퓰리즘이라는 용어를 사용한다는 점이다.[9)] 캐너번(M. Canovan)에 의하면 "전혀 이질적인 정치현상이 포퓰리즘이라는 이름으로 명명되고 있어 그것이 무엇을 의미하는지 보편적 정의를 내리기가 대단히 어려운 것처럼 보인다"고 한다.[10)] 이처럼 포퓰리즘

---

6) 주정립, "포퓰리즘의 개념적 규정을 위한 시도," 『대한정치학회보』제13집 1호(2005), pp. 4-11.

7) Torcuato S. DiTella, "Populism," in S. M. Lipset(ed.), *The Encyclopedia of Democracy*, vol. 3 (London: Loutledge, 1995), p. 985.

8) Robert H. Dix, "Populism: Authoritarian and Democratic," *Latin American Research Review*, vol. 20, no. 2(1985), pp. 47-48.

9) Yves Meny and Ynes Surel, "The Constitutive Ambiguity of Populism," in Yves Meny and Yves Surel(eds.), *Democracies and the Populist Challenge* (New York: Palgrave, 2002), p. 3; 김일영, "민주화, 신자유주의적 포퓰리즘, 그리고 한국: 김대중 정권과 노무현 정권을 중심으로," 철학연구회(편), 『디지털시대의 민주주의와 포퓰리즘』(서울: 철학과 현실사, 2004), p. 194에서 재인용.

10) Margaret Canovan, "Two Strategies for the study of Populism," *Political*

이라는 용어 자체는 상당히 모호하고 다의적인 개념인 동시에 특정한 시대적 상황의 산물이다. 그런데 지금까지 포퓰리즘이 상당히 협소하게 이해되었던 것은 이 개념이 주로 남미의 정치상황, 특히 1930년대부터 1950년대에 걸쳐 대중적 지지를 획득했던 권위주의 체제의 정치방식을 설명하는 분석도구로 사용되었기 때문이다.

남미에서 포퓰리즘은 주로 경제적 관점에 입각하여 분석·설명되어 왔다. 여기서 포퓰리즘은 주로 지배세력 내 비주류 정치인이 과두지배 체제에 대항하면서 선거를 통해 정권을 장악한 후, 재정팽창정책을 통해 노동자 계급에게 유리한 재분배정책을 실시하고 이들의 정치적 지지를 동원하는 정치방식이었다. 그 대표적인 사례로는 브라질의 바르가스(G. D. Vargas)와 아르헨티나의 페론(J. D. Peron)을 들 수 있다. 페론의 경우, 그의 지지기반은 산업자본가와 조직화되지 못한 노동자계급이었다.[11] 이 때문에 페론은 정치적 지지기반을 강화하기 위해 지금까지 정치의 장에서 소외되었던 노동자 계급을 조직화하고 분배 정의라는 인기 영합주의적 정책을 통해 위로부터 대중동원을 꾀했던 것이다. 이러한 포퓰리즘은 좌파와 우파 양쪽으로부터 공격을 받았다. 이는 포퓰리즘의 이데올로기적 모호성에 기인하며, 계급연합이라는 상황에서 이미 예견된 것이었다.[12] 이러한 남미의 사례로부터 도출된 포퓰리즘의 정의는 그 개념의 적용 범위를 극도로 한정시키는 결과를 초래했다.

이 때문에 이 글에서는 고이즈미 정치를 정확히 이해하기 위해 정치적 관점에 입각하여 포퓰리즘을 규명하고자 한다. 여기서 포퓰리즘이란 "정치지도자가 의회제도 및 절차를 우회하여 대중과 직접적인 관계를 맺으려 하고, 그들을 직접 조종하거나 동원하는 정치방식"을 의미한다.[13] 이러한 경우 포퓰리즘은 개인의 캐릭터에 크게 의존하면서 위로

Studies, vol. 30, no. 4(1982), p. 545, pp. 550-551.

11) 김우택, "라틴아메리카에서의 경제적 포퓰리즘," 철학연구회(편), 앞의 책, p. 182.

12) 서병훈, "포퓰리즘과 민주주의: 플라톤의 딜레마," 위의 책, p. 234.

13) Nicos Mouzelis, "On the Concept of Populism: Populist and Clientelist Modes of Incorporation in Semiperipheral Polities," *Politics and Society*, vol. 14, no. 3(1985), pp. 329-345.

부터 아래로의 정치적 동원을 시도하며 기성 체제에 대해 공격적인 표현을 구사한다. 또한 자신의 대의에 대한 자부심과 역사의 발전을 방해하는 세력에 대한 강한 분노를 표출하는 심리상태를 보인다. 더욱이 포퓰리스트는 의회의 반대를 봉쇄하고 극복하기 위해 여론에 대한 직접적인 호소를 주된 지지 동원의 전술로 사용한다. 이것은 기성의 정치질서를 초월하여 직접 대중에게 호소함으로써 정치인의 정치행태와 대중의 투표형태를 변화시키려는 것이다.

이러한 정치적 관점에 입각한 포퓰리즘은 정치 커뮤니케이션의 발전과 깊이 관련되어 있다. 블름러와 카바나(Blumler & Kavanagh)에 따르면 정치 커뮤니케이션은 3단계로 발전한다고 한다.[14] 첫 번째는 정당 간 강령차이를 중심으로 정당 지지층을 주요 대상으로 커뮤니케이션이 진행되는 정당 지배적 커뮤니케이션의 단계이다. 두 번째는 후보자 개인의 특질과 이미지가 커뮤니케이션의 중요한 수단으로 대두하는 TV를 중심으로 한 단계이다. 세 번째는 커뮤니케이션 매체와 대상의 과학적 세분화의 단계이다. 최근의 포퓰리즘 경향에는 정치 커뮤니케이션의 제2, 3단계의 새로운 흐름들이 존재하고 있다.

이와 관련하여 리프만(W. Lippmann)의 논의는 우리에게 커다란 시사점을 준다. 리프만에 의하면 "인간 행동의 대부분은 '의사 환경', 특히 매스미디어에 의해 부여된 이미지에 반응하여 일어난다. 이러한 이미지는 근거를 결여한 일종의 허구이며 이러한 이미지가 고착되면 고정관념이 된다"고 한다.[15] 대중은 고정관념에 기초하여 환경을 판단하는 경향이 있다. 특히 매스미디어 중에서 TV는 국민 의식에 다양하게 유형화된 이미지를 부여한다. TV로부터 비추어지는 '상징적 현실'이 대중에게 공통의 환경 이미지를 창출하는 역할을 한다. 이는 매스미디어 특성상 TV가 가지는 특징이 개인과 개별사건만을 한정적으로 취급하고 있기 때문에 국민으로 하여금 이렇게 비추어진 것만을 사실로서 그대로 받

---

14) Jay. G. Blumler and Dennis Kavanagh, "The Third Age of Political Communication: influences and features," *Political Communication*, vol. 16, no. 3(1999), pp. 209-230; 안병진 『노무현과 클린턴의 탄핵정치학』(서울: 푸른길, 2004), pp. 253-254에서 재인용.

15) Walter Lippman, *Public Opinion* (New York: Harcourt, 1956), pp. 79-94.

아들이도록 하기 때문이다.

더욱이 TV가 특정한 정치적 쟁점에 초점을 맞추면, 그것이 위치하는 정치·사회적 배경과 그 이면에서 작동하는 보이지 않는 논리는 시청자의 의식에서 멀어지게 된다.[16] 즉 일반적 개념과 추상적 논리, 그리고 문제의 본질 등은 TV 화면에서 무의식적으로 그대로 여과되어 버리는 것이다. 그 결과 매스미디어가 강조하는 내용과 쟁점이 수동적 대중에게 그대로 중요한 내용과 쟁점으로 인지된다.[17] 오늘날, TV가 대중의 정치의식과 투표행동에 개입하는 'TV 정치'를 고려하면, 정치인들이 대중에게 오래 기억될 수 있는 상징화된 이미지의 조작에 전력을 기울이는 것은 당연한 일이다. 여기서 주목할 점은 TV의 영향력은 정책결정 단계보다 정치인의 퍼포먼스 국면에서 훨씬 강하다는 것이다.

이와 함께 사운드 바이트도 이러한 현상의 유포에 커다란 역할을 하고 있다. 사운드 바이트는 사람들로 하여금 정치문제를 집중적으로 규명하여 이해시키는 것이 아니라 아는 듯한 착각을 불러일으킨다. 이처럼 TV가 정치 속에서 커다란 영향력을 가진 이상, 정당과 정치인은 언론대책전문가라고 불리는 사람들을 고용하여 표현과 사운드바이트 등을 체계적으로 관리하는 경향이 있다.[18] 결과적으로 TV의 한 장면은 일만 자의 활자에 필적하는 효과를 가지게 되는 것이다. 이처럼 포퓰리즘은 정치와 TV의 본질적인 결합 없이는 생각할 수 없게 되었다.

이와 관련하여 이시다 히데타카(石田英敬)는 'TV 국가론'을 제기하면서 "TV 국가란 TV를 중심으로 한 현대 커뮤니케이션 국가에서 근대 민주주의의 정치적 대의제도를 우회하는 형태로 매스미디어를 통해 여론의 지지를 획득하고 권력을 정당화하는 것을 정치과정에 편성하는 정치권력에 의한 통치형태이다"고 한다.[19] TV 국가의 정치인에게 요구되

---

16) 石田英敬, "コイズミの新しい衣裳,"『世界』11月号(2005), p. 89.

17) Maxwell. E. McCombs and Donald. L. Shaw, "The Agenda-setting Function of Mass Media," *Public Opinion Quarterly*, vol. 36, no. 2(1972), pp. 176-187.

18) 山口二郎(a),『戦後政治の崩壊』(東京: 岩波書店, 2004), pp. 172-173.

19) 石田英敬, "テレビ国家 (1) 権力のメディア的変容について,"『世界』6月号(2006), p. 52.

어지는 것은 치밀한 논리적 능력 및 지식·학식이 아니라 개인적 매력과 퍼포먼스의 능력이다. 따라서 최근의 포퓰리즘은 사회운동을 조직하는 것이 아니라 매스미디어를 통해 위로부터 정치적 지지를 조달하는 정치방식의 하나이다.[20]

이 때문에 포퓰리즘은 '바람의 정치'와 매우 흡사하다. 포퓰리즘이 지니는 약점은 오래 지속되지 않고 일회성이라는 것이다. 자연원리처럼 강하게 불기도 하고 쉽게 누그러지기도 한다. 이것이 초래하는 무정형의 여론은 이성보다도 감성에 의존한다. 또한 포퓰리즘의 바람은 민족주의의 동향과 밀접히 관련되어 있다. 즉 민족주의는 포퓰리즘의 대두에 중요한 이데올로기적 역할을 수행한다. 포퓰리스트에게 있어 이질적인 사회세력의 분열을 억제하고 대중동원의 역동성을 부여할 수 있는 결정적인 동기로서 민족주의적 감성에 호소하는 것만큼 직접적이며 효과적인 이데올로기는 없을 것이다.

이상의 예비적 고찰을 염두에 두면서 포퓰리즘의 개념을 도출하면 다음과 같이 정의할 수 있다. 포퓰리즘이란 첫째 정치지도자가 대중에게 직접 호소하여 기성 체제에 저항하고, 둘째 선악이원론에 의거하여 정치를 파악하기 때문에 그들이 설정하는 적대세력은 구체적이며, 셋째 표방하는 정책 및 비전의 내용이 구체적이지 않기 때문에 민족주의적 표현을 빈번히 사용하며, 넷째 정치의 본질에는 관심이 없기 때문에 매스미디어의 자극적 수단을 통해 대중의 감성을 자극하는데 집중하는 정치방식을 의미한다.

20) 大嶽秀夫(a), 앞의 책, pp. 118-119.

3. 고이즈미의 집권 동학

1) 일본 정치사회의 변화

'55년 체제' 하에서 단독으로 장기정권을 유지하던 자민당의 갑작스런 붕괴 이후 일본 정치에는 이전과는 전혀 다른 새로운 정치방식, 즉 포퓰리즘 정치가 시작된다. 1990년대 이래 이러한 포퓰리즘이 대두할 수 있었던 이면에는 일본 정치사회의 변화가 내재되어 있었다.

첫째로, 정치적 대립축의 형해화에 의한 파벌의 변용이다. 냉전 시기에 자민당은 자당과 반대정당을 구분하는 이데올로기 및 정책의 차이 때문에 격렬한 파벌 투쟁에도 불구하고 당내 통일을 유지할 수 있었다. 1977년 록히드 사건과 1988년 리쿠르트 사건이 발생했을 때에도 사회당을 비롯한 반대정당의 존재 때문에 소수의 탈당과 정치개혁 슬로건 이상은 나오지 않았다. 1980년대 당내 주류파와 비주류파의 격렬한 대립에도 불구하고 자민당이 분열하지 않았던 이유 중 하나는 자민당 내 비주류파가 야당과 정책연합을 형성할 공통의 '정치적 지형'을 발견할 수 없었기 때문이다.[21)]

그러나 소연방의 붕괴에 따른 냉전종식은 전후 일본정치를 분단시켜온 보혁 대립을 소멸시키는 동시에 정당 내 대립을 격화시키는 계기가 되었다. 당내 최대 파벌인 다케시타 노보루(竹下登)파가 후계자 문제를 둘러싸고 오부치 게이조(小渕惠三)파와 하타 쓰토무(羽田孜)파로 분열하고 하타 파가 당을 탈당하면서부터 자민당의 구심력은 현저히 약화되기 시작했다.[22)] 이후 자민당의 야당으로의 전락, 재집권, 그리고 불안정한 우위 속에서 정치적 거래에 따라 탈당과 복당이 빈발해지면서 자민당 및 파벌의 응집력이 현저히 떨어지고 일사불란한 행동통일이 불가능하게 되었다.

---

21) 이기완, 앞의 책, pp. 86-88.
22) 大嶽秀夫, "政治改革を目指した二つの政治勢力: 自民党若手改革派と小澤グループ," 大嶽秀夫(編), 『政界再編の研究: 新選擧制度による總選擧』(東京: 有斐閣, 1997), p. 23.

둘째로, 국내 경제의 변화에 의한 이익유도정치의 파탄이다. 1960년대 이케다 하야토(池田勇人)·사토 에이사쿠(佐藤榮作)내각은 경제성장 우선주의 정책을 통해 고도 경제성장을 달성하면서 그 이익배분 메커니즘에 따라 이익집단을 조직화하여 자민당 정권에 대한 지지를 안정적으로 확보할 수 있었다. 그 결과 55년 체제 하에서 자민당의 핵심적 역할은 관료들이 가지고 있는 다양한 예산 및 인·허가권을 특정 지역 및 특정 기업에 배분하도록 영향력을 행사하는 것이었다. 이를 통해 자민당은 농촌지역 및 중소도시지역에서 상당한 지지를 받을 수 있었다.

그러나 1990년대 들어 일본경제는 거품경제가 붕괴된 후 이전에 볼 수 없었던 '복합불황'의 상태에 빠졌다.[23] 자민당 정권은 수차에 걸쳐 경기 부양책을 실시했지만, 그 방법은 공정금리 인하에 의한 금융완화와 공공사업을 중심으로 이루어지는 전통적인 방법에 의한 것이었다. 따라서 1990년대 자민당의 경제정책은 적절한 경기대책이 되지 못했을 뿐만 아니라 오히려 불황을 심화시키는 요인이 되었다.[24] 그 결과 기성의 자민당이 지지를 조달하기 위해 상투적으로 언급한 '중앙과의 파이프'는 더 이상 작동하지 않게 되었으며, 자민당을 지지했던 조직 규율이 이완되면서 조직 속에서 개인의 자립이라는 현상이 두드러지게 나타났다.

셋째로, 무당파 층의 대두이다. 1990년대 일본정치에서 나타난 정치적 현상 중 하나가 지지 정당이 없는 무당파 층의 급격한 증가일 것이다. 이러한 무당파 층은 1970년대부터 서서히 나타나기 시작하다가 1990년대 일본정치의 흐름을 좌우하는 세력으로 등장했다. 여기서 중요한 것은 무당파 층이라고 해서 항상 지지하는 정당이 없는 것이 아니라 이슈에 따라 지지하는 정당이 달라지는 경우가 많다는 점이다. 무당파 층은 1990년대에 대략 23%였지만, 그것이 서서히 증가하여 1994년에는 40%에 이르렀고, 1995에는 50%에 육박하게 되었다. 이렇듯

23) 宮崎義一, 『國民經濟の黃婚: 複合不況とその後』(東京: 朝日新書, 1995), pp. 158-159.

24) 山口二郎, "壯大な 政治的實驗?: 戰後政治史における連立時代," 山口二郎·生活經濟政策硏究所(編), 『連立政治 同時代の檢證』(東京: 朝日新聞社, 1997), pp. 14-15.

1990년대 이후 일본 정치사회에서 무당파 층이 급격히 증가한 요인은 다음의 세 가지에서 찾을 수 있다.

첫 번째는 부정부패에 의한 정치 불신의 팽배이다. 정치에 대한 불신 팽배는 1960년대 이후 서구의 복지국가에서 나타나는 공통된 정치현상이었지만, 일본에서는 1988년 리쿠르트 사건, 1992년 도쿄사가와큐빈 사건, 그리고 잇달아 폭로된 스캔들을 계기로 자민당 의원 및 중앙 성청의 관료집단에 대한 비판과 맞물려 현저히 증가했다. 특히 1993년 자민당의 이익정치 타파를 내걸고 바람의 정치를 일으켰던 호소카와 총리가 개인적 스캔들로 깨끗한 이미지에 커다란 상처를 입고 실각하자, 그에 대한 기대는 실망으로 변하여 오히려 정치 불신을 증폭시키는 결과를 가져왔고 무당파 층을 양산하는 계기가 되었다.

두 번째는 1994년 6월 30일, 55년 체제 하에서 격렬하게 대립했던 자민당과 사회당이 연합정책협정을 체결하고 무라야마 도미이치(村山富市)연립정권을 형성하는 과정에서 보인 무원칙적 정치행동이다. 이러한 야합정권의 성립은 정권획득을 위해서라면 언제라도 '적'과 동침할 수 있다는 부정적인 인식과 더불어 정치 불신을 확산시키는 요인이 되었다.

세 번째는 1993년부터 본격화된 정당 간 이합집산과 정치인들의 무절제한 탈당 및 복당에서 비롯되는 정당의 정체성 상실이다.

2) 일본정치의 혼미와 고이즈미의 부상

전후 일본정치에서 포퓰리즘이 언제 시작되었고 일본의 정치현상을 포퓰리즘으로 볼 수 있는지에 대해서는 상당한 논란이 있을 수 있다. 이에 대한 평가는 일단 유보하고 여기서는 고이즈미 이전에 포퓰리즘을 정치에 본격적으로 이용하여 비자민 연립정권 성립에 결정적인 역할을 한 호소카와의 정치방식을 살펴본 후 고이즈미가 자민당 총재로 선출될 수 있었던 요인을 설명할 것이다.

1990년대 들어 일본정치에서 포퓰리즘은 체계적인 이념으로서가 아니라 정치부패를 해소하고 정치개혁을 달성하기 위한 하나의 수단으로 등장했다. 1980년대 말부터 자민당 정권은 파벌 내 권력투쟁 심화, 정계와 재계의 유착에 의한 부정·부패 사건, 그리고 스캔들이 빈발하는 상황 속에서 정당성을 상실해가고 있었다.

이러한 상황 하에서 구마모토 지사를 역임했던 호소카와는 깨끗한 정치와 금권정치 일소를 내걸고 일본신당을 창당했다. 호소카와는 일본 정치의 문제점을 정·관·재 유착에서 오는 정치부패로 규정하고, 그 근본원인을 파벌연합으로서의 자민당 일당지배와 사회당의 집권능력 포기에서 오는 정권교체의 부재에 기인한다고 주장했다.[25] 이러한 신선한 주장은 국민에게 상당한 충격을 주었고, 이로 인해 1993년 7월 18일에 실시된 제40회 중의원 총선거에서 호소카와는 구마모토 1구에서 입후보하여 전국 최다 득표로 당선되었다.

이는 기성 정치구도의 타파를 내걸고 국민의 정치개혁 열망에 부응하려는 자세와 기성 체제의 외부에서 온 개혁자의 이미지를 최대한으로 활용한 선거 전략에 기인한 것이었다. 이러한 전략이 무당파 층의 지지를 얻어 호소카와 '바람'을 일으킬 수 있었던 것이다.[26] 국민적 지지에 힘입어 연립정권의 수반이 된 호소카와는 정치개혁에 대한 국민의 열망을 실현하기 위해 취임기자회견에서 정치개혁 법안의 연내 성립에 대한 단호한 의지를 피력하여 75%대의 기록적인 지지를 받았을 수 있었다.

그러나 호소카와 총리에 대한 국민적 지지는 정치개혁 법안의 연내 성립이 불가능해지고 연립여당 내에서 그의 정치적 지도력에 대한 의문이 제기되면서 급속히 하락하기 시작했다. 이러한 와중에 폭로된 일억엔 차입금 의혹은 호소카와 총리의 깨끗한 이미지에 커다란 타격을 가했고, 이로 인해 호소카와 정권은 붕괴하게 되었다.[27] 당초 국민들은 그에게 이익유도 및 정치부패 구조와 깊이 관련된 기성 정당 및 정치인

---

25) 細川護煕(編), 『日本新党·責任ある変革』(東京: 東洋経済新報社, 1993), pp. 9-10.
26) 高畠通敏, "日本新党のイメージ選挙と社会党の大連合の解体," 『エコノミスト』 8月号(1993), p. 57.
27) 真神博, "再浮上! 佐川とNTT疑惑," 『文芸春秋』6月号(1994), pp. 150-157.

과는 다른 청렴한 존재로서 정치개혁을 완수할 것을 기대하여 높은 지지를 보낸 것이었지만, 정치자금 의혹에 대한 미해명으로 인해 그도 기성의 정치구조에서 자유로울 수 없으며, 기성의 정치구조에서 정치에 대한 새로운 기대를 실현하기 어렵다는 자조적인 인식을 낳았다. 결국 그에 대한 기대는 실망으로 변하여 국민들의 정치에 대한 불신을 한층 고조시키는 계기가 되었다.

한편, 자민당은 2000년 모리 요시로(森喜朗)내각 하에서 최대의 위기를 맞이했다. 오부치 전 총리가 뇌경색으로 퇴진하는 상황에서 파벌 간 밀실합의에 의해 성립된 모리 내각은 정통성의 문제와 더불어 총리 자신의 실언으로 지지율의 부진을 면치 못하고 있었다. 이러한 과정에서 당내에서 모리 총리의 퇴진을 요구하는 '가토(加藤紘一)의 난'이 발생했고, 외무성 스캔들과 에히메마루 실습선박의 침몰사건에 대한 부적절한 대응으로 내각에 대한 지지 이탈이 가속화되었다. 이에 대한 책임을 지고 2001년 3월 10일 모리 총리가 퇴진 의사를 발표하여 4월 23일에 자민당 총재선거가 실시되었다.

당내 파벌세력의 역학관계를 고려하면 하시모토 류타로(橋本龍太郎)의 하시모토 파가 102명의 소속의원을 가지고 있었던 반면 고이즈미가 소속한 모리 파는 60명에 불과하여 하시모토 쪽이 고이즈미에 비해 훨씬 유리한 상황이었다. 하지만 고이즈미는 일반의 예상을 깨고 도·도·부·현에서 실시된 지방 예비선거에서 141표 중 123표를 포함하여 298표를 획득하면서 최대 파벌의 영수인 하시모토를 누르고 자민당 총재에 당선되었다. 파벌의 영수도 아니며 또한 파벌의 힘에 의존하지도 않은 고이즈미가 자민당 총재에 선출될 수 있었던 요인은 다음의 네 가지이다.

첫째로, 대중에 대한 직접적인 호소이다. 고이즈미는 당내 파벌세력의 역학관계 속에서는 국회의원 다수로부터 지지를 얻는 것이 도저히 불가능하다고 판단하여 기성 정치에 반발하는 사회적 분위기에 직접적으로 호소하는 전략을 선택했다. 평소, 자민당의 밀실정치와 파벌정치를 혁파하지 않고서는 정치개혁이 불가능하다고 주장하여 온 고이즈미는 2001년 총재선거에 출마했을 때 "지금과 같은 자민당이라면 해당하는 편이 낫다, 자민당을 바꾸자, 총리 직선제를 실시하자, 파벌을 해체하자" 등의 구호를 외쳤다. 또한 모리 총리가 비주류파로의 전락을 두려워해 고이즈미에게 자민당 총재선거에 출마하지 말 것을 요구했지만, 고이즈미는 출마를 결심, 자신이 속한 모리 파와 대립하는 양상을 보였다. 이러한 고이즈미의 자세는 무당파 층을 핵심으로 한 대중과 직접 연계하지 않으면 자민당에 미래가 없다고 주장하면서 당 조직표를 억제하는데 성공했다.[28]

둘째로, 매스미디어를 활용한 홍보 전략이다. 고이즈미의 매스미디어 전략의 이면에는 본래 당내에서 독자적인 활동을 전개하면서 만화 및 여성지의 취재에 적극적으로 호응하는 감성의 예리함이 있었다.[29] 고이즈미는 TV와 가두연설에서 대중이 알기 어려운 표현을 일절 사용하지 않고 정책에 대한 단순 명쾌한 생각과 완고함을 표현하여 대중에게 호의적인 이미지를 가지게 했다. 이 과정에서 당내의 '주변적' 존재이면서도 국민적 인기가 대단히 높던 다나카 마키코(田中眞紀子)의 선거지원 유세는 고이즈미의 지지를 확대하고 모리 파 회장으로서의 이미지를 은폐하는데 커다란 효과가 있었다.[30] 특히 고이즈미·다나카의 가두연설에는 기록적인 수의 청중이 몰려들었고 자발적으로 고이즈미를 지원하는 지방의원들이 속출하기 시작했다. 또한 선거권도 없는 10대들의 열광적인 성원이 매스미디어를 통해 전파되면서 전국에 '준짱(고이즈미의 애칭), 다나카짱' 열풍을 불러일으켰다.

셋째로, 반자민·반파벌 정치를 표방한 선거 전략이다. 모리 내각 하에서 자민당은 국민으로부터 냉대 받는 '거부정당'이 되었다. 총재선거에서 고이즈미는 외교·방위·경제정책을 비롯한 국가 진로 및 국민생활과 밀접한 관련이 있는 정책을 구체적으로 제시하기보다는 "자민당을 부수자, 파벌을 해체하자" 등의 선동적인 슬로건을 내걸었다. 이러한 고이즈미의 선거 전략은 자민당에 대한 국민의 혐오감을 역으로 공격하

---

28) 読売新聞東京本社世論調査部(編), 『二大政党時代のあけぼの』(東京: 木鐸社, 2004), p. 21.

29) 草野厚, 『テレビは政治を動かすか』(東京: NTT出版, 2006), p. 195.

30) 大嶽秀夫(a), 앞의 책, p. 89.

는 동시에 기성 체제의 외부에서 온 개혁자의 이미지를 최대로 연출하여 지지를 획득하려는 것이었다. 결과적으로 고이즈미의 반자민·반파벌적 기치는 밀실정치와 파벌정치에 의해 탄생된 모리 내각의 실정에 대한 반발과 맞물려 일반의 예상을 깨고 국민과 지방당원들의 압도적인 지지를 받을 수 있었다.

넷째로, 기성의 자민당 이익정치에 대한 과감한 비판이다. 당내에서 비주류 정치인으로 활동하고 있었을 때 고이즈미는 정치적으로 반대하는 것 이외에는 특별한 것이 없었지만, 총재선거에 입후보한 후 독자적인 정책과 비전을 제시해야만 했다. 이를 위해 그가 제시한 것이 정·관·재 삼각동맹과 이익유도정치를 해체하기 위한 구조개혁이었다. 전후 일본정치에서 정책형성은 정부·자민당(족의원), 경제단체를 중심으로 한 재계, 고위관료층이라는 3자에 의해 이루어져 왔다.[31] 이러한 구조하에서 거물급 정치인들이 개발과 관련된 이권을 중앙 성청으로부터 지방 및 특정업체에 배분하는 대신, 지역의 지지표와 돈을 지원받는 이익유도정치가 정착되어 있었다. 하지만 이러한 이익유도정치는 정경유착과 정치부패를 초래하는 주요 원인이 되었고, 고이즈미는 그러한 이익정치의 타파를 정면에 내세우는 전략을 통해 대중적 지지를 받을 수 있었던 것이다.

4. 고이즈미의 반자민 정치

자민당 총재에 당선된 후 고이즈미는 '자민당의 체질개선'을 위한 개혁에 착수했고, 이를 위한 첫 번째 시도가 파격적인 인사를 통한 자민당 조직원리에 대한 도전이었다. 자민당 내에는 각료임명 및 당직배분과 관련된 세 가지 관행—파벌의 추천명부에 기초하여 인선, 당3역과 상의하여 각료 결정, 연공서열의 중시—이 있었다.[32] 이는 당내의 영향

31) 中野実,『日本の政治力学』(東京: 日本放送出版会, 1993), p. 139.
32) 大嶽秀夫(a), 앞의 책, p. 94.

력 있는 파벌 영수와 그 추종자를 만족시키기 위해 합의에 입각하여 모든 국회의원에게 내각 및 당의 주요 포스트를 가능한 한 평등하게 배분하여 당내 대립을 회피하고 당에 대한 충성심을 확보하려는 것이었다.[33] 특히 내각을 구성할 때 파벌에 의한 각료 후보의 추천과 당선 회수에 의한 각료 임명은 1980년대 자민당 총 주류체제의 확립과 더불어 자민당 내 인사 시스템으로 정착된 관행이었다.[34] 하지만 이러한 관행은 누가 총리가 되든 당선 회수와 파벌 추천에 의해 장관이나 당내 주요 포스트에 취임할 수 있다는 점 때문에 총리의 권력을 크게 제한하는 요인이 되었다.[35]

〈표 1〉 자민당 중의원 의원의 승진

의원(년)	당선 회수	당직	지위
원로의원(25)	10	당3역, 파벌영수	당총재
고참의원(16)	6, 7, 8, 9	간사장 대리, 장관(2회), 당3역	유력의원
중견의원(10–15)	4, 5	정무차관, 상임위원장, 장관(1회)	족의원
재선의원(4–9)	2, 3	상임위원회이사, 정무차관, 정조부회회장	준족의원
초선의원(1–3)	1	의원	일반의원

그런데 고이즈미는 이러한 관행을 완전히 무시하고 독자적으로 각료를 임명했다. 고이즈미는 자파인 모리 파의 반대에도 간사장에 야마사키 다쿠(山崎拓), 정조회장에 아소 다로(麻生太郎), 총무회장에 호리우치 미츠오(堀内道雄)를 임명하며 하시모토 파를 당 3역 인사에서 완전히 배제했다. 또한 다나카를 외상에 발탁하는 인사를 단행하여 언론에 '경천동지의 인사'라고 보도될 정도였다. 이러한 파격적인 인사를 통해 고이즈미는 자민당에 새로운 바람을 불어넣는 동시에 파벌에 의한 포스트의 배분기능을 약화시켜 파벌의 영향력을 약화시키려고 했다.

33) 佐藤誠三郎, 『自民党政権』(東京: 中央公論社, 1986), pp. 32-51.
34) 松崎哲久, 『日本型デモクラシーの逆説』(東京: 冬樹社, 1991), p. 73.
35) 飯尾潤, "政党制転換期における政官関係の変容," 北村公彦(編), 『現代日本政党史録5』(東京: 第一法規, 2004), pp. 389-391.

이러한 인사는 2003년 9월 20일에 실시된 총재선거 이후에도 그대로 이어져 중의원 3선 의원인 아베 신조(安倍晋三)를 간사장으로 발탁했다. 이는 자신에게 충성심을 보이지 않으면 아무리 유력한 인맥과 능력이 있어도 기대하는 직책에 취임할 수 없다는 메시지를 보내 자신에 대한 구심력을 확보함은 물론 당선 회수를 중시하는 자민당의 조직원리에 대한 도전의 의미도 있었다.[36] 결국 이러한 고이즈미 정치에 의해 파벌의 구심력은 상당히 약화되었으며 자민당 총재선거에 있어 파벌영수가 '우향우'를 지시하면 그것에 따르던 파벌정치는 과거의 유물이 되어 갔다.

두 번째로, 경제재정자문회의를 활용하여 정책결정의 주도권을 종래의 정무조사회와 족의원으로부터 관저와 내각으로 가져와 총리주도체제를 확립하려고 했다. 즉 경제재정자문회의를 통해 기성의 자민당 정책결정시스템인 사전 심사제와 족의원 정치에 도전한 것이었다.[37]

이전의 총리들의 고민은 총리가 내각의 정책전반에 방향성을 부여할 수 있는 구조가 내각 내에 없었던 것이다. 물론 각의를 비롯하여 총리가 주재하는 회의도 상당수 존재했지만, 각의의 결론이 사전 준비단계에서 거의 결정되어 있는 상황에서 실질적인 의미에서의 의사결정이 행해지는 일은 거의 없었다. 또한 종래에 자민당 총재는 한 파벌의 실력자에 지나지 않았기 때문에 총리가 정책결정에 미치는 영향력은 그다지 크지 않았다. 총리는 법안을 국회에 제출하기 전에 정무조사회에 사전 심사를 의뢰하고 거기서 합의된 사항과 결과를 존중하고 최고의사결정기관인 총무회의 승인을 얻는 것이 관행이었다. 이것은 과거 자민당 내각이 실질적으로 '파벌에 의한 연립내각'이었던 것과 밀접히 관련되어 있다.[38]

---

36) 大嶽秀夫(b), 앞의 책, p. 119.

37) 경제재정자문회의는 하시모토 행정개혁의 일환으로 2001년 1월에 중앙 성청의 행정개편 속에서 그 중핵으로 설치되었던 것이다. 경제재정자문회의는 총리를 의장으로, 재무상, 총무상, 경제산업상, 관방장관, 경제재정담당상 등 관계각료와 민간 유식자 4명, 일본은행총재 등 11명으로 구성되어 경제재정정책의 주요사항에 대해 심의하는 회의이다. 이에 대해서는 読売新聞政治部(a), 『自民党を壊した男: 小泉政権1500日の真実』(東京: 新潮社, 2005), pp. 164-229.

〈그림 1〉 정책결정시스템의 비교

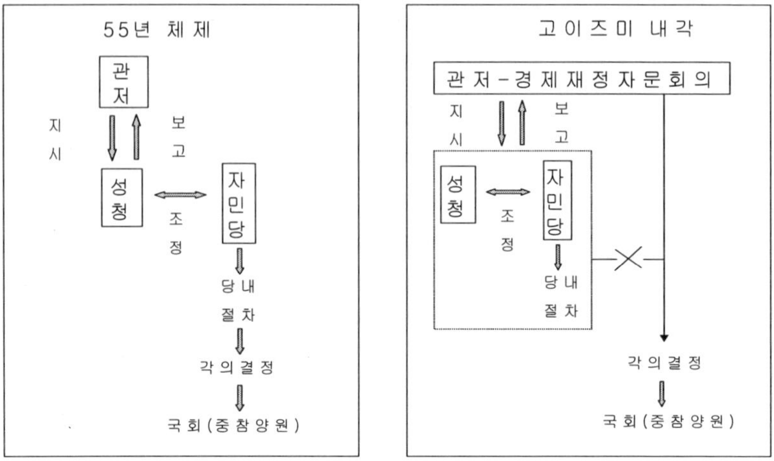

출처: 読売新聞政治部, 『自民党を壊した男: 小泉政権1500日の真実』 (東京: 講談社, 2005), p. 167.

이에 고이즈미는 자민당 총재 겸 총리의 위상을 파벌 간 의견을 통합하고 각 성청의 결과를 존중하여 결정을 내리는 조정자에서 정책결정을 주도하고 정책의 방향을 제시하는 지도자의 역할로 확대·변화시키려고 했다.[39] 초기에 경제재정자문회의는 자민당 정무조사회와 각 성청의 반대에 직면하여 커다란 성과를 보이지 못했지만, 고이즈미 내각의 높은 지지율과 안정화에 의해 정책형성의 한 축을 담당하게 되었다. 여기서 중요한 점은 자민당 정무조사회를 중심으로 한 여당과 관료가 밀접히 연락을 취하면서 정책을 입안하는 관행이 여전히 남아 있었음에도 불구하고, 적어도 그것과는 별개로 총리 및 각료가 정책 과제와 정책의 방향성을 제시하려는 움직임이 발생했다는 것이다. 그 대표적인 사례로 우정공사의 민영화를 둘러싼 정치과정을 들 수 있다.

세 번째로, 국회에서 기성의 상식을 뒤집는 답변방식이다. 기존의 총리들이 관료들이 준비한 답변서를 묵묵히 읽어가는 통례를 깨고 고이즈미는 답변서에 전혀 얽매이지 않은 채, 본회의 답변에서 직설적으로

38) 竹中治堅, 『首相支配』(東京: 中央公論新社, 2006), pp. 173-174.
39) 太田弘子, 『経済財政諮問会議の戦い』(東京: 東洋経済新報社, 2006), pp. 9-10.

자신의 입장을 피력했다. 또한 국회의 정책토론에서도 자신이 공격적으로 논쟁을 제기하면서 정책을 주도했다.[40]

마지막으로 지적할 수 있는 것이 매스미디어에 대한 대응이다. 기존의 내각에서는 매스미디어의 대응을 주로 관방장관이 수행했지만, 고이즈미 내각에서는 고이즈미 자신이 1일 2회 직접 담당했다. 이 때 고이즈미는 간단명료하게 한 마디로 언급하고 답변했는데, 그것은 TV 뉴스의 방송 및 편집을 고려한 탁월한 전술이었다.[41] 왜냐하면 보도되는 것은 대략 한 장면이고 또한 전후 맥락에 대한 언급 없이 편의적으로 특정 장면만이 발췌되기 때문에 경우에 따라서는 자신의 의도와는 전혀 다르게 방송되기 때문이다. 또한 고이즈미는 여성지 및 스포츠지의 편집 담당자와의 간담회를 통해 자신의 생각을 20-30대의 젊은 세대에게 직접 전달하는 기회를 만들었다.

이러한 반자민적 정치에 의해 국민들로부터 높은 지지를 받던 고이즈미는 구조개혁정책의 후퇴와 다나카 외상의 경질로 내각 지지율이 급격히 하락하자, 이를 만회하기 위해 북한 방문과 야스쿠니신사 공식참배 등을 강행했다. 특히 야스쿠니신사 참배 시, 고이즈미는 매스미디어를 적극적으로 활용하여 참배에 스포트라이트가 비추어지도록 하면서 주변국의 반대에도 불구하고 참배강행의 이유를 국민에게 이해하기 쉬운 표현으로 설명했다. 야스쿠니신사 공식참배에 대해 고이즈미는 "마음으로 전장에 갔던 사람들에게 애도의 뜻을 표명하고 재차 전쟁을 해서는 안 된다는 마음으로 참배하고 있다. 따라서 이것은 본래 마음의 문제로 타국이 간섭할 문제는 아니다"고 주장하면서 외국의 간섭에도 굴하지 않는 모습을 보였다.[42] 이러한 고이즈미 총리의 민족주의적 표현과 행동은 1990년대 이래 강한 국가 및 강력한 지도자의 부활을 희구하는 사회적 분위기와 맞물려 국민들의 지지를 받을 수 있었다. 즉 고이즈미는 정치·외교적 이벤트를 교묘히 설정하고 매스미디어의 과열보도를 이용하여 국민적 지지를 확보할 수 있었던 것이다. 이 과정에서

---

40) 竹中平蔵, 『構造改革の真相』(東京: 日本経済新聞社, 2006), pp. 30-31.
41) 飯島勲, 『小泉官邸秘録』(東京: 日本経済新聞社, 2006), pp. 34-35.
42) 読売新聞政治部, 『外交を喧嘩にした男』(東京: 新潮社, 2006), p. 247.

도 고이즈미는 주변국과의 관계를 중시하여 야스쿠니신사 문제에 소극적이던 당내 호헌세력과 야당, 그리고 외무성 관료를 적대세력으로 한다는 점에서 포퓰리즘의 전형적 재현이라고 말할 수 있다.

5. 고이즈미의 반기득권 정치

1) 고이즈미의 민영화 추진 배경

2001년 5월 7일 고이즈미는 소신표명연설에서 '성역 없는 구조개혁'과 '구조개혁 없이 경기회복 없음'을 표방하면서 기성의 자민당 정치와 다른 정책을 추진할 것임을 명확히 했다. 그러나 이러한 구조개혁의 추진에는 커다란 저항이 기다리고 있었다. 구조개혁에 저항하는 세력은 자민당 내 상당수 의원들과 구조개혁에 따른 권력 축소에 위기감을 가진 관료기구였다. 이러한 구조개혁 중에서 고이즈미가 최우선적인 과제로 설정한 것이 우정공사의 민영화였다. 고이즈미는 우정공사가 재정투융자의 최대 사용처이며 당내 최대 파벌인 하시모토 파의 아성이었기 때문이 이를 특수법인개혁의 상징으로 하는 동시에 파벌의 역학관계를 변화시킬 수 있는 최적의 개혁으로 간주했다.

하시모토 행정개혁에 의해 설립된 우정사업청은 2003년 4월 1일을 기해 우정공사로 개편될 예정이었다. 이 때문에 고이즈미는 2002년 정기국회에 민간기업의 우편배달사업에의 참여를 허용하는 우편 법안과 우정공사 법안을 국회에 제출하여 법안을 성립시켜야만 했다. 자민당 내 우정족은 법안 제출을 둘러싸고 고이즈미 총리와 격렬히 대립했지만[43], 이 시점에서 고이즈미 내각에 대한 지지율이 70%를 넘자 고이즈미와 대립하는 것이 득책이 아니라고 판단했다.

이에 자민당 총무회는 "법안의 내용을 승인하지 않은 채 국회 제출만

43) 大下英治, 『小泉純一郎 vs 抵抗勢力』(東京: 徳間書店, 2002), p. 312.

은 인정한다"고 하는 선에서 당의 입장을 정리했다.[44] 이것은 기성의 자민당 정치에서는 도저히 생각할 수 없었던 사전심사에 의한 정책결정시스템의 관행에 변화가 발생했음을 의미하는 것이었다. 4월 26일에 고이즈미는 여당의 사전심사 없이 양 법안을 국회에 제출했고, 그 후 우정족의 의견을 일정 정도 수용하여 7월 24일 법안을 성립시켰다. 이리하여 2003년 4월 고이즈미가 민영화의 제일보로 자리매김한 일본우정공사가 발족했다. 여기서 주목할 점은 고이즈미가 공사화를 거쳐 민영화를 추진하는 일종의 우회 전략으로 반대세력의 저항을 억제하려고 한 것이었다.[45]

2003년 9월 20일 자민당 총재선거에서 우정공사의 민영화를 공약으로 내걸었던 고이즈미는 당선 후 공약을 실현하기 위한 본격적인 작업에 착수했다. 고이즈미가 우정공사의 민영화를 추진한 이면에는 다음과 같은 정치적 의도가 숨어 있었다.

첫째로, 기득권 이익의 타파이다. 주지하듯이 고이즈미의 지론인 우정공사의 민영화는 재정 투융자에 의해 유지되는 특수법인과 그 포스트에의 낙하산 인사가 초래하는 재정의 낭비를 없애는 것을 목적으로 하고 있었다. 이는 고이즈미가 "일본정치의 최대 과제는 행·재정개혁에 있으며, 일본정치의 최대 낭비는 우정사업에 있다"고 주장했던 것에서 명확히 알 수 있다.[46]

둘째로, 구 우정성에 대한 강한 불신과 구 다나카 파(당시, 하시모토 파)의 약화이다.[47] 1992년 미야자와 기이치(宮澤喜一)내각에서 고이즈미는 우정공사의 민영화론자임에도 불구하고 우정상에 취임했다. 하지만, 당시 우정성 관료들은 그를 철저히 따돌리고 가네마루 신(金丸信), 노나카 히로무(野中廣務) 등 자민당 내 우정족 거물 정치인들(하시모토 파)에게 보고했는데, 이것이 고이즈미가 우정공사의 민영화를 추진하는 배경이 되었다. 즉 고이즈미의 우정개혁은 우정성과 우정족에 대한 '개

44) 『読売新聞』2002년 4월 20일.
45) 塩田潮, 『郵政最終戦争』(東京: 講談社, 2005), p. 330.
46) 人嶽秀大(a), 앞의 책, p. 124.
47) 山脇岳志, 『郵政攻防』(東京: 朝日新聞社, 2005), pp. 48-49.

인적 원한'에서 비롯된 것[48]인 동시에 구 다나카 파의 이권 기반을 무너뜨려 구 다나카 파를 약화시키려는 것이었다.[49]

셋째로, 다이주의 회의 집표력에 대한 의문이다.[50] 2001년 제19회 참의원 선거부터 참의원 비례구가 구속 명부식에서 비구속 명부식으로 바뀌었던 것이 그 계기가 되었다. 1983년 참의원에 구속 명부식 비례대표제가 도입되기 전인 1980년 제12회 참의원 선거의 전국구와 2001년 참의원 선거의 비례구를 비교해보면 다이주의 회는 1983년 이전에는 23만 명의 당원으로 100만표를 동원했지만, 2001년 제19회 참의원 선거에서는 추천 후보의 득표수가 그 절반에도 이르지 못했다.[51] 고이즈미가 우정공사의 민영화를 강하게 주장할 수 있었던 배경에는 이 집표조직의 약체화가 있었던 것이다.

2) 우정공사의 민영화를 둘러싼 정치과정

고이즈미는 우정공사의 민영화 태세를 정비하기 위해 2003년 9월 22일 개각을 단행하면서 일부의 반대에도 불구하고 다케나카 헤이조(竹中平藏)경제재정담당상을 유임시켜 경제재정자문회의의 운영을 맡겼다. 우정공사의 민영화는 우정사업을 총괄하는 총무성이 입안해야 할 정책과제였지만, 고이즈미는 경제재정자문회의에서 우정공사의 민영화 내용을 검토하도록 했다.[52] 경제재정자문회의는 2004년 9월 7일 '우정공사의 민영화 기본방침'을 발표했다. 이에 대해 자민당이 격렬히 반대했지만[53], 고이즈미는 9월 10일 자민당의 양해 없이 기본방침의 각의

---

48) 世川行介, 『郵政: 何が問われたのか』(東京: 現代書館, 2005), p. 7.
49) 후지와라 기이치, "고이즈미 강수, 파벌재편 노린다," 『동아일보』2005년 8월 11일.
50) 다이주의 회는 전국 특정우체국장의 모임 및 특정우체국장의 가족 및 OB의 자민당원이 중심이 되어 결성된 조직으로 자민당 최대의 지지기반이다. 일본 전역에 있는 2만 4천개의 우체국 중 약 1만 9천개가 특정 우체국이고 다이주의 회의 회원수는 약 24만 정도이다.
51) 川上和久, 『2大政党制は何をもたらすか』(東京: ソフトバンク新書, 2006), pp. 125-126.
52) 竹中治堅, 앞의 책, p. 209.

채결을 강행하는 동시에 개각을 통해 신설인 우정공사의 민영화 담당상에 다케나카, 간사장에 다케베 쓰토무(武部勤)를 기용하여 우정공사의 민영화에 대한 단호한 의지를 명확히 했다.

2005년 1월부터 법안의 내용에 대한 협의가 고이즈미 내각과 자민당 사이에 본격적으로 시작되었다. 이 과정에서 고이즈미는 내각의 운명을 걸고 추진해 온 우정공사의 민영화를 실현하기 위해 반대세력의 요구를 일정 정도 수용하여 2007년 4월부터 우정공사의 4분할회사를 주된 내용으로 한 우정공사의 민영화 법안을 국회에 제출했다. 자민당 내 우정공사 민영화 반대세력은 민영화를 인정할 수 없다고 강하게 반발하면서 법안 채결 때 "당론에 따르지 않겠다"는 입장을 표명했다. 이에 대해 고이즈미는 법안에 반대하는 것은 내각타도운동으로 법안이 부결되면 중의원을 해산할 것임을 명확히 했다. 또한 다케베 간사장도 법안 채결에 반대한 의원에 대해 차기 총선거에서 당의 후보로 공천하지 않는 동시에 대항 후보를 내세울 것임을 강조했다.[54] 그 결과 7월 5일 중의원 본회의에서 우정공사의 민영화 법안은 자민당의 가메이 시즈카(龜井靜香)파, 호리우치 파, 고무라 마사히코(高村正彦)파의 파벌영수의 반대에도 불구하고 가결되어 참의원에 송부되었다.

그런데 문제는 중의원과 달리 총리의 영향력이 한정되어 있는 참의원에서 고이즈미와 자민당 집행부는 중의원 해산을 무기로 우정공사의 민영화 법안에 반대하는 참의원 의원에 어느 정도 영향력을 미칠 수 있는가 하는 것이었다. 참의원의 각 당 세력분포는 자민·공명 연립여당이 민주당을 포함한 야당보다 우세했지만, 자민당 내 우정공사의 민영화 법안에 반대하는 세력의 결속 여부에 따라 표결 결과에 이변이 발생할 가능성을 배제할 수 없는 상황이었다. 결국 고이즈미가 명운을 걸고 추진한 우정공사의 민영화 법안은 8월 8일 참의원 본회의에서 민주당 등 야당과 자민당 22명이 반대표를 던져 찬성 108표, 반대 125표의 17표 차로 부결되고 말았다. 우정공사의 민영화 법안이 참의원에서 부결된

---

53) 다케나카에 의하면 자민당 내에서 기본방침에 찬성하는 세력은 겨우 10%에 불과했다고 한다. 竹中平蔵, 앞의 책, pp. 146-171, 180.

54) 『産経新聞』2005년 7월 2일.

것은 세 가지 이유 때문이었다.

〈표 2〉 자민당 각 파벌의 역학관계와 우정공사의 민영화 법안에 대한 표결 결과

구 분		중의원				참의원			
		찬성	반대	기권	총계	찬성	반대	기권	총계
파벌	구하시모토 파	32	16	3	51	28	5	2	35
	모리 파	49	1	1	51	26	0	0	26
	호리우치 파	26	3	5	34	8	3	4	15
	가메이 파	16	12	1	29	6	12	0	18
	야마사키 파	24	1	3	27	4	0	1	5
	오자토 그룹	12	0	0	12	4	0	0	4
	고무라 파	11	0	1	12	2	0	2	2
	고노 그룹	8	1	0	9	0	0	1	1
	니카이 그룹	4	0	0	4	2	0	0	2
	무파벌	17	3	1	21	4	2	0	6
총 계		199	37	14	250	84	22	8	114

출처: 『読売新聞』 2005년 8월 9일.

첫째로, 우정공사의 민영화 법안의 성립에 따른 총리의 권력 강화에 대한 반대세력의 불안이다. 고이즈미는 우정공사의 민영화를 당내에서 주도권을 장악할 절호의 찬스로 간주했고 또한 여론의 지지를 배경으로 우정공사의 민영화 실현을 강행했다. 이 법안이 통과될 경우 우정공사의 민영화 법안에 대한 반대세력은 당내에서 현재의 영향력을 유지하는 것이 불가능했다. 이러한 배경 때문에 우정공사의 민영화에 저항하는 반대세력은 우정공사의 민영화 법안의 성립을 '자신들의 소멸'로 간주하고 강력히 반대했던 것이다. 이 때문에 와타누키 다미스케(綿貫民輔)전 중의원 의장과 가메이 전 정조회장 등을 비롯한 반대세력은 참의원에서 법안을 부결시켜 고이즈미를 총리의 자리에서 끌어내리려는 것이었다.[55] 즉 반대세력은 법안의 부결을 고이즈미 하야 공작의 일환

55) 『毎日新聞』2005년 7월 5일; 『朝日新聞』2005년 7월 18일.

으로 간주했던 것이다.

둘째로, 자민당 국회의원에 대한 다이주의 회의 압력이다.[56] 다이주의 회는 자민당 정치인에게 법안에 반대하도록 요구하고 있었기 때문에 우정족은 고이즈미가 추진하려는 우정공사의 민영화에 격렬히 저항했다. 이러한 배경에는 장기간에 걸쳐 자민당과 특정우편국장 사이에 구축되어 온 이익정치의 메커니즘이 있었다. 다이주의 회는 100만표의 집표력을 동원할 수 있다고 알려져 자민당 최대의 집표조직으로 선거 때 우정족 의원과 자민당을 지원해 왔다. 이 때문에 다이주의 회는 우정족 의원과 자민당에 커다란 영향력을 행사할 수 있었다.

셋째로, 참의원의 존재가치 저하에 대한 반발이다. 양원제의 목적이 참의원으로 하여금 중의원의 의결을 수정하고 반성을 촉구하며 때로는 국민의 판단에 호소할 기회를 만드는 역할에 있다면,[57] 중의원 해산권을 빌미로 참의원의 의결에 영향을 미치려는 것은 도저히 받아들일 수 없는 일이었다. 당시 아오키 미키오(青木幹雄)와 가타야마 도라노스케(片山虎之助) 등은 입장을 명확히 표명하지 않던 참의원 의원들에게 중의원 해산을 회피하기 위해 법안에 찬성하도록 설득했는데, 오히려 이것이 역효과를 초래했다.[58]

6. 우정 선거와 고이즈미식 포퓰리즘의 절정

고이즈미는 우정공사의 민영화 법안이 참의원에서 부결되자 중의원을 해산하는 정치적 결단을 단행했다. 고이즈미는 중의원 해산 직후 "지금은 비록 국회에서 우정공사의 민영화 법안이 부결되었지만, 우정공사의 민영화를 행하지 않아도 좋은 것인지를 다시 한번 국민에게 묻고 싶다. 이번 선거에서 자민당이 과반수를 획득하지 못한다면 퇴진하

56) 『読売新聞』2005년 7월 30일.
57) 佐藤立夫, 『ポスト政治改革の参院像』(東京: 高文堂, 1993), p. 47.
58) 竹中治堅, 앞의 책, p. 229.

겠다"고 말해 우정공사의 민영화에 대한 불퇴전의 결의를 표명했다.[59]

고이즈미는 우정공사의 민영화 법안에 반대표를 행사한 37명을 자당 후보로 공인하지 않는 동시에 이들의 선거구에 대항마를 내세울 방침을 정했다. 그러자 8월 17일에 가메이와 와타누키 등은 와타누키를 대표로 하는 국민신당을, 8월 21일에 고바야시 고키(小林興起) 등은 다나카 야스오(田中康夫)를 대표로 하는 신당일본을 창당했다. 그러나 조반 의원들 대부분은 신당에 참여하지 않은 채 무소속으로 출마했다.

선거전이 시작되던 당시, 지배적인 여론은 자민당의 참패와 민주당의 압승에 의한 민주당 단독정권 또는 민주당을 중심으로 한 연립정권이 성립할 가능성이 높다고 예측하면서 고이즈미 총리의 중의원 해산을 무모한 도박으로 간주했다.[60] 그러나 자민당은 당초의 예상과는 달리 296석을 획득하며 압승을 거두었다.

이번 총선거 결과의 특징은 다음과 같이 네 가지로 요약해 볼 수 있다. 첫 번째는 1993년 제40회 총선거 이래 과반수 의석을 상실했던 자민당이 단독으로 과반수 의석을 확보하게 되어 자민당 단독지배 체제의 기반을 재구축했다는 점이다. 두 번째는 1998년 야당세력의 재편성에 의해 대안정당으로서의 기대를 모았던 민주당이 기존의 177석에서 113석으로 후퇴하여 정권교체의 현실적인 선택지가 되지 못했다는 점이다. 세 번째는 공명당의 존재감이 상당 부분 약화될 가능성이 높아졌다는 점이다. 네 번째는 전후 호헌세력의 대변자 역할을 해 온 사민당과 공산당의 회복불능이 재차 확인되었다는 점이다.

〈표 3〉 2005년 9월 11일에 실시된 제44회 중의원 총선거 결과

	자민당	민주당	공명당	공산당	사민당	국민신당	신당일본	제파	무소속
당선자수	296	113	31	9	7	4	1	1	18
공시전세력	212	177	34	9	5	4	3	1	32
해산시세력	249	175	34	9	6	-	-	1	3

59) 飯島勲, 앞의 책, p. 273.
60) 『朝日新聞』2005년 8월 9일, 10일.

이처럼 자민당이 압승을 거둘 수 있었던 요인은 다음과 같이 여섯 가지로 요약할 수 있을 것이다. 첫째로, 개혁자의 이미지 연출이다. 고이즈미는 우정공사의 민영화 법안이 참의원에서 부결된 것을 계기로 중의원을 '불시 해산'하면서, 반대세력과 타협하지 않는 단호한 이미지를 연출했다. 이는 기존의 총리들이 개인적 스캔들 및 오직사건에 의해 내각에 대한 지지율이 급락하더라도 당내 파벌 간 야합을 통해 어떻게든 정권을 유지하려던 것과는 정반대의 자세로, 기성의 정치질서 변화를 바라는 국민들에게 신선한 충격으로 다가왔다. 즉 고이즈미는 스스로 권력을 포기하는 중의원 불시해산을 통해 기성 정치에 혐오감을 느끼고 있던 대중, 특히 무당파 층의 기분에 동조했던 것이다.

둘째로, 대중에 대한 직접적인 호소이다. 이 점은 첫 번째의 내용과 밀접히 관련되어 있다. 고이즈미의 대중에 대한 호소는 구체적인 정책에 의한 것이 아니라 "죽어도 좋다"라는 식의 자극적인 발언과 슬로건에 의존했다. 또한 고이즈미의 호소 대상은 개혁을 바라는 대중들로, 그들은 기성 정치에 염증을 느낀 바람의 정치에 의해 크게 좌우되는 무당파 층이었다. 고이즈미는 이들의 대변자로서 자신을 포장하고 매스미디어를 통해 호소력 있는 이미지를 전달하는데 성공했다. 무당파 층은 고이즈미라는 인물이 총리라면 자민당이든 야당이든 또한 그 주장이 무엇이든 상관없다는 식의 입장을 보였다.[61]

셋째로, 고이즈미 총리와 자민당의 선거전략, 즉 정치쟁점의 단순화와 양극화이다. 당초 국민들과 정치인들은 우정공사의 민영화 법안이 선거의 지배적인 쟁점이 될 것이라고 생각하지 않았다. 하지만 고이즈미는 우정공사의 민영화=개혁의 시작이라는 모토로 끈질기게 우정공사의 민영화만을 주장하여 국민들의 관심을 유발하기 시작했다. 또한 고이즈미는 "자민당은 특정우편국장회라는 자신들의 지지단체와 결별했지만, 민주당은 조합과 결별하지 않고 있을 뿐만 아니라 조합에 의해 원칙 없이 반대만 하고 있다"고 주장했다.[62] 이러한 고이즈미의 선거전략은 적대세력을 명확히 부각시키면서 자신의 정당성을 획득해가는

61) 中西輝政, "この保守の蹉跌を乗り越えて立つのは誰か," 『正論』11月号(2005), p. 49.
62) 蒲島郁夫·早野透, "郵政選挙の結果を読み解く," 『世界』11月号(2005), pp. 95-96.

고도의 정치방식이었다.

이러한 전략에 따라 고이즈미 총리와 자민당은 광고를 통해 이번 선거를 우정공사의 민영화 선거로 규정짓고 우정공사의 민영화에의 찬성=개혁파, 반대=수구파라는 식으로 선거쟁점을 선악이원론으로 단순화시켰다. 이러한 선거 전략은 자민당 내 대립을 은폐하고 가능한 한 많은 지지자를 규합하는 기능을 수행하는 동시에 자민당과 민주당의 대결이 아니라 자민당과 우정공사의 민영화 반대세력의 대립인 것 같은 착각을 불러일으켜, 결과적으로 야당의 존재를 무력화시켰다.[63] 이 과정에서 민주당은 노동조합을 중심으로 하는 '큰 정부파'와 자민당 이상으로 시장 자유화를 추진하는 '작은 정부파'의 노선대립 때문에 고이즈미의 우정공사의 민영화 법안에 적극적으로 대처하는데 실패했다.[64]

넷째로, 자객전술이다. 우정공사의 민영화 법안에 반대한 의원들의 지역구에 자객 후보를 공천하는 고이즈미의 자객 전술은 '고이즈미 극장'이라고 불리어질 정도로 국민의 선거에 대한 관심을 불러일으켰다. 고이즈미는 우정공사의 민영화 법안의 부결에 주도적 역할을 한 고바야시 지역구에는 고이케 유리코(小池百合子)환경상, 가메이 지역구에는 여배우 아즈마 지즈루, 히라누마 다케오(平沼赳夫)지역구에는 호리에 다카후미(堀江貴文), 기우치 미노루(城內實)지역구에는 가타야마 사츠키(片山サツキ), 모리오카 마사히로(森岡正宏)지역구에는 다카이치 사나에(高市早苗) 등의 자객을 통해 반대세력=악을 응징하는 정의의 사도로 이들과 자신의 이미지를 연출했던 것이다.

다섯째로, 매스미디어를 활용한 홍보 전략이다. 이 점은 네 번째의 내용과 밀접히 관련되어 있다. 이미 언급한 바 있듯이 이번 총선거에서는 소위 자객 소동에 매스컴의 이상 과열보도로 민영화의 내용 및 의의에 대한 객관적인 정책 논쟁은 발생하지 않았다.

우정공사의 민영화 법안 부결 이후, 고이즈미와 자민당은 국민적 지지를 얻기 위해 다양한 정책을 제시하기보다는 매스미디어, 특히 TV를 통한 대중에의 지지 전략을 최대한 활용했다. 자민당은 "우정개혁 법안

63) 読売新聞東京本社世論調査部(編), 앞의 책, p. 17.
64) 竹中平蔵, 앞의 책, p. 229.

하나 통과 못 시키면서 무슨 개혁을 논할 수 있겠느냐며 개혁을 할 수 없다면 정권을 포기하겠다"는 고이즈미의 결의에 찬 모습을 TV 화면을 통해 방송하면서 고이즈미를 고립된 개혁자로 연출하는데 성공했다.

또한 우정공사의 민영화 법안에 반대표를 던진 자민당 탈당파 의원들을 단죄하기 위해 자객 후보를 대항마로 내세운 고이즈미의 전략은 연일 매스미디어의 집중적인 스포트라이트를 받으면서 야당들이 제시한 정책들이 선거 쟁점으로 부상하는 것을 차단할 수 있었다. 특히 매스미디어는 자객 후보가 어느 정도까지 당선될 것인지와 같은 시대극의 이미지로 유권자의 흥미를 불러일으키면서 이를 집중 보도했다.[65] 결국 이 총선거에서 자민당의 압승은 매스디미어 특히 TV보도의 영향에 의한 것이며, 유권자를 포함한 국민은 TV 보도에 교묘히 유도되었던 것이다.[66] 당시 자민당 후보에 투표한 사람들 중 53%는 매스미디어의 선거 보도에 직간접적으로 영향을 받았고, 또한 TV를 참고로 했다고 응답한 사람도 56%에 이르고 있음에서 단적으로 알 수 있다.[67]

여섯째로, 1994년에 도입된 소선거구 비례대표 병립제 하에서 득표율과 의석 점유율 간 커다란 괴리현상이다. <표 4>에서 보여지는 바와 같이 자민당은 득표율 47.8%에 73%의 의석점유율을 보였던 반면, 민주당은 득표율 36.4%에 의석점유율이 불과 17.3%에 그쳤다. 즉 득표율의 차는 11.4%인데 의석점유율의 차이는 55.7%로 벌어졌다. 또한 2003년 총선거와 2005년 총선거에서 민주당이 얻었던 득표율의 차이가 거의 없다는 점에서 민주당의 고정표는 그다지 변동하지 않았다. 여기서 지적하고 싶은 것은 자민당의 압승이 국민의 압도적 지지에 의한 것이 아니라 소선거구제의 결함에서 비롯되고 있으며, 또한 무당파 층의 투표율이 지난 선거 때보다 7.6% 증가했으며 그 대부분이 자민당 표로 유입되었다는 점에 기인하고 있음을 알 수 있다.

따라서 자민당의 압승은 유권자의 정당 선호도가 바뀌었다기보다는 고이즈미 정치에 의해 무당파 층의 투표 참여 비율이 상대적으로 높아

65) 大嶽秀夫(b), 앞의 책, p. 147.
66) 草野厚, 앞의 책, p. 14.
67) 『韓日新聞』 2005년 10월 25일.

진 것에 있었다. 고이즈미 총리는 이전부터도 도시지역의 무당파 층을 획득하지 못하는 한 자민당이 단독 과반수를 획득하는 것이 불가능하다는 생각을 항상 가지고 있었으며 고이즈미 정치는 바로 이들을 대상으로 한 것이었다.

<표 4> 소선거구제에서의 각 당의 득표율과 의석점유율

구분	2000년 총선거			2003년 총선거			2005년 총선거		
	획득 의석수	득표율	의석 점유율	획득 의석수	득표율	의석 점유율	획득 의석수	득표율	의석 점유율
자민당	177	41.0	59.0	168	43.9	56.0	219	47.8	73.0
공명당	7	2.0	2.3	9	1.5	3.0	8	1.4	2.7
보수당	7	2.0	2.3	4	1.3	1.3	-	-	-
자유당	4	3.4	1.3	-	-	-	-	-	-
민주당	80	27.6	26.7	105	36.7	35.0	52	36.4	17.3
공산당	0	12.1	0.0	0	8.1	0.0	0	7.3	0.0
사민당	4	3.8	1.3	1	2.9	0.3	1	1.5	0.3
기타	21	3.8	7.0	13	5.7	4.3	20	5.6	6.7
합계	300	100	100	300	100	100	300	100	100

출처: 上脇博之, "小選挙区制がもたらした自民圧勝,"『世界』11月号(2005), p. 108.

7. 고이즈미 정치의 한계

지금까지 살펴본 바와 같이 고이즈미에 대한 국민들의 압도적인 지지는 기성의 정치질서에 대한 고이즈미의 반발이 기성 정치인에 대한 국민들의 불신과 맞물리면서 발생한 것이었다. 이러한 고이즈미 정치는 일본정치에 새로운 변화의 바람을 불러일으키는 긍정적인 기폭제가 되기도 했지만, 다른 한편으로 정치의 쇼-비지니스화를 초래하기도 했다. 고이즈미 정치가 일본정치에 가져온 부정적인 측면은 다음과 같이 세 가지로 요약될 수 있다.[68)]

첫째로, 사고의 생략과 정치쟁점의 단순화이다.[69] 고이즈미가 높은 지지를 받을 수 있었던 것은 자신이 주장하고자 하는 바를 대단히 알기 쉽고 명료하게 말하는 직설적 표현에 있었으며, 이는 기존의 자민당 주요 정치인들이 자민당 내 족의원 및 관료, 그리고 지지기반을 고려하여 우회적으로 표현하는 방식과는 상당한 차이가 있었다. 그러나 이것은 내용이 있는 이야기를 간명하게 전달한다는 것과는 별개의 문제이다. 예를 들면, 고이즈미가 경제정책의 핵심으로 추진한 구조개혁에 대해 그 자신이 한번도 체계적으로 언급한 적이 없으며, 단지 우정공사의 민영화 필요성만을 언급했을 뿐이다. 따라서 고이즈미의 인기는 국민에게 정확한 정보를 제공하고 정책을 추진한 것에서 나온 것이 아니라 단지 아는 듯한 메시지만을 전달하는 방식에서 비롯된 것이라고 볼 수 있다.

둘째로, TV 정치에 의한 극장 민주주의의 대두이다. 고이즈미는 대중들이 자주 보는 NHK 일요 토론이나 TV 아사히의 일요 프로젝트, 와이드 쇼, 그리고 스포츠지 등에 중점을 두는 매스미디어 전략을 취했다. 그는 평일에도 매일 TV 인터뷰에 응하면서 자신의 모습을 TV 화면에 비추었고 관영 라디오 프로그램에 정규 출연하여 자신의 정책을 간단명료하게 주장하거나 자민당의 밀실정치와 파벌정치의 폐해, 그리고 우정공사의 민영화를 강력히 주장하여 국민들로부터 개혁의 이미지를 창출하는데 성공했다. 이미 언급한 바 있듯이 고이즈미가 우정공사의 민영화 법안의 부결을 계기로 그것에 찬성하는 세력을 개혁파로, 그것에 반대하는 세력을 기득권 이익에 집착하는 수구파로 간주하는 이원론적인 구도를 TV를 통해 집중 홍보함으로써 우정공사의 민영화를 둘러싼 정치쟁점과 본질을 부차적인 것으로 만들었다. 그러나 문제는 이러한 이미지가 단순화되고 편향된 사실에 기초하고 있으며, 사고 정지와 정치적 쟁점의 맹목화를 초래했다는 점이다.

셋째로, 화제성에 의한 상징 지배이다. 고이즈미가 우정공사의 민영화 법안에 반대하여 탈당한 정치인을 단죄하기 위해 자객 후보를 대항

---

68) 이기완, "고이즈미식 포퓰리즘과 2005년 중의원 선거," 『아세아연구』제49권 1호(2006), pp. 190-191.
69) 山口二郎(a), 앞의 책, p. 160.

마로 내세운 전략은 연일 매스컴과 일반국민들의 화제가 되었지만, 이러한 화제성은 우정공사의 민영화를 둘러싼 정치 쟁점을 은폐하는 기능을 수행하는 동시에 정치적인 것과 일상적인 것, 추상적인 것과 구체적인 것의 서열관계를 무너뜨려 정치적 쟁점을 비정치화시키고 말았다.

이러한 부정적인 측면과 함께 고이즈미 정치는 비록 단기간 내에 다수의 대중으로부터 압도적인 지지를 이끌어내는데 성공했다 하더라도 지속 가능한 지지를 이끌어내기에는 많은 한계를 가지고 있다고 생각된다. 그 이유는 다음과 같은 세 가지 점에 기인한다.

첫째, 자민당에 대한 부정적 이미지 확대와 지지조직의 와해이다.70) 고이즈미는 자신에게 대항하는 전통적인 자민당 지지세력에게 저항세력이라는 레테르를 붙였으며, 자민당을 이권정치 및 기득권 옹호세력으로 비치게 한 것이었다. 이러한 전략은 자민당의 전통적 지지기반을 이루었던 농민과 중소상인들의 지지 철회를 초래했지만, 기성의 정치질서에 염증을 느낀 대도시의 중간층과 무당파 층을 지지층으로 만들 수 있었다는 점에서는 상당한 매력적인 것이었다. 그러나 고이즈미의 개혁정치가 '반경세회' 정치 및 이권형 정치의 혁파로 이어지지 못할 경우에는 오히려 자민당의 전반적 이미지 약화, 지지 세력의 약체화, 그리고 무당파 층의 지지철회로 이어질 개연성이 높다.

둘째, 일본의 의회정치와 자민당 내 정치에서 파생되는 구조적 한계이다. 일본의 총리는 끊임없이 하야 공작의 위협에 노출되어 있으며 또한 국민의 지지만으로는 당선 및 재선을 획득할 수도 없다. 따라서 권력을 유지하기 위해서는 자당 국회의원의 지지가 무엇보다도 중요하다. 이러한 딜레마 때문에 자당 국회의원의 이익에 반하는 정책을 지속적으로 전개하는 것은 대단히 어렵다. 그렇다고 해서 기성의 정치세력과 적당히 타협하게 되면 국민적 지지는 급속히 하락하게 될 것이 자명하다.

---

70) 박철희, "일본의 체제변환과 자민당의 불안정한 우위," 『한국정치학회보』 제38집 3호(2004), p. 313.

〈표 5〉 고이즈미 내각 및 자민당 지지율의 변화

구분		2001.7	2002.6	2003.8	2004.7	2004.12	2005.7	2005.9	2005.11
내각	지지(%)	69	43	45	36	41	43	55	56
	반대	12	46	35	48	45	43	30	30
자민당 지지		43	38	32	27	36	38	43	46

셋째, 개인에 대한 지나친 의존이다. <표 5>에서 알 수 있듯이 고이즈미 내각에 대한 지지가 자민당에 대한 지지보다 훨씬 높다는 사실에서 단적으로 알 수 있다. 이 때문에 고이즈미 총리라는 인기 정치인이 사라진 후 자민당의 지지도가 높은 수준으로 유지될 수 있을지는 미지수이다. 또한 고이즈미 이후 적어도 그에 버금가거나 아니면 고이즈미를 능가하는 새로운 정치인이 나타나지 않을 경우, 자민당에 대한 지지는 급락하고 선거에 대패할 가능성이 높다.

8. 결론

지금까지 살펴본 바와 같이 고이즈미의 포퓰리즘은 체계적인 정치이념으로서가 아니라 기성의 정치방식 및 정치인에 대한 불만, 특정 정치인에 대한 기대, 그리고 정치의 쇼-비지니스화, 그리고 TV 정치나 사운드 바이트 등이 교차하면서 발생했던 것이다. 즉 고이즈미가 자민당 총재와 총리에 취임하고 국민의 대중적 지지를 받을 수 있었던 것은 명확한 정책목표와 비전의 제시에 의한 것이 아니라 정치 불신이 확산되는 상황에서 기성의 정치질서에 대한 개혁 호소에 있었다. 이 때문에 고이즈미는 자민당 내 파벌과 족의원, 관료기구의 기득권 이익과 특수법인을 저항세력으로 설정했다.

이러한 포퓰리즘은 정치세력의 역학관계와 밀접히 관련되어 있다. 즉 권력기반이 취약한 최고지도자는 포퓰리즘의 유혹에 빠지기 쉽다. 당내 비주류였던 고이즈미는 자기의 소속파벌인 모리 파로부터도 적극적인 지지를 받지 못하고 있었다.[71] 이 때문에 고이즈미는 당을 움직이기 위해 '당 밖의 힘'을 빌리지 않을 수 없었다.[72] 이러한 당 밖의 힘이라는 것은 실질적으로 국민, 무당파 층, 그리고 매스미디어의 힘이었다. 고이즈미는 "아무리 견고한 조직을 가지고 있더라도 국민과 여론의 지지를 얻지 못하는 정당은 정권을 장악할 수 없다"는 인식을 가지고 있었다.[73]

그런데 이러한 정치적 입장은 오히려 특정 파벌 및 정치세력에 구속되지 않는다는 점에서 어떠한 정책과 정치방식을 선택하는지에 따라 지지기반을 확대해 갈 수 있는 장점과 그 반대로 급속히 지지기반을 상실하는 단점을 동시에 가지고 있었다. 고이즈미는 대중에 대한 직접적인 호소를 통해 파벌정치와 이익유도정치에 대한 반대 감성을 확산시켰다. 그 결과 이익정치와 밀접히 관계된 우정공사를 민영화하는 동시에 자민당 내 저항세력을 문자 그대로 제거하여 강력한 권력을 장악할 수 있었다. 즉 고이즈미 정치는 반대세력으로부터 격렬한 비판을 받았지만, 적어도 국민으로부터는 커다란 지지를 받을 수 있었던 것이다.

고이즈미는 매스미디어에 대한 호소가 자신의 권력기반을 강화하기 위해 무엇보다 중요하다고 생각했다. 고이즈미는 정치와 매스미디어를 동일시하고 매스미디어의 힘을 권력의 부양력으로 간주했다. 이 과정에서 고이즈미는 세분화된 이슈와 메시지의 선정에서 일관된 태도를 보였다. 즉 고이즈미는 매스미디어 정치의 기본적 특징인 매스미디어의 개념이 사실로 전화한다는 것을 인지하고 있었던 것이다.

결과적으로 고이즈미 정치는 명확한 리더쉽, 정책에 대한 우선순위 설정, 매스미디어에 대한 정확한 이해와 그것을 통한 심성장악의 탁월함, 정치를 선악이원론의 대립구도로 직결시키는 능력과 그것을 실행하는 대담성 등에 의해 당내 지지기반의 취약성을 대중적 지지를 동원하여 극복할 수 있었다. 이리하여 고이즈미 정치는 자민당에 대한 불만을 해소하고 자민당 지배체제를 안정화시키는데 결정적 역할을 했다. 이러

---

71) 大嶽秀夫(b), 앞의 책, p. 108.
72) 御厨貴,『ニヒリズムの宰相 小泉純一郎』(東京: PHP研究所, 2006), p. 32.
73) 読売新聞政治部(a), 앞의 책, p. 158.

한 관점에서 보면 고이즈미 정치는 그람시가 언급했던 '수동혁명'[74]의 사례와 매우 유사하다고 말할 수 있을 것이다.

---

74) Antonio Gramsci/이상훈(역), 『그람시의 옥중수고 I』(서울: 거름, 1986), p. 216.

참고문헌

김우택, "라틴아메리카의 경제적 포퓰리즘: 정치경제적 접근," 철학연구회(편), 『디지털 시대의 민주주의와 포퓰리즘』(서울: 철학과 현실사), 2004.

김일영, "민주화, 신자유주의적 포퓰리즘, 그리고 한국: 김대중 정권과 노무현 정권을 중심으로," 철학연구회(편), 『디지털시대의 민주주의와 포퓰리즘』(서울: 철학과 현실사), 2004.

박철희, "일본의 체제변환과 자민당의 불안정한 우위," 『한국정치학회보』 제38집 3호(2004).

서병훈, "포퓰리즘과 민주주의: 플라톤의 딜레마," 철학연구회(편), 『디지털시대의 민주주의와 포퓰리즘』(서울: 철학과 현실사), 2004.

안병진, 『노무현과 클린턴의 탄핵정치학』(서울: 푸른길), 2004.

Antonio Gramsci/이상훈(역), 『그람시의 옥중수고 I』(서울: 거름), 1986.

이기완, "호소카와 내각과 정치개혁," 『국제정치논총』 제41집 4호(2001).

이기완, 『전환기의 일본정치와 연립정권』(서울: 케이시), 2002.

이기완, "1990년대 일본정치의 변동과 사회당," 『국제정치논총』 제43집 3호(2003).

이기완, "고이즈미식 포퓰리즘과 2005년 중의원 선거," 『아세아연구』 제49권 1호(2006).

이기완, "고이즈미의 정치방식과 포퓰리즘," 『대한정치학회보』 제15집 1호(2007).

이기완, "일본 정당구도의 재편과 전망," 『평화연구』 제16권 제1호(2008).

주정립, "포퓰리즘의 개념적 규정을 위한 시도," 『대한정치학회보』 제13집 1호(2005).

후지와라 기이치, "고이즈미 강수, 파벌재편 노린다," 『동아일보』 2005.8.11.

Blumler, Jay. G. and Dennis Kavanagh, “The Third Age of Political Communication:influences and features,” *Political Communication*, vol. 16, no. 3(1999).

Canovan, Margaret, *Populism* (New York: Harcourt), 1981.

Canovan, Margaret, "Two Strategies for the study of Populism," *Political Studies*, vol. 30, no. 4(1982).

Di Tella, Torcuato S., "Populism," in S. M. Lipset(ed.), *The Encyclopedia of Democracy*, vol. 3 (London: Loutledge), 1995.

Dix, Robert H., "Populism: Authoritarian and Democratic," *Latin American Research Review*, vol. 20, no. 2(1985).

Lippman, Walter, *Public Opinion* (New York: Harcourt), 1956.

McCombs, Maxwell. E. and Donald. L. Shaw, "The Agenda-setting Function of Mass Media," *Public Opinion Quarterly*, vol. 36, no. 2(1972).

Meny, Yves and Yves Surel(eds.), *Democracies and the Populist Challenge* (New York: Palgrave), 2002.

Mouzelis, Nicos, "On the Concept of Populism: Populist and Clientelist Modes of Incorporation in Semi-peripheral Polities," *Politics and Society*, vol. 14, no. 3(1985).

飯尾潤, “政党制轉換期における政官關係の変容,” 北村公彦(編), 『現代日本政党史錄5』 (東京: 第一法規), 2004.

飯島勳, 『小泉官邸秘錄』 (東京: 日本経濟新聞社), 2006.

石田英敬, “コイズミの新しい衣裳,” 『世界』 11月号(2006).

石田英敬, “テレビ國家(1) 權力のメディア的変容について,” 『世界』 6月号(2006).

大下英治, 『小泉純一郎 vs 抵抗勢力』 (東京: 德間書店), 2002.

太田弘子, 『経濟財政諮問會議の戰い』 (東京: 東洋経濟新報社), 2006.

大嶽秀夫, “政治改革を目指した二つの政治勢力,” 大嶽秀夫(編), 『政界再編の研究: 新選擧制度による總選擧』 (東京: 有斐閣), 1997.

大嶽秀夫,『日本型ポピュリズム』(東京: 中央公論新社), 2003.
大嶽秀夫,『小泉純一郎　ポピュリズムの硏究』(東京: 東洋経済新報社), 2006.
蒲島郁夫·早野透, "郵政選擧の結果を讀み解く,"『世界』11月号(2005).
上脇博之, "小選擧區制がもたらした自民壓勝,"『世界』11月号(2005).
川上和久,『2大政党制は何をもたらすか』(東京: ソフトバンク新書), 2006.
草野厚,『テレビは政治を動かすか』(東京: NTT出版), 2006.
佐藤誠三郎,『自民党政權』(東京: 中央公論社), 1986.
佐藤孝行, "「天下の悪役」大いに語る,"『文藝春秋』12月号(1993).
佐藤立夫,『ポスト政治改革の參院像』(東京: 高文堂), 1993.
塩田潮,『郵政最終戰爭』(東京: 講談社), 2005.
世川行介,『郵政: 何が問われたのか』(東京: 現代書舘), 2005.
高畠通敏, "日本新党のイメージ選擧と社會党の大連合の解体,"『エコノミスト』8月号(1993).
竹中治堅,『首相支配』(東京: 中央公論新社), 2006.
竹中平藏,『構造改革の眞相』(東京: 日本経済新聞社), 2006.
中西輝政, "この保守の蹉跌を乗り越えて立つのは誰か,"『正論』11月号(2005).
中野實,『日本の政治力學』(東京: 日本放送出版會), 1993.
細川護熙(編),『日本新党·責任ある変革』(東京: 東洋経済新報社), 1993.
眞神博, "再浮上! 佐川とNTT疑惑,"『文芸春秋』6月号(1994).
松崎哲久,『日本型デモクラシーの逆說』(東京: 冬樹社), 1991.
御廚貴,『ニヒリズムの宰相 小泉純一郎』(東京: PHP硏究所), 2006.
宮崎義一,『國民經濟の黄婚: 複合不況とその後』(東京: 朝日新書), 1995.
山口二郎, "壯大な　政治的實驗?," 山口二郎·生活経済政策硏究所(編),『連立政治 同時代の検證』(東京: 朝日新聞社), 1997.
山口二郎,『戰後政治の崩壞』(東京: 岩波書店), 2004.
山脇岳志,『郵政攻防』(東京: 朝日新聞社), 2005.
讀賣新聞政治部,『自民党を壞した男: 小泉政權1500日の眞實』(東京: 新潮社), 2005.

讀賣新聞政治部,『外交を喧嘩にした男』(東京: 新潮社), 2006.
讀賣新聞東京本社世論調査部(編),『二大政党時代のあけぼの』(東京: 木鐸社), 2004.
渡辺治,『構造改革政治の時代: 小泉政權論』(東京: 花伝社), 2005.
『朝日新聞』
『産経新聞』
『毎日新聞』
『讀賣新聞』

제3장

일본정치와 헌법논쟁

–평화헌법의 형성요인과 경로 의존성을 중심으로–

최 기 성

1. 서론

일본인들에게 헌법을 둘러싼 논쟁은 매우 오래된 논쟁인 동시에 지금도 진행되고 있는 뜨거운 논쟁이다. 또한 법적인 논쟁인 동시에 정치적인 논쟁이기도 하다. 헌법 개정 문제를 둘러싸고 과거에도 많은 논쟁이 있었지만 현재도 끊이질 않고 있다. 1946년 일본 헌법이 공포된 이래 긍정하는 입장이나 부정하는 입장에서 수없이 많은 논쟁이 진행되어 왔다. 헌법 논쟁이 각 시대의 배경과 일본 국민의 의식을 짙게 반영하고 있다는 점을 상기한다면, 헌법이 제정된 지 60여년이 지난 지금에도 왜 일본에선 헌법을 둘러싼 논쟁이 끊이질 않는 것일까? 하는 문제에 대해 주목하지 않을 수 없다. 아시아 경제대국인 일본의 정치 현상은 어떤 형태로든 우리에게 영향을 미친다는 점을 상기한다면, 일본의 헌법 논쟁을 그들만의 이야기로 그냥 넘겨버릴 수 없는 문제이기 때문이다.

이러한 헌법 논쟁의 출발점은 제2차 세계대전 종결 직후의 국제관계, 동서냉전이 시작되던 시점의 국제관계, 미국의 대동아시아 정책이었던 일본의 비무장화에 집중되었던 한 시대의 흐름과 깊은 관련이 있다. 이러한 시대적 배경이 헌법에 정착되어 나타났는데 가장 상징적으로 헌법 제9조에 잘 표현되어 있다. 즉 미국의 대일 전후처리 과정에서 하나의 중요한 기준으로 군비재무장 포기를 헌법에 명시한 소위 평화헌법이란 것이 만들어졌던 것이다. 그런데 이러한 평화헌법이 제정된 지 얼마 되지 않아 동서간의 냉전이 급속히 진행되면서 한반도에서 전쟁이 발발하게 되었다. 이렇게 되자 미국은 동북아의 정치적 불안정을 우려하여 일본의 평화헌법 제9조의 규정에도 불구하고, 이에 대한 유연한 해석을 통해 경찰예비대의 창설을 허용하고 이어 경무장화를 서두르게 되었다. 또 다른 하나의 문제점은 미국의 전후 처리과정에서 일본을 장래 미국에 위협이 되지 않도록 정책을 추진해왔다는 점이다. 그러나 문제는 냉전의 격화라는 국제정세의 변화와 더불어 어떻게 미·일간의 긴장관계를 조화시킬 것인가에 관하여 미국과 일본 양국 정부가 마땅한 그리고 명쾌한 답을 가지고 있지 않았다는 점이다. 이러한 상황 하에서, 일본의 헌법 논쟁은 매우 복합적이며 중층적으로 나타날 수밖에 없었다. 이러한 모순적인 현상은 미국의 대일본 견제정책과 국제사회의 냉전적 질서를 극복하기 위한 일본과의 협조라는 이율배반적인 미국의 대일본 외교정책의 예기하지 못한 결과라 할 수 있는데, 이를 두고 전후 국제정세와 관련하여 일본의 기본적 모순이라 표현하기도 한다.[1)]

지난해 8월 민주당 중심의 새로운 연립정권이 탄생했다. 하토야마 유키오(鳩山由紀夫)총리는 과거 자민당 정권이 추구해왔던 대미일변도 외교에서 벗어나 대등한 미·일관계 및 동아시아 국가들과의 신뢰관계 구축을 천명하면서 한국과 중국을 비롯한 동아시아 국가들과의 관계개선에 많은 관심을 가지고, 우호적인 관계형성을 강조한 바 있다. 그런데 동북아의 현실을 보면 하토야마의 구상을 좋아하기에는 이른 감이 없지 않다. 1990년대에 접어들어 미·소 두 강대국에 의한 양극체제가 무너지고 탈냉전적 질서로 재편되어 왔음에도 불구하고, 동북아의 정치상황은 여전히 냉전적 질서에서 크게 벗어나지 못하고 있기 때문이다. 그 걸림돌로 작용하는 요인은 매우 다양하고 복합적이다. 그 가운데 하나는 동북아 국가들이 일본정부에 대해 신뢰하지 못한다는 점이며 이 배경에는 일본의 암묵적인 군사재무장 의도에 대한 깊은 경계심이 깔려 있다.

사실 그동안 암암리에 진행해오던 일본의 군사재무장은 최근 북한의 미사일 발사와 핵실험으로 더욱 험악해진 동북아의 분위기에 편승하여 매우 활발하게 논의되고 있다. 여기서 중요한 것은 이 논의의 중심에

---

1) 日本放送協会(編), 『憲法論争—その経緯と焦点』(東京: 日本放送出版協会, 1984), pp. 41-61.

일본 헌법 제9조 즉 평화헌법의 개정과 관련이 있다는 점이다. 일반적으로 적법 절차에 따라 자국의 헌법을 개정하는 것은 주권국가의 당연한 권리이며 그 어떤 나라도 국제법상 강요나 제약을 가할 수 없다. 그런데 잘 알려져 있듯이 일본의 헌법 개정논의는 동북아 국가들의 주된 관심의 대상이 되고 있다. 그 이유는 일본의 평화헌법 제정 목적이 일본의 국익을 위한 것이기도 하지만 과거 일본 제국주의에 큰 피해를 경험했던 동아시아 지역 전체의 평화와 연합국의 이익을 위한 것이기도 하기 때문이다.

이와 관련하여 최근 진행되고 있는 헌법 개정을 둘러싼 논쟁은 패전 이후 일본 현대사의 핵심 쟁점 가운데 하나이며 매우 복잡한 양상을 나타내고 있다.[2] 예컨대 일본 헌법 제정에 관한 절차상의 문제 즉 과연 점령군사령관 맥아더(Douglas MacArthur)에게 주권국가인 일본의 헌법 제정권이 있었던가 하는 법이론적 타당성에 관한 문제제기로부터 당시 전쟁에 시달려왔던 다수 일본 국민의 절대적인 지지를 받으며 맥아더 점령사령부가 일본 민주주의를 위한 헌법을 제정했기 때문에 헌법 제정 절차상 하자가 없다는 주장에 이르기까지 매우 다양하다. 그 밖에 정치적 주체성의 관점에서 헌법 제9조를 해석하는 논자도 있으며,[3] 일본 헌법에 대한 다양한 해석을 이해하기 위한 핵심 열쇠로서 맥아더 신드롬으로 불리는 맥아더에 대한 신격화 열기를 이해할 필요가 있다는 주장까지 제기되고 있다.[4] 전자의 예로 일본의 헌법은 강요된 것이며 일본의 국익을 위한 것이 아니기 때문에 일본이 제정하지 않은

2) 필자는 2010년 7월 30일 와세다대학에서 열린 정치사상연구회에 참석한 바 있는데, 이 자리에서 千葉眞, 『「未完の革命」としての平和憲法—立憲主義の思想史から考える』(東京: 岩波書店, 2009)를 중심으로, 일본의 평화헌법을 둘러싼 쟁점에 관하여 '정치적 관점'에서 열띤 논의가 있었다. 일본 헌법 논쟁의 난해성을 지적하면서 치바는, 헌법 제정과정에서의 문제점이 있음에도 불구하고, 입헌주의와 민주주의간의 긴장과 협력을 적절히 조정하여, 일본의 바람직한 민주주의 발전과 유지를 위해 평화헌법을 효과적으로 활용하고자 하는 '活憲論'을 제안하고 있다.

3) 井上健夫, 『普遍の再生』(東京: 岩波書店, 2003), p. 34.

4) 長尾龍一, 『思想としての日本憲法史』(東京: 信山社出版, 1997), pp. 162-163. 맥아더의 신격화 열기는 일본 제국주의의 억압통치에 대한 해방군으로서의 이미지와 더불어 형성되었으나, 맥아더의 일본 국민은 유치한 어린이에 불과하다는 발언 이후, 맥아더 신격화의 열기는 일본인이 가장 기억하고 싶지 않는 기억으로 남아 있다.

헌법은 원천적으로 무효라고 주장하는 나카니시 데루마사(中西輝政) 등 복고적 개헌론자를 들 수 있으며,[5] 후자의 예로는 일본 헌법을 제2차 세계대전을 일으킨 전범국가에 대한 징벌적 의미의 헌법으로 이해하고, 이의 개정 문제는 주변국과 무관할 수 없다는 입장을 취하는 히구치 요이치(樋口陽一) 등 호헌론자를 들 수 있다.[6]

뿐만 아니라 일본의 헌법 개정 논의를 더욱 복잡하게 하는 요인은 일본 내부적으로 보수화의 진전과 수정주의 역사관의 등장이며, 외부적으로 동북아 국가들의 관심 즉 과거 일본 식민지 지배를 경험했던 동북아 국가들이 일본의 현행 평화헌법 체제의 유지를 주장하고 있다는 점이다. 일본의 헌법 개정이 동북아의 평화에 위협이 된다고 판단되는 경우 지금까지 그래왔듯이 동북아 국가들은 일본의 개헌 문제에 지속적으로 관심을 가지게 될 것이며, 국제법상 일본의 주권을 침해하지 않는 한 일정한 영향력을 행사하려 할 것이기 때문이다.

이와 같이 동북아 국가들은 현재 일본 내의 헌법 개정 논의를 동북아에 대한 중대한 위협으로 간주하는 경향이 있다. 잘 알려져 있듯이 현재 일본의 평화헌법 개정 논의 배경의 한 측면이 팽창주의적 미·일 군사동맹에 바탕하고 있으며, 일본의 재군비는 동북아에서 지역패권으로 새롭게 등장하고 있는 중국과의 대립을 심화시켜 동북아의 국제정치 상황에 냉전 시대와 유사한 긴장과 위협을 초래할 가능성이 있으며, 결국 이것이 동북아의 평화와 안정에 위협 요소로 작용할 것으로 판단되기 때문이다.[7]

따라서 이 글의 목적은 일본의 평화헌법이 그 형성 배경과 일본의 정책결정 과정을 일정하게 제약하는 경로 의존성을 지니고 있음을 살펴보고, 평화헌법의 형성에 영향을 미쳤던 변수들이 어떻게 변용되어왔는지 그리고 평화헌법 개정과 관련하여 새롭게 영향을 미치는 변수를 분석하고, 평화헌법 개정과 관련하여 일본의 선택 가능한 정책과 바람직

---

5) 中西輝政, 『憲法改正』(東京: 中央公論新社, 2000), 참조.

6) 樋口陽一, 『「普通の国」を超える憲法と「普通の国」すら断念する改憲論』(京都: かもがわ出版, 1995), 참조.

7) 이호영 · 이기완, 『동맹의 이론과 현실』(창원: 창원대학교출판부, 2008), 참조.

한 방향성을 제안하는데 있다. 구체적으로 전후 일본정치의 핵심 논쟁인 헌법 논쟁 즉 헌법을 둘러싼 위헌, 합헌 논쟁을 포함한 제정 절차의 합당성 문제, 헌법의 내용 및 운용 문제 등을 살펴보고, 일본이 향후 선택 가능한 정책과 취해야 할 바람직한 방향성을 모색하고자 한다.

이하 제2절에서는 한국과 일본의 선행연구 동향을 살펴보고 경로 의존성과 전환비용 개념을 분석틀로 하여 일본의 평화헌법 개정 논의가 일본 정치에 미치는 영향을 분석한다. 그리고 제3절에서는 이 분석틀을 토대로, 구체적으로 일본 평화헌법이 가지는 경로 의존성을 확인하기 위해 일본의 평화헌법이 어떻게 형성되었는지를 분석하고, 그 형성과정에 영향을 미친 원인변수들을 일본 대내적인 변수와 대외적인 변수로 나눠 살펴본다. 그리고 이 원인변수들이 시대의 변화와 더불어 일본 평화헌법에 어떠한 영향을 미치게 되었는지를 분석하고, 이 과정에서 평화헌법이 경로 의존성을 통해 갖는 독자적인 영향력을 살펴본다. 이러한 분석을 토대로 일본의 평화헌법이 개입변수적인 영향력을 가지고 지속적으로 일본의 정책결정 과정에 영향을 미치고 있음을 확인하고, 일본이 평화헌법과 관련하여 선택할 수 있는 정책을 전환비용의 강도에 따라 헌법수호, 헌법 개정을 통한 패권적인 미·일동맹 강화, 헌법 개정을 통한 동북아 평화 등 세 유형으로 나눠 살펴본다. 이러한 세 가지 정책적 가능성에 대한 고찰을 통해 일본 평화헌법의 전환비용이 크면 클수록 동북아의 평화유지 가능성이 커짐을 확인한다. 제4절에서는 일본의 선택 가능한 정책대안과 취해야 할 바람직한 방향을 제시하고자 한다. 마지막으로 제5절에서는 동북아의 시민사회가 일본의 시민사회와 연대하여 일본에서 평화헌법의 전환비용을 높이기 위하여 노력할 때 동북아에서 질서 및 평화 유지 가능성이 더욱 높아질 수 있음도 제안하고자 한다.

2. 연구동향 및 분석방법

잘 알려져 있듯이 현행 일본의 헌법은 패전과 함께 미국에 의해 강요된 것이었다. 따라서 헌법의 제정과정을 살펴보면, 오늘날 일본의 보수파 세력들이 주장하듯이 일본인이 직접 제정하지 않았다고 하는 문제가 있다. 상식적으로 생각해도 자국의 최고 규범인 헌법을 자국민의 손으로 만들지 못한다면 그보다 더 모멸적이며 심각한 문제는 없을 것이다. 그러나 제정절차에 있어서의 문제점에도 불구하고 일본의 현행 헌법은 일본인은 물론 주변 동아시아 국가들에게도 매우 중요한 의미를 지니고 있다. 다름 아닌 일본의 평화는 동북아에서의 평화 유지를 위한 중요한 역할을 하고 있기 때문이다. 그런 만큼이나 일본의 헌법 개정을 둘러싼 논쟁은 일본인들에게는 매우 난해한 문제임에 틀림없다.

1) 선행 연구

이 글에서는 일본 헌법에 관한 국내 선행 연구와 일본의 연구 동향을 살펴보기로 한다. 국내의 선행연구는 대체로 평화헌법의 개정 여부를 예측하거나 그것이 동북아의 역학 관계에 미칠 영향에 초점을 두고 있다. 따라서 각 논문이나 단행본은 강조점에 따라 미리 개정 여부에 영향을 미치는 독립변수를 설정하고 변수의 추이를 분석함으로써 평화헌법의 개정 여부를 예측해왔다. 예를 들면 일본의 헌법이 곧 개정될 것이라는 주장을 뒷받침하는 대표적인 독립변수로는 일본의 우경화 및 민족주의,[8] 일본 정치 구조 속에서 개헌파의 득세,[9] 미국의 요구 및 중

---

8) 이상봉, “전후 일본 보수정치와 평화헌법: 평화헌법의 출현, 존재방식, 의의에 대한 비판적 연구,” 『국제정치연구』제9집 1호(2006); 조순구, “일본의 보수우경화와 동북아질서,” 『한국동북아논총』제45집(2007); 최기성, “일본 민족주의의 허상: ‘오키나와’의 비극,” 『아시아연구』제12권 1호(2009).

9) 전황수, “일본의 헌법조사회 발족과 개헌논의,” 『한국과 국제정치』제16권 2호(2000); 이종국, “전후 일본의 국가의식 전개: 헌법논의를 중심으로,” 『일본연구논총』제12집(2000).

국 패권의 위협 등 국제 환경 및 구조가 일본의 개헌을 요구한다는 점[10] 등이 그것이다. 이와 반대로 평화헌법이 유지될 것이라는 주장에 대한 독립변수로는 일본 대중의 실리주의에 기초하거나,[11] 역사적 과정을 통해 일본 내에서 발전된 평화 지향,[12] 그리고 일본 제국주의를 경험한 주변 국가의 개헌에 대한 반대[13] 등의 논자를 들 수 있다.

그런데 헌법 개정 논의의 당사자인 일본에서의 연구 동향은 우리와 달리 평화헌법의 개정 여부에 대한 예측에 그치지 않고 개헌과 대한 합당성과 호헌에 대한 논리를 개진하는데 초점을 두어왔다. 개헌을 찬성하는 입장으로는 일본의 헌법 제정 이후 개헌 초기의 논의 때부터 등장한 강요된 헌법론,[14] 자위대의 근거규정을 마련하기 위한 개헌 논의를 비롯하여 최근 등장한 국제사회의 공적 안전보장을 위한 일본의 역할을 위한 개헌 논의와,[15] 그리고 일본 대중이 가지고 있는 비무장 평화주의의 환상을 비판하는 개헌 논의[16] 등으로 대별할 수 있다. 이와 반대로 호헌을 지지하는 입장으로는 일본의 헌법이야말로 평화에 관한 가장 보편적이고 진보한 헌법으로 일본 대중의 평화 의식에 의해 지지되고 있기 때문에 일본이 수호해야 할 고귀한 가치를 담고 있다는 주장[17]과, 자위대가 합헌임을 전제한 후 개헌을 하지 않는 범위 내에서도 국가의 안전 보장에 무리가 없다는 주장[18] 등 다양하다.

이러한 기존 연구를 종합하면 한국의 연구 동향은 일본의 국내・외적인 독립변수를 상정하여 평화헌법의 개정을 예측하는데 주된 관심을

10) 박철희, "전수방위에서 적극방위로: 미·일동맹 및 위협인식의 변화와 일본방위정책의 정치," 『국제정치논총』제44집 1호(2004); 이상수, "일본의 평화헌법개정과 보통국가론, 그리고 한반도," 『평화연구』제14권 2호(2006).

11) 이호영·이기완, 앞의 책.

12) 이경주, "평화주의와 일본국헌법 그리고 평화운동," 『일본사상』제4호(2002).

13) 최진웅, "일본 헌법 9조의 지속에 관한 연구," 서울대학교 석사학위논문(2006).

14) 中西輝政, 『憲法改正』(東京: 中央公論新社, 2000).

15) 大沼保昭, 『東京裁判、戦争責任、戦後責任』(東京: 東信堂, 2007).

16) 西修, 『日本国憲法の誕生を検証する』(東京: 学陽書房, 1986).

17) 伊藤成彦, 『憲法第九条·戦争責任·国際人道法』(豊中: 季報 『唯物論研究』刊行会, 2002); 『物語日本国憲法第９条戦争と軍隊のない世界へ』(東京: 陰書房, 2001).

18) 長谷部恭男, 『憲法諸相と改憲論: 吉田善明先生古稀記念論文集』(東京: 敬文堂, 2007); 『憲法と平和を問いなおす』(東京: 筑摩書房), 2004.

보이고 있으며, 한편 일본의 연구 동향은 호헌과 합헌의 정당성을 논의함으로써 평화헌법의 개정을 주장하는데 주된 관심을 보이고 있다. 그러나 한국과 일본의 기존 연구 가운데 한 가지 공통점을 발견할 수 있다. 다름 아닌 일본의 평화헌법 제정 이후 개정하지 않고도 오랜 지속성을 가지고 준거법으로서의 기능과 역할을 해왔음에도 불구하고, 지금까지 유지되어온 평화헌법이 지니는 존재 그 자체의 영향력에 대한 논의가 없었다는 점이다. 그러나 후술하듯이 평화헌법은 제정 이후 일정한 영향력을 가지고 일본의 국내외 정책에 적지 않은 영향력을 미쳐왔으며, 같은 이유로 평화헌법 개정 논의와 이에 관련한 연구는 매우 중요한 의미를 가지고 있다.

일본의 헌법 개정과 관련한 기존 연구는 평화헌법 개정에 영향을 미치는 독립변수들을 분석하여 정치세력의 이해관계나 일본의 우경화 등을 변수로 설정하고 평화헌법의 개헌을 종속변수로 설정하여 역사적으로 진행되어 온 독립변수의 변화가 종속변수에 어떠한 영향을 미쳤는지를 검토하는데 그치고 있다. 이러한 접근방법은 선행 연구들이 강조하는 독립변수의 동태성과 영향력을 파악하는 데는 매우 유용하다. 그러나 문제는 제도가 설립된 이후 제도 그 자체의 영향력이 독립변수에 미치는 영향에 대해서는 제대로 설명하지 못하며, 따라서 실제 오랫동안 개헌 없이 유지되어온 일본 헌법의 안정성을 설명하기에는 어려움이 있다는 점이다.

따라서 이 글에서는 동북아의 평화와 안정에 중요한 요소인 일본의 평화헌법 개정 논의와 그 과정을 경로 의존성(path dependency)과 전환비용(switching cost)이란 두 개념을 통해 살펴본다. 특히 기존의 분석방법 즉 일본 내 우경화 및 보수화를 독립변수로 설정한 후 평화헌법의 개정은 이에 따라 변화하는 종속변수로 파악해 온 기존 접근 방법을 지양하고, 평화헌법 그 자체가 일정한 영향력 즉 개입변수로서의 영향력을 가지고 있으며 일본의 정책 결정에 매우 커다란 영향을 미칠 수 있음을 분석하고자 한다.

2) 분석틀로서의 경로 의존성

신제도주의학파의 유용한 설명 도구인 경로 의존성 개념을 통해 일본 평화헌법의 형성 원인을 살펴보자. 역사·제도학파의 견해에 따르면, 제도란 장기간에 걸친 인간 행위의 유형화된 형태로 행위자의 행태를 형성하거나 제약하는 규범, 가치, 규칙, 관행의 총체로 규정할 수 있다.[19] 여기서 경로 의존성은 제도에 대한 이런 관점에서 정책의 방향성을 분석하는 하나의 방법으로, 역사적 인과관계를 구성함에 있어 특정 시점에서의 중요한 결정이 결정 그 자체로 끝나는 것이 아니라, 이와 관련된 일련의 선택들을 통해 역사를 특정한 재생산 메커니즘이 지속되는 궤도 위에 올려놓는 결과를 초래한다는 이론이다.[20] 그래서 경로 의존성 개념을 이용하여 분석하면, 일본의 평화헌법은 일정한 영향력을 행사하며 일본 사회의 다양한 분야의 정책 결정 과정에 지속적으로 영향을 미쳐왔다고 할 수 있다. 후술하듯이 평화헌법은 전후 일본 사회에서 자유의 확산과 민주주의의 형성에 중요한 역할을 해왔으며 동시에 일본 군국주의 또는 제국주의를 예방해 온 최대 요인이기도 했다.[21]

그러나 평화헌법의 개정이 현실성을 가지고 논의되고 있는 오늘날 제도의 안정성 달리 표현하면 지속성이 끊임없이 위협받고 있다. 이런 상황에서 경로 의존성이 향후 일본의 정책에 어떤 영향을 미칠 수 있는가에 대한 의문이 제기되는 것은 너무나 당연하다. 그 이유는 경로 의존성이 제도가 안정성을 가질 경우에 영향력을 가지고 종속변수 결과의 범위를 효과적으로 제약하는 것으로 분석되기 때문이다.[22] 이러한 제약 사항은 제도가 안정성을 위협받게 되어 경로 의존성이 약화되더

19) 정의창, "정부조직변화의 경로 의존성," 『의정연구』제19집 (2009), p. 67. 하연섭, 『역사적 제도주의』(하연섭, 1999) 재인용.

20) 최장집, 『민주주의의 민주화: 한국 민주주의의 변형과 헤게모니』(서울: 후마니타스, 2006), p. 208.

21) 이상봉, 앞의 논문, p. 302.

22) Evan S. Lieberman, "causal inference in historical institutional analysis: a specification of periodization strategies," *Comparative Political Studies* vol. 34, no.9 (2001), pp. 1014-1015.

라도 이미 형성된 제도는 특정한 정책에 대한 개입변수로서의 영향력을 가지고 있음을 전환비용 개념을 통해 확인할 수 있다.

전환비용이란 일반적으로 경영학에서 발전한 개념으로 하나의 기술이나 상품이 일단 수요자에게 선택되어 확산된 후에 더욱 효율적인 경쟁기술이나 상품을 선택하려 할 때 새롭게 드는 비용을 말한다. 소비자들은 지각하는 비용이 커질수록 비용을 줄이는 방향으로 행동하는 것으로 정의할 수 있다. 이러한 전환비용이 발생하는 원인은 사람들이 현상유지를 변화시키는 과정에서 발생하는 이익과 손해에 민감하고 각각 상품을 선택하는 데 있어 기준점이 다를 뿐 아니라 이익에서 얻는 즐거움보다는 손해에서 얻게 되는 고통을 더 크게 생각하기 때문이다.[23] 전환비용의 형태를 세분화하면, 소비자의 시간과 노력의 비용에 초점을 둔 절차적 전환비용, 금전적으로 수량화 할 수 있는 자원과 관련이 있는 재무적 전환비용 그리고 관계의 단절에서 오는 정서적인 측면과 관련이 있는 관계적 전환비용 등으로 분류할 수 있다. 이와 같이 전환비용 개념을 제반 사회현상에 적용하면 비교적 쉽게 드러나는 경제적인 비용뿐만 아니라 겉으론 잘 드러나지 않는 내재적인 비용인 심리적 비용이나 감정적 비용 모두를 포함한다고 하겠다.[24] 그래서 전환비용이 높은 경우 합리적인 유권자나 소비자들은 일반적으로 새로운 체제를 거부하거나 신제품을 선택하는 것을 포기하고 기존 체제를 유지하거나 기존 상품을 계속 사용하려는 경향을 지니고 있다고 할 수 있다.

따라서 이 글에서는 전환비용 개념을 어떤 특정한 정책을 유지하고 있는 국가 등의 정치 체제가 기존 정책을 바꾸기 위해 감수해야 하는 사회의 전반적인 비용으로 정의하고자 한다. 이는 정치의 영역에서 전환비용이 발생하는 원인을 유권자들이 현상 유지를 변화시키는 과정에서 발생하는 이익과 손해에 민감하며 현상 유지에서 벗어나 새로운 정책에서 얻을 것으로 기대되는 이익보다는 현상 유지에서 탈피했을 때

23) John T. Gourville, "Why Consumers Don't Buy: The Psychology of New Product Adoption," *Harvard Business School* Case No. 504-056. (Revised April 5, 2004).

24) 박유연, "만족과 충성도의 관계에 있어서 조절변수에 관한 연구: 지각된 개인화, 전환비용, 다양성 추구성향을 중심으로," 서울대학교 석사학위논문(2005).

의 불이익을 더욱 크게 생각하는 데에서 찾을 수 있기 때문이다. 그래서 유권자들의 전환 비용은 정책 결정자의 정책 결정 과정을 일정하게 제약하게 되며 결국 전환 가능성이 있거나 안정성을 위협받는 평화헌법과 같은 제도에서 경로 의존성의 영향력을 높일 수 있다.

3. 평화헌법 : 형성요인과 경로 의존성

여기서 일본 헌법의 원점을 살펴보자. 평화헌법이 일정한 경로 의존성을 가지고 이후 정책에 미치는 영향을 분석하기 위해서는 평화헌법의 원점이기도 한 형성배경과 전후 동향 그리고 형성원인에 대한 분석이 선행되어야 하기 때문이다. 이 분석은 다음과 같은 두 가지 점에서 유익하다. 첫째, 평화헌법의 형성원인에 대한 분석을 통해 당시 평화헌법의 형성에 원인을 제공했던 변수들을 찾은 후 이러한 변수들이 현재 일본의 정치 상황에 미치는 영향을 분석할 때, 향후 평화헌법의 개정 논의가 어떻게 진행될 것인가에 대한 예측을 가능하게 한다. 이는 앞서 언급한 기존의 연구방향과 같다. 둘째, 이 분석을 통해 평화헌법의 존재가 평화헌법 형성 당시의 원인과 독립하여 스스로 경로 의존성을 가지고 이후 정책결정에 미치는 영향을 확인하고 또한 평화헌법 그 자체가 지니고 있는 변수로서의 영향력을 확인할 수 있다.

그래서 우선 평화헌법의 형성배경과 그 원인을 분석한 후 이 형성요인이 실제 어떻게 작동되어왔는지 즉 어떻게 변화하여 왔는지를 살펴보기로 한다. 그리고 평화헌법이 일본의 헌법 개정 논의에서 종속변수로서만 기능하는 것이 아니라 경로 의존성을 통하여 형성 원인과는 별도로 헌법 개정 논의에 독자적인 영향력을 미치고 있음을 분석하고자 한다.

1) 형성 과정과 동향

보다 유익한 논의를 위해 먼저 일본 헌법의 제정 과정과 이를 둘러싼 전후 정세와 동향을 간략하게 살펴보자. 일본의 헌법은 1946년 11월 30일 공포되어 이듬해 5월 3일 시행되었다. 이 헌법을 둘러싸고 논쟁이 발생하게 되는데 최대의 쟁점은 헌법 제9조를 둘러싸고 전개되었다. 헌법 논쟁은 1950년 6월 발발한 한국전쟁을 계기로 극적인 전기를 맞이하게 된다. 한국전쟁을 계기로 일본의 안전보장을 둘러싼 논의가 고양되면서 일본 정부는 점령군사령부의 묵인 하에 경찰예비대를 창설하게 된다. 이 경찰예비대는 1952년 보안대로 명칭을 바꾸고 조직을 개편한 후 1954년 자위대로 모습을 바꾸게 되었다.

그러나 자위대의 존재가 헌법에 위반하는가의 여부를 둘러싸고 일본 국민의 의견이 크게 양분되었다. 즉 자위대의 존재가 헌법 논쟁의 발단이 되었던 것이다. 자위대에 관한 국민여론이 분열, 대립하는 가운데 1954년 개진당과 자유당이 각각 헌법조사회를 만들어 헌법개정안을 발표하기에 이르렀다. 다른 한편 헌법을 수호하는 입장에서 좌·우 양파의 사회당을 중심으로 헌법옹호국민연합이 결성되면서 두 세력이 첨예하게 대립하게 되었다. 이러한 대립 가운데 1954년 12월 요시다 내각을 대체하면서 등장한 하토야마 이치로(鳩山 一郎)내각은 헌법 개정을 최초로 선거공약으로 내걸었고 이듬해 2월에 실시된 총선거에서는 헌법 개정 문제가 최대의 쟁점이 되기에 이르렀던 것이다.25)

총선거에 이어 실시된 1956년 7월 참의원 선거에서도 호헌세력이 1/3 이상의 의석을 차지함으로써 하토야마 내각이 지향했던 헌법 개정은 좌절되었다. 하토야마 총리는 선거 결과에 만족하지 못하고 1956년 헌법을 근본적으로 검토하기 위해 헌법조사회를 만들었고, 이를 뒤이어 1957년 기시 노부스케(岸信介)내각은 헌법조사회를 설치했다. 그러나

25) 하토야마 이치로는 자민당의 초대 총재를 지냈으며 전후 일본의 대표적인 정치가로 제52, 53, 54대 내각 총리대신을 역임했다. 총리 재임 중에는 일본과 아시아 국가들과의 관계 개선을 중시했으며 소련과의 국교 회복에 힘쓰기도 했다. 전 민주당 총재이자 총리였던 하토야마 유키오(鳩山由紀夫)는 그의 손자이다.

이 헌법조사회에는 사회당이 조사회를 헌법 개정을 지향하는 것이라 판단하여 참가를 거부했다. 이와 달리 호헌을 지지하던 오오우치 효에(大內兵衛)를 대표로 하는 학자그룹을 중심으로 1958년 헌법문제연구회가 발족되기도 했다.

이후 1960년대에 들어와서 일본에서는 미·일안전보장조약 개정을 둘러싸고 격렬한 투쟁이 전개되었다. 안보투쟁 이후 등장한 이케다 하야토(池田勇人)내각은 고도경제 성장을 내세우며 헌법 개정에 관해 신중한 자세를 견지해왔다. 헌법조사회는 8년의 세월을 거쳐 1964년 7월 이케다 내각에 최종보고서를 제출했는데, 본문만 1,200쪽이 넘는 방대한 분량으로 작성된 이 보고서는 개정 논의와 반대론 양 주장을 모두 표기는 했으나 어느 한쪽 입장을 지지하거나 결정하진 않았다. 결국 헌법 논쟁은 장기화하게 되었으며 이후 일본의 역대 내각은 헌법 개정 문제를 정치일정에 포함시키지 않고 오늘날에 이르게 되었다. 헌법조사회의 논의 가운데에서는 헌법 제정 과정이 커다란 문제로 등장하게 되었는데, 보고서에 따라서 헌법 제정 과정을 좀 더 구체적으로 살펴보기로 하자.

1945년 8월 30일 아츠기(厚木)비행장에 도착한 맥아더는 도착한 후 두 달도 채안된 10월 11일 신속하게 시데하라 기주로(幣原喜重郎)총리에게 헌법 개정의 필요성을 시사했다. 맥아더의 시사를 받아 시데하라 내각은 마츠모토 죠지(松本烝治)국무장관을 위원장으로 헌법문제조사회 소위 마츠모토위원회를 설치했다. 마츠모토 국무장관은 위원회의 논의를 참고하면서 헌법 개정시안을 만들었다. 이 헌법 개정 작업은 비밀리에 진행되었으나 이듬 해 46년 2월 1일 마이니치신문(每日新聞)의 특종기사를 통해 개정안이 명백히 드러나게 되었다. 특종 기사화된 개정안은 헌법문제위원회의 최종안이 아니라 위원회의 멤버였던 법학자 미야자와 토시요시(宮澤俊義)가 심의 도중 종합하여 정리한 시안 가운데 하나였다. 마이니치신문을 통해 마츠모토안의 내용을 알게 된 점령군사령부(GHQ)는 마이니치신문에 발표된 내용을 거부했는데 이는 그 내용이 일본의 민주화를 위해 불충분하며 일본 여론을 대표하지도 않는다고 판단했기 때문이다. 그래서 맥아더는 헌법 개정에 관한 기본원칙을 총사령부가 스스로 작성하여 일본정부에 제출하였다. 당시의 마츠모토위원회 멤버였던 헌법학자 사토 이사오(佐藤功)는 이러한 상황에 이르게 된 경위를 다음과 같이 말하고 있다.

> 시데하라 내각은 기본적으로 전쟁 당시 일본 지배세력의 연장선상에 있는 내각이라고 생각한다. 전쟁 종결 당시 일본 정부의 최후의 일선은 국체(國體)를 보호하고 유지하는 것이었다. 국체란 메이지헌법이 정한 천황제의 기본원칙, 즉 천황통치 또는 천황주권은 절대적으로 보호하고 유지해야 한다는 것이다. 그래서 마츠모토위원회도 이와 같은 기본 노선을 견지해왔던 것이다. 따라서 그 외의 개정해야 할 내용이 있으면, 필요한 경우 최소한 개정을 해도 좋다는 선에서 출발했던 것이다. 처음엔 개정안을 만들 예정이 없었다. 여기서 국민이 직접, 선거를 한 멤버로 구성된 헌법 제정국민회의라 할 만한 조직을 만들어, 거기서 헌법 개정을 하자는 주장이 있었다. 이에 대해 마츠모토위원회는 역시 그렇지 않았고, 끝까지 정부가 직접 개정하자는 입장을 취하고 있었다.[26]

결국 시안이 특종기사화 된 3일후인 2월 4일 연합군 총사령부의 민정국장 휘트니는 맥아더의 3원칙에 기초한 헌법초안 작성을 지시했고,[27] 민정국의 기초 작업은 빠른 속도로 진행되어 일주일 만에 완료되었다. 이 기초 작업이 끝난 후 3일 만인 2월 13일 시데하라 내각의 외무장관인 요시다 시게루(吉田茂) 관저에서 총사령부가 제시한 헌법초안을 둘러싼 매우 결정적인 교섭이 시작되었고 8월 9일 총사령부 시안이 발표되었다. 이 시안은 일본측 입장에선 전혀 예측하지 못했던 내용으로 당시 헌법조사회의 보고서에도 상세하게 기술되어 있다. 이러한 긴박한 상황과 우여곡절 끝에 일본 헌법은 총사령부안을 기초로 일부 수정하여 탄생되었던 것이다.

그러면 일본의 헌법을 둘러싼 논쟁에서 무엇이 문제인가? 헌법 논쟁

---

26) 日本放送協会(編), 『憲法論争—その経緯と焦点』(東京: 日本放送出版協会, 1984), pp. 19-20.

27) 맥아더 3원칙은 다음과 같다. 첫째, 천황의 지위는 국민주권에 기초한다. 둘째, 전쟁을 포기한다. 셋째, 봉건적인 제도들을 폐지한다.

의 기본적 쟁점은 무엇인가? 이와 관련하여 헌법 제정에 관한 논의를 살펴보자. 사실 일본의 학계에서는 이미 결론이 난 문제이지만,[28] 일본 내에는 정치적으로 아직 미련을 가지고 있는 사람들이 많기 때문이다. 헌법이란 일반적으로 국가의 근본법으로서 통치 구조와 조직 외에 국가의 정치원리와 지향해야 할 방향을 나타내고 모든 정치와 행정 그리고 법이 따라야 할 규범으로서의 의미를 가지고 있다. 이러한 근본법으로서의 헌법은 국민주권, 평화주의, 기본적 인권의 존중을 명백히 나타내고 있는 것이다. 이러한 세 가지 기본 원칙은 오늘날 거의 모든 나라와 국민들에 의해 지지받고 있으며 따라서 일본에서도 이러한 헌법 정신은 존중되어야 한다.

사실 일본 헌법은 전후 일본 사회의 민주적 발전과 경제 발전에 커다란 역할을 해왔고 좋은 의미에서 근대화의 법적 지주 역할을 담당해왔다. 일본의 대다수 국민은 이러한 헌법의 기본 원리를 지지하며 평화헌법을 진심으로 환영하였다. 그런 의미에서 일본 헌법은 결코 강제적으로 제장된 것이 아니었다고 할 수 있으며 일본 국민의 대다수가 대체로 좋은 헌법이라고 평가해왔던 것이다. 그러나 일부 보수주의 정치가들은 자주헌법으로 개정해야 한다고 기회가 있을 때마다 주장하고 있다. 이러한 문제 제기는 당시의 지배층과 그 후예들이 헌법의 인권 존중과 평화주의 이념이 자신들의 통치 행위에 장애가 된다고 판단한데 따른 것이다. 이는 달리 말하면 과거의 헌법 체제가 국민을 지배하는데 훨씬 편의적이라 판단했기 때문이다. 이뿐만 아니라 그들은 헌법의 내용에 관하여 정면으로 직접 비판하는 것이 국제적으로나 국내적으로도 어려워지자 점령 하의 헌법 제정이 '비자주적'이라고 비난하기 시작하였다.

그러나 헌법학자 고바야시 나오키(小林直樹)가 지적하듯이 헌법 제정 과정에서 비자주성을 운운하는 것은 매우 이상한 논리이다.[29] 첫째, 만일 당시 일본의 지배층이 패전이란 현실을 직시해서 새로운 일본의 생존 방법을 민주주의와 평화주의에서 찾고 있었다면, 오늘의 헌법은

28) 日本放送協会(編), 앞의 책, pp. 25-40.
29) 위의 책, p. 145.

전적으로 자주적으로 만들어졌다 해도 과언이 아니다. 이 헌법을 강요로 받아들이지 않았던 것은 구체제의 유지를 획책하는데 급급했던 지도층의 폐쇄적이고 시대착오적인 자세와 애매한 태도에 근거하는 것이라 말할 수밖에 없다. 더욱이 패전 후의 혼란 속에서 구지배자들에게 민주주의 헌법에로의 이행을 기대하는 것은 무리한 요구이기도 했다. 그래서 고바야시는 구지배자들을 계승한 후예 정치가들이 헌법의 의미를 국민과 함께 재확인하고, 적당한 시기 예를 들면 평화조약 체결 당시에 자주적인 결단을 통해 그 존속과 유지를 선언했더라면 좋았을 것이라고 지적하고 있다. 이와 같은 헌법을 개정할 기회나 방법이 여러 차례 있었음에도 불구하고 그러한 노력을 한 번도 시도하지 않고 반대로 점령 헌법이니 종속 헌법이라는 등 비판하면서 틈만 나면 헌법을 폐지하려 해왔다는데 문제가 있다. 국민들을 위한 평화, 민주를 지향하는 헌법이 일부 보수적인 지배층에게는 불편한 것이며 장애물이라고 생각되고 있으며, 이것이 오늘날 개헌론의 실상이라 하겠다.

둘째, 자주 헌법론의 또 하나의 결정적 자기 모순은 헌법과 미·일안보 관계 속에서 나타난다. 안보조약은 형식상 평등한 쌍무관계를 형성하고 있으나, 현실적으로는 명백하게 일본을 군사적으로 미국에 종속시키기는 것이기 때문이다. 오키나와를 비롯한 일본 내의 많은 미군기지는 미국의 마음대로 이용하고 거기에 핵무기가 반입되어 있는지의 여부조차도 알 수 없는 상태이다. 또한 육·해·공군 자위대도 미군과의 공동작전이란 형태로 미국의 크고 작은 전선의 일환을 담당하는 전초부대의 성격을 띠고 있을 뿐만 아니라, 일본과 관계없는 어디선가에서 전쟁상태에 돌입할 경우 국민의 의사와 관계없이 일본은 필연적으로 전쟁에 휩쓸리게 되어있기 때문이다. 이렇게 되면 일본의 자주성은 가장 중요한 국면에서 제로와 같은 상태가 된다. 고바야시가 지적하듯이 자주헌법을 주장하는 논자들이 만일 정말로 일본의 자주 독립을 확보하고 싶다고 생각한다면, 무엇보다도 먼저 이러한 안보 체제를 바꾸는데 전력을 기울여야 할 것이다.[30] 그런데 이상하게도 자주헌법을 주장하

30) 위의 책, p. 146.

는 논자는 모두 미·일안보체제의 변혁을 바라지 않고, 반대로 일본의 자립에 필요 불가결한 평화헌법을 개정하려고 하고 있기 때문에 횡설수설하게 된다. 여기서 명백한 것은 자주 헌법론에 잘못 들러리가 되어 개헌하게 된다면 일본은 평화, 민주헌법의 참된 자주성을 잃어버리는 비참한 상태가 될 수도 있다는 점이다.

셋째, 이러한 의미에서 헌법이 어떤 내용을 가지고 어떻게 현실 속에서 활용되는가 하는 문제는 매우 중요하다. 이런 관점에서 살펴보면 설령 제정 과정에서 국민의 자주성이 결여된 경우가 있다 하더라도 민주헌법을 일상생활 속에서 실현하려는 노력을 통해서 헌법을 진실로 자신의 것으로 하는 것이 무엇보다도 중요하다 하겠다. 따라서 현행 헌법의 근본을 이루는 인간 존중의 정신은 미제라는 등 왜곡된 견해로 축소시켜서는 안되며, 인류의 긴 투쟁의 역사 속에서 쟁취한 이성의 소산으로 이해하지 않으면 안된다. 이렇게 살펴보면, 명백히 일본은 스스로 인권을 근간으로 하는 민주헌법을 자신의 국가 생활에 중심이 되는 길을 선택할 수밖에 없었던 것이다. 더욱이 이것이야말로 자주와 자립의 유일한 길이기도 하며, 평화와 안전 문제를 생각한다면 한층 더 명확해진다 하겠다. 어쨌든 소위 자주 헌법론은 이론적인 근거를 제대로 가지고 있지 않을 뿐만 아니라 현실적으로는 이와 반대로 자주성을 상실하고 있다는 근본적인 모순을 내재하고 있는 것이다.

따라서 특히 헌법9조에 관한 재해석을 둘러싼 이러한 헌법논의는 모순투성이며 과거 지향적이라 할 수 있다. 현행 평화헌법은 명실상부하게 일본 국민이 실제 경험을 통해 맛본 전쟁의 체험에서 비롯된 것이라 할 수 있다. 고바야시가 적절하게 지적하고 있듯이, 결국 이것이 모든 일본인 한 사람 한 사람을 포함하여 매우 비참한 운명을 맞이한 백만 명 이상의 일본인 희생자와 더 나아가 일본인 피해자의 수십 배 이상의 피해자를 한국, 중국 등지에서 만들어냈던 것이다. 이와 같은 전쟁에 대한 반성을 토대로 하여 비로소 일본의 '평화헌법'이 만들어졌다고 말 할 수 있는 것이다.[31]

---

31) 위의 책, p. 146.

2) 형성 요인과 변용

여기서 평화헌법의 형성원인을 살펴보기로 하자. 평화헌법의 형성원인을 바라보는 관점은 크게 형성원인을 일본 밖에서 찾는 경우와 일본 안에서 찾는 두 관점으로 나눌 수 있다. 우선 평화헌법의 형성 원인을 일본 외부에서 찾는 관점은 일본의 평화헌법이 외부의 압력에 의해 형성된 것으로 본다. 여기서 외부란 주로 미국을 의미하는데 한국과 중국 등의 동북아 국가들도 일반적으로 포함된다. 평화헌법 제정을 미국의 일방적 강요로 주장하는 논자들은 다음과 같은 이유를 근거로 제시한다. 태평양전쟁이 끝나고 점령군사령부(GHQ)는 패전국 일본에 평화헌법 제9조를 포함한 헌법안을 제시한다. 초기에 시데하라 내각은 이를 받아들이려 하지 않았으나 국제 극동군사재판 개정에 즈음하여 GHQ는 일본정부에 천황과 천황제를 보존하기 위해서는 평화헌법을 전부 받아들이는 것이 최선임을 권고하였고,[32] 이에 일본 정부는 천황제 존속을 위해 자의와 무관하게 이를 받아들이게 되었다는 주장이다. 미국 또한 천황을 위시한 전쟁 전의 지배층을 통해 일본 조정에 효율성을 기하고자 하였으므로 이러한 거래는 성립할 수 있었다. 이렇게 볼 때 일본의 평화헌법을 형성하는데 가장 큰 역할을 한 것은 미국의 일방적 강요이다. 따라서 나카니시를 비롯한 오늘날 일본의 복고적 개헌을 주장하는 일부 개헌론자들은 평화헌법이 일본의 의지적인 선택이 아니라 전승국에 의한 강요에 의한 것이었기 때문에 원천적으로 무효라 주장하고 있다.[33]

그런데 동일한 관점에서 동북아 국가들이 평화헌법의 형성원인이라는 주장도 있다. 이 주장은 극동위원회의 활동에 근거를 두고 있다. 앞서 언급한 바와 같이 일본 점령정책의 대부분이 GHQ에 의해 결정되었음에도 불구하고 최종적인 권한은 연합국 11개국으로 구성된 극동위원회에 있었으며, 극동위원회 내에서 GHQ안에 반대하여 일본 천황제 폐지나 비군사화를 적극 주장한 것은 소련이 아니라 일본의 침략전쟁에

32) 이호영・이기완, 앞의 책, p. 54.
33) 中西輝政, 『憲法改正』(東京: 中央公論新社, 2000), 참조.

의해 피해를 당했던 아시아 태평양 지역의 국가들이었기 때문이다. 따라서 일본의 평화헌법 제9조를 포함한 헌법의 성립 배경에는 미국의 영향뿐 아니라 일본 군국주의 피해당사자인 아시아 국가들의 체험에 근거한 평화주의 이념이 반영되어 있다는 주장 역시 설득력을 지닌다.[34] 이런 관점에서 일본 헌법의 평화주의 지향은 일본의 위협에서 아시아 평화를 지킨다는 구체적인 목적을 지니고 있는 것으로 이해할 수 있다.

그런데 이와 달리 평화헌법의 형성원인을 일본 내부에서 찾는 관점은 앞서 언급한 것처럼 일본 지도층이 평화헌법을 받아들인 이유는 천황제를 보존하기 위한 것인데, 역설적으로 한편에서는 일본 내 보수우경화를 일본 내 평화헌법의 형성원인으로 해석한다. 그러나 일본 내부에서 평화헌법의 형성 원인에 관한 또 다른 관점은 그 논의의 중심을 일본의 반성에 두고 있다. 이의 근거로서 일본의 자기 성찰에 초점을 맞춘 학자들은 평화헌법에 대한 논의가 미국의 강제 이전에 일본 내에 이미 있어왔다는 점과 당시 일본 민중들에게 전쟁에 대한 기피와 평화에 대한 열망이 있어왔다는 것을 제시한다. 또한 맥아더의 증언을 토대로 당시 시데하라 총리가 직접 일본의 평화헌법 제정 의지를 맥아더에게 전달했다는 주장[35]도 이와 맥을 같이 한다. 이러한 자기반성적 관점에서 볼 때 일본의 평화헌법은 일본인 스스로가 전쟁을 포기하고 비무장을 선포하였으며 항구적인 세계평화의 이념을 갖는다는 점에서 그 의의를 찾을 수 있다.

지금까지 일본 평화헌법의 형성 원인을 일본의 대・내외적 요인을 중심으로 살펴보았는데 이를 정리하면 미국의 강요, 동북아의 요구, 일본의 보수 우경화, 일본 민중의 평화 요구 등으로 유형화 할 수 있다. 여기서 중요한 것은 이 원인변수들이 일본의 평화헌법 형성 이후 오늘날까지 일본정치 성향의 변화에 따라 일정한 변화 과정을 거쳐 왔다는 점이다. 따라서 이 요소들의 등장 및 변화 과정을 살펴보고, 아울러 헌

34) 이상봉, 앞의 논문, p. 291.

35) 이로 나리히코, 『일본 헌법 제9조를 통해서 본 또 하나의 일본』(서울: 행복한책읽기, 2005), p. 67.

법 개정 논의의 또 다른 변수가 되고 있는 '일본 안보의 위협'을 함께 다루기로 한다.

첫째, 미국의 강요. 평화헌법의 형성에 가장 큰 영향을 미쳤다고 볼 수 있는 미국의 강요라는 변수는 냉전 체제의 영향과 그 이후 미·일동맹의 공고화 과정이 진행되면서 가장 극적으로 변하게 되었다. 평화헌법을 요구하였던 미국은 냉전 이후 국제정치 상황과 급변하는 동북아 정치지형의 변화 속에서 일본의 재무장 필요성을 가장 절실하게 느꼈으며 다양한 경로를 통해 일본의 재무장을 요구해왔다. 평화헌법 개정 논의는 구체적으로 다음과 같이 나타난다. 즉 일본의 평화헌법 개정 논의는 1980년대 나카소네 야스히로(中曾根康弘)총리 이후 적극적인 양상을 띠게 되며, 1993년 걸프전 이후 더욱 노골적으로 논의되었다. 이는 걸프전 당시 미국이 일본에 군사적 공헌을 요구했기 때문인데 이와 관련하여 집단적 자위권을 용인하려는 오자와 이치로(小澤一郎)의 보통국가론이 확산되었다.[36] 소극적인 일국 평화주의를 탈피하고 보통국가로서 탈냉전의 세계평화에 군사적으로 기여하고자 하는 국제공헌론 또한 이 시기에 보통국가론과 함께 확산되었다. 그러나 일본 국내 여론의 반대로 걸프전에서 실제적으로 기여하지 못한 채 미국내 일본과의 동맹의 필요성에 대한 의문이 제기되었다. 그러자 자민당 정권은 9.11 테러 발생 이후 테러대책 특별조치법안(2001.10)을 만들고 고이즈미 준이치로(小泉純一郎)내각이 성립되면서 유사법제 법안(2003.4)을 신속히 추진하여 헌법 개정의 물꼬를 텄다. 즉 미국은 지속적으로 일본의 재무장을 요구해 왔는데, 이는 미국이 일본과의 군사동맹 강화를 통해 동북아 지역의 패권안정을 위한 비용을 줄이고 효율성을 높이고자 했기 때문이다. 일본의 유엔 안보리 상임이사국 진출을 평화헌법 개정 문제와 관련시켜 헌법 개정의 필요성을 언급한 파월(Colin Luther Powell) 전 미국 국무장관이나 아미티지(Richard Armitage) 전 미국 국무부 부장관의 언급은 이런 맥락에서 이해할 수 있다.[37] 물론 미·일간 국력의 격차가 일본으로 하여금 자국의 안보를 보장하고 있는 미국의 요청을 거

36) 小沢一郎, 『日本改造計劃』(東京: 講談社, 1993), 참조.
37) 이상봉, 앞의 논문, p. 307.

부할 수 없는 상황으로 만든 측면도 있지만, 현재 일본 대다수 국민들은 미국이 수행하는 테러와의 전쟁 및 기타 전쟁에 대한 연루위협을 느끼면서도 자국의 이익과 안보를 위해서도 미국으로부터의 포기위협을 막기 위해서도 미국의 요구를 거부하기 힘든 입장이다.[38]

둘째, 동북아의 요구. 일본 외적인 또 하나의 변수로서 평화헌법에 대한 동북아의 요구는 협정 체결 당시에서부터 오늘에 이르기까지 일관되게 평화헌법을 지지해왔다. 특히 1980년대 이후 일본의 우경화가 심화되고 개헌 의지가 적극성을 띄어감에 따라 일본에 대한 동북아의 요구 또한 강해졌다. 이는 1982년 문부성에 대한 일본 정부의 교과서 시정방침과 1985년 중국과 한국의 항의에 따른 나카소네 총리의 야스쿠니신사 참배의 단념과 같은 사례에서 잘 나타난다. 현재에도 동북아 국가들은 일본의 보수화, 우경화가 강화되고 있는 상황에서 평화헌법의 개정이 제국주의의 모습으로 나타날 것을 우려하고 있으며, 동시에 일본의 평화헌법 개정이 앞으로 대두될 가능성이 있는 미국과 중국의 세계패권 경쟁 및 중국과 일본의 지역패권 경쟁으로 인한 동북아에서의 평화를 위협할 것을 염려하고 있다.

셋째, 일본의 보수화 우경화. 오늘날 일본사회는 보수화, 우경화 경향이 더욱 심화되고 있으며, 이와 함께 평화헌법의 개정에 대한 그들의 주장도 더욱 강화되고 있다. 이러한 보수화, 우경화는 베를린 장벽 붕괴 이후 세계화의 진행과 더불어 특히 9.11사태 이후 심화되는 경향을 나타내고 있다. 일본의 보수 세력들의 개헌논의는 결국 일본 헌법의 평화주의와 민주주의 하에서는 보수정치의 안정과 기득권 유지가 어렵다는 판단에 기초하고 있는데,[39] 이러한 우경화 경향은 이미 1950년대 일본의 운명을 개척하기 위해 개헌하자는 나카소네 전 총리가 작사한 '헌법개정의 노래' 등에서도 단적으로 찾아볼 수 있다. 이후 1980, 90년대에

38) 이상수, 앞의 논문, p. 143.

39) 일본의 보수정치는 자유시장의 논리 보다는 일본의 민족주의 및 우경화에 기초하고 있으며, 이는 일본의 국가에 대한 충성심과 권위주의에서 극명하게 찾아볼 수 있다. 이는 일본의 보수 세력이 적국에 대한 공통된 분노를 자원삼아 극우적 애국심을 고취할 수 있는 전쟁의 기획를 근본적으로 봉쇄하는 평화헌법과 권위주의에 대항하는 민주주의에서는 기득권 유지가 어렵다고 판단하고 있기 때문이다.

접어들면서 일본 총리들의 야스쿠니신사 참배나 보수정치가들의 망언, 역사교과서 왜곡 문제 등 다양한 형태로 표출되어왔다. 이러한 일본의 보수화, 우경화는 일본의 평화헌법이 미국에 의해 강요된 것임을 주장한다는 점에서 첫째 형성 원인과 동일한 문맥에서 논의되고 있음을 알 수 있다.

넷째, 일본 민중의 평화 요구. 현재 일본 민중의 평화 요구는 두 가지 경향으로 양분되어 있다. 한편으로 일본 민중의 평화 요구는 일본의 전반적인 우경화 경향과 함께 약화되어가고 있는 반면, 다른 한편으론 국가권력에 의한 민중의 피해자성이라는 보편성을 통해 국경을 넘어 국제 연대의식을 확립해 나가고 있다. 일본 민중은 한국전쟁을 계기로 전쟁과 평화 및 안전보장의 문제를 주체적으로 생각하기 시작했으며, 이 과정에서 평화운동의 대두와 함께 비무장 중립이라는 개념으로 상징되는 평화의식을 형성해왔다. 특히 보수 세력의 재군비와 헌법 개정 시도에 대항하는 과정에서 자유와 평화 그리고 민주주의를 하나의 가치로 파악하고자 하는 민중의식이 1960, 70년대 평화 의식의 특질로 나타나게 되었던 것이다. 그러나 전쟁 책임의 자각과 군사적 가치의 부정에 근거한 진정한 평화 의식은 일부 평화운동 세력에 국한되어 현재 국민 전체의 의식으로까지 확대되지는 못하고 있다.[40] 그런데 더욱 심각한 문제는 이런 현상이 점차 감소하는 양상을 보이고 있다는 점이다. 이러한 경향은 일본 국민을 대상으로 요미우리신문(讀賣新聞)이 실시한 설문조사 <표1> 헌법 개정에 관한 설문조사에서 확인할 수 있다.[41]

〈표 1〉 헌법 개정에 관한 설문조사

	91년	93년	94년	95년	96년	97년	98년	99년	00년
개정 찬성	33.3	50.4	44.2	50.4	46.7	44.9	52.3	53.0	60.0
개정 반대	51.1	33.0	40.0	30.9	36.4	36.8	30.9	31.1	26.7

(출처 : 讀賣新聞社(編) 2004: 281)

40) 이상봉, 앞의 논문, p. 303.
41) 読売新聞社(編), 『憲法改正: 読売試案2004』(東京: 中央公論新社, 2004), p. 281.

그러나 1990년 12월 아사히신문(朝日新聞) 정기국민조사에서 평화헌법의 개정 찬성 비율이 13% 이에 반대하는 비율이 81%로 나타났고, 97년 4월 조사에서는 개정 찬성이 20% 개정 반대가 69%로 비록 그 수치의 하락에도 불구하고 여전히 개정 반대 여론이 큰 폭으로 우세하고 있음을 알 수 있다.[42] 여기서 주목할 것은 1997년 요미우리신문과 아사히신문의 설문조사 결과가 대조적으로 나타나고 있다는 점이다. 이는 요미우리신문의 경우 평화헌법을 포함한 헌법 전반의 개정에 관한 문항으로 설문조사를 실시한 반면 아사히신문은 보다 구체적으로 평화헌법 개정에 관한 문항으로만 설문조사를 실시한데서 기인한다.[43] 이를 통해서도 헌법 전반의 개정에 관한 높은 관심에도 불구하고 제9조를 포함한 평화헌법 개정에 반대하고 있으며 일본 민중의 평화 요구라는 변수는 여전히 뿌리 깊은 영향력을 발휘하고 있음을 확인할 수 있다.

다섯째, 일본안보의 위협. 지금까지 분석해 온 변수가 일본 평화헌법의 형성부터 이미 영향을 미쳐온 변수인데 반해 일본안보의 위협에 관한 변수는 평화헌법 형성 이후 그 개정 논의에서 새롭게 주목받고 있다. 일본의 입장에서 보면 급속한 경제 성장과 함께 지속적으로 군비를 확장하고 있는 핵보유국 중국과 핵무장을 포기하지 않으면서 일본 전역을 사정권에 두고 있는 북한은 잠재적으로나 현실적으로 일본의 안보를 위협하는 것이다. 예를 들면 일본 열도를 가로질러 태평양으로 건너간 북한의 1998년 대포동 미사일 발사는 일본의 안보에 중대한 경종을 울린 사건이었다. 이에 대응하여 일본은 1999년의 '주변사태법' 등 가이드라인 관련법과 2003년의 유사법제 등의 법안을 신속히 정비했던 것이다. 특히 일본의 평화헌법을 비웃기라도 하듯 이러한 전쟁관련 법안이 국회를 비교적 용이하게 통과할 수 있었던 데에는 북한의 미사일 발사문제, 간첩선의 일본영해 침투사건, 일본인 납치문제 등 북한의 위협이 크게 작용했다고 할 수 있다.[44]

---

42) 『朝日新聞』1997년 4월 26일. 田中伸尚, 『憲法九条の戦後史』(東京: 岩波新書, 2005), pp. 140-141에서 재인용.

43) 최진웅, 앞의 논문, p. 83.

44) 이상수, 앞의 논문, p. 147.

3) 평화헌법의 경로 의존성

지금까지의 분석을 통해 오늘날 평화헌법의 형성요인들은 상대적으로 일본에 미치는 영향이 적은 '동북아의 요구' 변수를 제외하곤 모두 평화헌법의 개정에 찬성하는 입장으로 방향성을 가지고 변해왔음을 알 수 있다. 그렇다면 여기서 이 원인변수의 쇠퇴와 별개로 평화헌법의 경로 의존성이 지속될 수 있는가에 대한 의문이 제기될 수 있다. 그러나 평화헌법은 이 원인변수와는 별도로 스스로 경로 의존성을 가지고 이후의 정책 결정에 영향을 미쳐왔다. 앞서 언급한 바와 같이 평화헌법이 경로 의존성을 지니고 있다는 것은 평화헌법 제정 이후의 정책 결정이 평화헌법의 제정 목적인 전쟁포기, 비무장, 항구적인 세계평화에 일정한 영향을 받아 왔다는 것을 의미한다. 따라서 여기서는 평화헌법이 대내적인 원인변수와 대외적인 원인변수로부터 독립하여 일정한 부분 독자적인 영향력을 가지고 정책들에 영향을 미쳐왔다는 것을 역사적인 실례를 통해 살펴본다.

첫째, 대외적인 원인변수로부터의 독립. 평화헌법이 대외적인 원인변수로부터 독립하여 영향력을 갖는다는 것은 평화헌법의 존재가 대외적인 원인변수 중 가장 큰 영향력을 가지고 있는 미국의 요구로부터 독립하여 평화 지향의 경로 의존성을 가지고 정책결정에 영향을 미친다는 것을 의미한다. 평화헌법의 대외적인 원인변수로부터 독립한 경로 의존성은 요시다 노선(吉田路線)추구 당시 현저하게 나타났다. 전후 일본에 평화헌법을 강요했던 미국은 냉전체제의 시작과 함께 일본의 군사적 지리적 중요성을 확인하고 지속적으로 일본에 재무장을 요구하게 된다. 그러나 이러한 미국의 요구를 당시 요시다 내각은 재무장으로 인한 자원낭비를 막고 국력을 경제부흥에 집중하기 위해 거부하였는데, 그때 일본이 미국의 재무장 요청을 거부할 수 있었던 주요 명분이 일본의 평화헌법이었던 것이다. 즉 요시다는 미국이 제정하는데 큰 몫을 한 평화헌법이라는 방패 속에서 경제에 악영향을 미칠 수 있는 재무장을 거부했던 것이다. 이는 1953년 도쿄를 방문한 닉슨(Richard Milhous Nixon)이 일본의 평화헌법 제정은 실수였다고 언급했던 점에서도 여실히 드러난다.

따라서 전후 일본에 평화헌법이 제정되지 않았다면 일본은 미국이 일본에 일정한 정도의 방위 역할 및 한국전쟁에의 군대파견 등에 대한 비용 부담을 막을 수 없었을 것이다. 그러나 평화헌법의 영향 때문에 미국은 자국의 방위부담을 줄이기 위해 평화헌법과 충돌할 수 있는 미·일안보조약을 체결하면서도 일본 국가의 자주성을 훼손하면서까지 헌법 개정을 요구하지 못했던 것이다. 그래서 일본 및 동아시아 방위에 관한 일본의 역할에 대한 미국과 일본의 긴장은 1980년대 일본의 해석개헌 및 90년대 이후의 개헌에 대한 적극적인 노력에도 불구하고 현재까지 지속되어 오고 있으며, 오늘날에도 미국의 압력에 대한 일본의 기본적인 대응 논리는 평화헌법에 근거하고 있는 것이다. 이와 같이 한번 형성된 평화헌법이라는 제도가 형성원인으로부터 독립하여 일정한 독자적인 영향력을 가지고 이후의 정책결정에 미친 영향을 볼 수 있으며, 이를 통해 평화헌법이 대외적인 원인변수 및 현재의 평화헌법 개정에 대한 미국의 강요로부터 일정한 독립성을 가질 수 있음을 확인할 수 있다.

둘째, 대내적인 원인변수로부터의 독립. 앞서 언급한 대외적인 원인변수로부터의 독립과 동일한 관점에서 볼 때, 평화헌법이 대내적인 원인변수로부터 독립한다는 것은 평화헌법으로 인해 대내의 정책결정이 전쟁포기, 비무장, 항구적인 세계평화의 경로 의존성을 가지고 있으며 이에 영향을 받는다는 것을 의미한다. 과거 자민당 정권은 평화주의를 지향하는 사회당이나 공산당과 같은 진보세력과의 대립에 있어 내부의 우경화에도 불구하고 평화헌법에 근거한 군비제약 등을 스스로 실행하여 왔다. 예를 들면 1976년 미키 다케오(三木武夫)내각은 평화헌법에 따라 GNP의 1% 이내로 군비를 제한하는 규정을 제정하였으며, 이 규정이 도입되기 전에도 정부 예산에서 방위 예산이 차지하는 비율은 매우 낮았다.[45] 이 외에도 평화헌법이 대내적인 원인변수로부터 독립하여 전환비용으로서 영향력을 행사한 예로는 요시다 이후 자민당의 정치적인 전략을 들 수 있다. 예를 들면 요시다의 정치적 후계자였던 이

---

45) 이호영·이기완, 앞의 책, p. 138.

케다는 자주헌법 개정이 당헌에 명시되어 있음에도 불구하고 선거에서 이슈화하지 않고 회피하였는데, 이는 헌법 개정을 전면에 내세울 경우 자민당 1당체제의 안정이 흔들릴 수 있다는 전략적 판단 때문이었다.[46] 이와 같이 일본사회는 평화헌법을 논리적 기반으로 하여 평화에 대한 논의가 활성화되어 왔으며 그 결과 평화지향적인 사회에로 성숙되어 왔다.[47] 이런 상황들을 종합적으로 고려할 때 평화헌법이 대내적인 원인변수로부터 갖는 일정한 독립성을 확인하게 된다.

4. 평화헌법 : 일본의 전략과 향후 전망

지금까지 평화헌법의 형성 배경과 그 원인변수를 살펴보았는데, 이 과정에서 평화헌법이 그 형성 원인과 독립하여 이후 정책에 미치는 일정한 영향력 즉 경로 의존성을 가지고 있음을 확인하게 되었다. 일본의 평화헌법은 동북아의 평화에 리트머스 시험지와 같은 역할을 하고 있기 때문에 그 개정 추이를 살펴보는 것은 동북아 평화의 가능성을 판단하는데 중요한 의미를 가진다. 따라서 평화헌법의 경로 의존성과 전환비용 개념을 통해 동북아 및 일본 시민사회의 평화헌법 개정 논의에 대한 대응을 분석하고 일본이 선택할 수 있는 정책에 관해 전망하기로 한다. 특히 향후 일본의 선택 가능한 대외 정책의 방향성을 동북아의 평화 및 평화헌법 개정 논의와 관련하여 세 측면에서 모색한다. 이를 위해 평화헌법의 원인변수들이 변화한 모습들을 평화헌법 개정에 영향을 미치는 변수로 파악하고 평화헌법의 제정에는 큰 영향을 미치지 못하였지만 이후 개정논의에 일정한 영향을 주는 변수로서 '안보와 위협' 이라는 변수를 추가한다. 그리고 이 변수들이 미치는 영향력을 분석한 후 이를 근거로 일본정부가 향후 추구해야 할 대외정책의 방향성을 제시하고자 한다.

46) 최진응, 앞의 논문, p. 8.
47) 이토 나리히코, 앞의 책, p. 43.

1) 일본의 전략

일본이 선택할 수 있는 첫째 전략은 평화헌법 수호를 통해 동북아의 질서와 안정을 유지하는 것이다. 헌법 수호론자들은 보수 세력의 보통국가론에 대항하여 일본이 국제사회에서 비군사적 역할을 적극적으로 수행하는 방향으로 나아가야 한다는 연성국가론 혹은 문민국가론을 주장한다. 이러한 전략은 구체적으로 일본이 현재의 전수방위원칙을 고수할 것과 비군사적인 역할에 한정된 유엔평화유지활동에의 참여 및 일본의 핵, 미사일 등의 대량학살무기 통제에 대한 적극적인 역할을 주장한다.[48] 일본이 평화헌법을 수호한다면 미국과 일본의 동맹관계로 인한 중국과의 대립 및 그에 따른 위협 등 동북아의 평화에 대한 위협요소를 억제할 수 있을 것으로 기대되기 때문이다. 기존 분석틀을 활용하면 헌법수호를 지지하는 변수는 평화헌법의 경로 의존성, 동북아의 평화 요구 및 일본 민중의 평화 요구 등으로 볼 수 있다. 이미 경제대국이 된 지금은 변수의 힘이 미약하지만 비무장을 통한 일본의 경제부흥도 이러한 정책을 지지한다 하겠다.

일본이 선택할 수 있는 둘째 전략은 헌법 개정을 통해 패권지향적인 미·일동맹을 강화하는 것이다. 이는 냉전체제 이후 지속적으로 강화되어온 미·일동맹이 탈냉전 시기에 미국의 패권을 군사적으로 지원하는 양상을 띠게 된다. 앞서 살펴본 바와 같이 미국은 일본이 평화헌법을 개정하여 전 세계에서 미국의 적극적인 지원자 역할을 수행할 것을 기대하고 있다. 일본은 이러한 미국의 요구에 부응하면서 군사대국을 지향하는 우경화 정책을 더욱 강화하고 있다. 1993년 오자와의 『일본개조계획』 이후 일본에서는 보통국가론이 힘을 얻어가고 있는 것도 이러한 맥락에서 이해할 수 있다. 이에 의하면 일본은 경제 분야에서뿐만 아니라 군사 및 안보 분야에서도 보통국가로서 정상적인 책무를 다해야 하기 때문에 자위대와는 별도로 상설 국제연합대기군을 창설하여 국제연합사령부의 결정에 따라 평화유지활동에 참가할 것을 주장하고

48) 조순구, 앞의 논문, p. 170.

있다. 그러나 엄밀한 의미에서 보면 여기서 언급되고 있는 국제연합사령부는 문맥상 미국과 동일한 의미로 사용되고 있음에 주목해야 한다.

현재 일본은 헌법 개정을 통한 미·일동맹을 강화하려는 경향을 띠고 있다. 예를 들면 1996년 미·일 안전보장공동성명은 동북아 지역분쟁에서 미국과 일본이 지역안정을 위해 협력할 것을 주된 내용으로 하고 있으며 이를 바탕으로 1997년에는 자위대와 미군 간에 구체적 협력을 명문화한 "미·일방위협력을 위한 가이드라인"이 개정되었다. 이에 따라 미·일간의 협력 범위는 구가이드라인의 일본 유사시에서 한반도, 대만 등 일본의 평화와 안전에 긴요한 영향을 미치는 사태로 확대되었다. 또한 1999년 신가이드라인 보안지침을 통하여 미군을 위한 보급, 수송, 정비 등의 지원활동이나 수색 구조 활동이 가능하게 되었다. 그런데 전투 상황에서 보급, 수송, 정비활동은 전투 활동의 범주에 속하며 평화헌법의 교전권 불인정원칙에 위배되고 있기 때문에 이를 위해서는 평화헌법의 개정이 필요하다. 그뿐 아니라 2001년 9.11테러 이후 미국은 일본을 아시아에서 테러와의 전쟁을 위한 전략적 거점으로 보고 있으며, 이에 따른 일본 재무장을 통해 미국의 정책에 대한 지지를 기대하고 있다.[49] 일본 또한 현재 북한의 위협과 앞으로 발생할 가능성이 있는 중국위협론에 따른 중국과의 대립에서 미국을 필요로 하며 이에 대비하여 미국과의 협력을 강화해나가고 있는 것이다.

이를 정리하면, 헌법 개정을 통한 미·일동맹 강화를 지지하는 변수는 미국의 강요 변수와 일본의 우경화 변수 및 일본안보의 위협 변수라 할 수 있다. 이 관점을 지지하는 입장에서는 일본의 헌법 개정 논의가 우익세력에 기반하고 있더라도 재무장은 미국의 통제 하에서 이뤄지기 때문에 그 무력 확장은 제한적일 뿐 아니라 오히려 한반도 유사시와 같은 동북아 사태에 원활히 대처할 수 있고 따라서 동북아 평화에 기여한다고 이해하기도 한다.[50] 그러나 대개의 경우 미국의 패권적 군사정책에 일본이 헌법 개정을 통해 동참할 경우 동북아 국가들은 이를 일본제국주의의 부활 또는 지역패권주의의 확대로 바라볼 것이다. 이는 중국

---

49) 이상수, 앞의 논문, p. 144.
50) 위의 논문, p. 160.

과 일본의 군비경쟁 등을 더욱 격화시켜, 결과적으로 동북아의 질서와 평화를 위협할 것으로 추측된다.

일본이 선택할 수 있는 셋째 전략은 일본의 헌법 개정이 우경화 및 패권 지향적 미·일동맹 강화로 이어지지 않고 오히려 평화헌법 개정을 통해 동북아의 평화와 안정에 일정한 역할을 하는 것이다. 이는 일본이 헌법 수호를 통해 얻을 수 있는 이익과 헌법 개정을 통해 얻을 수 있는 이익을 동북아 평화를 위해 조정하는 정책으로서, 일본이 미국 영향하의 냉전적 대립 구도를 벗어나 적극적으로 동북아 평화를 위해 노력하는 것을 의미한다. 이 관점에 따르면 현재 평화헌법의 일국평화주의는 평화를 일본에 한정하여 소극적으로 유지하는 것뿐이므로 동북아 안정을 위해 충분하지 않으며 냉전시기와 근본적으로 다른 역할을 선택하는 맥락에서라면 일본의 정상국가화 즉 평화헌법의 개정을 용인한다.[51]

이런 관점에서는 일본의 재군비를 패권적 미·일동맹 강화의 일환으로 보기보다는 일본이 미국과의 군사적 격차로 인한 포기의 딜레마에서 벗어나 '미국의 강요' 라는 변수에서 한층 독립적이 될 수 있는 수단으로 본다. 그러므로 헌법 수호를 주장하는 측과 마찬가지로 미·일동맹의 패권적 강화가 동북아의 평화를 실현하는데 부정적으로 작용하는 것을 인정한다. 그러나 헌법 개정을 찬성하는 입장과 같이 일본의 군사력 합법화와 재무장을 일본 군국주의 부활과는 구분한다. 이 경우 일본의 우경화를 완전히 부정하진 않지만 그것과 제국주의적인 요소를 동일화하는 것은 부정한다. 따라서 이 전략은 복합적으로 다양한 변수의 영향을 받는다. 대외적으로는 미국의 강요와 동북아의 요구 변수의 영향을 대내적으로는 일본민중의 평화요구 변수의 영향을 부분적으로 받게 된다. 다른 정책변수와 달리 이 전략은 특히 일본안보의 위협 변수가 주는 영향에 대한 자주적인 대응이라는 측면이 강하다고 할 수 있다.

지금까지의 논의를 정리하면 다음 <표2>와 같다. 여기서 대외적인 변수는 미국의 강요와 동북아의 요구 및 일본 안보의 위협이며 대내적인 변수는 일본의 우경화 및 민중의 평화요구라 할 수 있다. 물론 각 변수

51) 최장집, 앞의 책, p. 252.

는 독립적으로 존재하기 보다는 변수들 사이에서도 서로 영향을 미친다. 다만 여기에서는 편의상 이들을 구분하여 독립변수로 보았다. 평화헌법의 지금까지 역사를 바탕으로 변수의 영향력 우위를 가려본다면 대외적인 변수에서는 미국의 강요가 가장 큰 영향력을 가지고 일본의 정책 결정에 영향을 미쳐왔으며, 일본안보의 위협은 그보다는 작은 영향력을 그리고 동북아의 평화요구는 대외변수 중에서 가장 작은 영향력을 일본의 정책 결정에 미쳐왔다. 한편 대내적인 요인에서는 일본의 우경화와 민중의 평화요구가 비슷한 영향력을 가지고 있다. 정치세력에서는 일본의 우경화가 꾸준히 이어져왔지만 민중의 평화요구는 일정한 정도의 우경화 경향에도 불구하고 그 영향력이 사라지지 않고 평화헌법을 지금까지 지탱해오는 가장 큰 동력이 되어 왔다.

〈표 2〉 다섯 가지 변수에 따른 평화헌법 개정 논의

	미국의 강요	일본안보 위협	동북아의 요구	보수 우경화	민중평화요구
헌법수호	X	X	O	X	O
헌법개정 : 미·일동맹	O	O	X	O	X
헌법개정 : 동북아평화	△	O	△	△	O

위의 <표2>에서 동북아 평화와 관련된 헌법 개정의 '△' 표시는 부분적으로 변수의 영향을 받지만 그 변수가 기대하는 방향으로 정책이 시행되지는 않았음을 뜻한다. 이미 살펴본 바와 같이 이 정책은 미국이 강요하는 재무장을 시행한다는 점에서는 미국의 강요 변수의 영향을 받지만 그 결과가 미국의 패권체제 유지에 기여하지 않는다는 점에서 미국의 강요 변수가 기대하는 정책을 그대로 시행하지는 않는다. 마찬가지로 이 정책은 일본의 우경화가 추진하는 재무장을 승인하나 그것이 보수 세력의 기존 이익을 옹호하지 않는다는 점에서 변수의 영향력은 제한적이다. 또한 동북아의 평화 요구 변수에서도 일본이 일국평화주의를 탈피하려는 경향을 동북아의 평화 요구로 볼 수 있으나 현재 심

화되고 있는 우경화 추세하의 일본 재무장은 그 자체가 동북아의 평화를 위협할 가능성이 있다는 점에서 한계를 지닌다. 따라서 동북아 평화를 위한 헌법 개정에 있어 부분적으로 영향을 받는 변수는 그 정책을 단순히 지지한다고 볼 수는 없다. 따라서 이러한 정책은 일본의 주도적이고 세심한 정책수립이 요구된다고 할 수 있다. 이에 관해서는 평화헌법의 경로 의존성과 함께 다음 절에서 살펴본다.

변수관계에 관한 위의 <표2>를 분석해 보면 현재 일본에선 헌법수호보다는 미·일동맹 강화를 위한 헌법 개정이나 동북아 평화에 기여하는 방향으로 헌법이 개정될 가능성이 크다. 그러나 이 분석은 하나의 이론적 가능성일 뿐 실제 향후 일본 정책에서 헌법 수호의 가능성을 배제하는 것은 아니다. 왜냐하면 평화헌법의 개정 여부는 국민투표로 이뤄질 수밖에 없으며 민중의 평화요구 변수는 여전히 큰 영향력을 가지고 있다고 추측되기 때문이다.

2) 평화헌법의 '전망'

평화헌법과 관련하여 일본의 선택 가능한 전략이 앞서 살펴본 세 유형으로 나타난다고 할 때, 동북아의 평화 유지를 희망하는 동북아 국가나 일본 시민이 일본에 기대하는 정책은 평화헌법의 수호일 것이다. 따라서 평화헌법의 수호가 실패하여 헌법이 개정된다 하더라도 그것이 미·일동맹의 패권적인 지위 강화를 위한 것이기보다는 동북아 평화에 기여하는 것이기를 기대할 것이다. 이를 바탕으로 일본의 평화헌법 개정 논의에 대하여 평화헌법을 수호하려는 일본의 민주 세력과 동북아의 대응은 어떠해야 하는지 그리고 이러한 대응이 일본의 국익에 실제로 도움이 되는지를 살펴보기로 하자.

서론에서 언급한 바와 같이, 한 나라의 헌법 개정은 국제법상 보장되어있는 주권 문제와 관련되어 있기 때문에 국가 단위의 개입을 통해 일정한 영향력을 행사하려는 것은 원칙적으로 불가능하다. 따라서 일본의 평화헌법 개정 논의에 대한 동북아의 대응은 시민사회 측면에서 접근

하는 것이 바람직하다. 이러한 접근은 평화헌법의 경로 의존성에 의해 지지되며 더욱 활성화될 수 있기 때문이다. 경로 의존성은 대외적인 변수와 대내적인 변수로부터 독립하여 독자적인 영향력을 가지고 있으며, 그 영향력은 구체적으로 일본의 정책 결정을 전쟁포기, 비무장, 또는 항구적인 세계평화의 방향으로 유도한다. 이 가운데서도 평화헌법 전문 뒷부분에 명시되어 있는 항구적인 세계평화는 인류의 평화적 생존권의 헌법상 보장이라 할 수 있으며, 전후 일본의 평화운동은 이러한 인류의 평화적 생존권을 논리적인 지주로 발전해왔다.[52] 즉 외국의 독재에 반대한 민주화 연대운동이나 가난한 나라 지원정책 등과 같은 일본 내의 동북아 시민연대는 평화헌법에 근거하여 발전해왔던 것이다. 따라서 평화헌법은 동북아의 시민연대를 확장시키는 경로 의존성을 지니고 있다 하겠다.

또한 헌법의 평화를 지향하는 경로 의존성은 민중의 평화요구 변수에 지속적인 영향을 미치고 있다. 2007년 자민당과 공명당의 연립내각이 국민투표법을 제정하여 최저투표율을 채택하지 않고 유효투표 총수의 과반수를 국민투표의 통과 기준으로 내세움으로써 민중의 평화요구 변수의 영향력을 낮추었다. 하지만 평화헌법의 개정이 국민투표를 통해서만 가능하다는 점을 고려한다면, 결국 민중의 평화요구 변수는 평화헌법 개헌논의에서 여전히 핵심적인 영향력을 가지고 있다 하겠다. 즉 평화헌법의 경로 의존성은 동북아의 시민연대를 확대하고 강화시켜 일본 국민의 평화요구를 고양하며 이와 함께 동북아의 대응이 일본 시민사회와의 연대를 통해 일본 국민의 평화의식을 높일 때 평화헌법의 경로 의존성에 의해 그 효과는 더욱 확산될 수 있을 것이다.

이러한 평화헌법의 경로 의존성에 근거한 시민사회의 대응은 필연적으로 평화헌법 개정에 따른 전환비용을 높이게 된다. 현재 일본에서 지속적으로 진행되고 있는 반전·평화운동과 이로 인한 일본 내의 여론 확

---

52) 이토 나리히코, 앞의 책, p. 43. 유사한 주장으로서 井上ひさし[他], 『憲法九条、あしたを変える: 小田実の志を受けついで』(東京: 岩波書店, 2008); 『憲法九条、未来をひらく』(東京: 岩波書店, 2005); 太田光・中沢新一, 『憲法九条を世界遺産に』(東京: 集英社, 2006).

산 등은 평화헌법 개정에 있어 대표적인 전환비용이라 할 수 있다. 경제적 선택에서는 선택을 통해 새로 얻는 이익이 전환비용보다 클 경우 전환비용을 지불하고 새로운 선택을 통한 이익을 얻으려 하지만 정치적 선택에서는 전환비용이 높아질 경우 정치세력은 지지 세력을 확보하고 유지하기 위해 전환비용을 줄이는 방향으로 정책을 수행하기 쉽다. 따라서 동북아와 일본 시민사회의 대응은 전환비용을 최대한 높이는 방향으로 이뤄져야 한다. 문제는 이런 연합이 패권적 이유로 인한 평화헌법 개정에 대한 우려와 동북아 평화에 대한 공감대가 일본과 동북아에서 더욱 많은 시민들에게 형성될 때에 가능하다는 점이다.

그러면 이러한 공감대의 형성은 어떻게 가능할까? 이러한 공감대의 형성은 다음과 같은 맥락에서 가능하다. 첫째, 경제대국으로 급격히 발전하면서 경제적 동물로 많은 국가들에게 신중상주의 국가라는 인식을 심어준 일본은 과거 제국주의와의 결별 및 식민주의 유산의 청산 그리고 인류의 보편적인 가치, 규범, 원칙 등을 명확히 할 수 있는 능력이 부족하거나 관심이 적기 때문에 국제사회에서 그 정당성을 인정받지 못하고 있다.[53] 예를 들면 일본의 평화유지활동(PKO) 등을 통한 국제연합 상임이사국 진출과 이를 통해 국제사회에서 정통성을 확보하려는 노력은 이러한 능력의 부재를 극복하려는 것이기보다는 우회하여 회피하는 것이며, 일본은 이러한 방법을 통해서는 국제사회에서 동의와 인정에 기초한 영향력을 획득할 수 없다. 따라서 동아시아 인접국들의 신뢰를 얻기 위해 일본은 일본 근대사의 어두운 측면을 직시하고 잘못된 과거사를 진지하게 반성할 필요가 있다.[54]

둘째, 현재 동북아 지역 내에서 경제 협력이 크게 확대되고 있는 상황에서 평화헌법 개정을 통한 일본의 패권주의적인 대외정책 추구는 일본경제 및 동북아 협력에 아무런 도움이 되지 않는다는 인식의 확대가 필요하다. 지난 2004년 기타시로 가쿠타로(北城角太郎) 일본 경제동우회 회장이 당시 고이즈미 수상의 야스쿠니신사 참배를 비판한 것은 이와 같은 맥락에서 이해할 수 있다.[55] 일본의 패권지향적인 헌법 개정

53) 조순구, 앞의 논문, p.185.
54) 최기성, 앞의 논문, p.128.

은 일본 기업의 동북아 진출과 활동에 이익이 되지 않을 뿐만 아니라, 경제 문제와 관련하여 다른 동북아 국가들의 불안을 초래하여 소모적 군비경쟁을 유도할 가능성이 크고, 이는 미국과 달리 군산 복합체적 경제구조가 아닌 일본에 부담으로 작용할 가능성이 있으며, 냉전적 분위기에 따른 무역 감소는 일본경제에 큰 타격이 될 수도 있기 때문이다.

이와 같은 공감대 형성을 통해 전환비용을 높임으로써 패권지향적인 평화헌법 개정에 대한 저지 분위기가 확산된다면, 이는 향후 일본의 대외정책 결정 과정에 다음과 같은 영향을 미칠 것으로 기대된다.

첫째, 일본의 과거 식민지 지배 및 침략 전쟁에 대한 철저한 반성과 이에 대한 청산이다. 이를 통해 일본은 스스로가 동북아에 대해 미치는 커다란 영향력을 자각하고 있음을 대외적으로 보여줄 수 있으며, 현재 진행 중인 우경화와 과거 제국주의에 대한 잘못된 인식을 바로잡을 수 있다. 이는 동북아 및 일본 내 시민사회에서 일본의 전환비용을 획기적으로 낮추는 계기가 될 것이다.

둘째, 일본은 동북아 국가이자 경제대국으로서 국제사회의 이상인 평화주의 정신을 계승하고 동북아를 포함한 세계 저발전 국가들에 대한 지속적인 지원을 통한 국제사회의 발전과 평화유지에 공헌하게 될 것이다.

셋째, 일본은 미국의 패권을 유지하기 위한 미·일군사동맹을 탈피하거나 적어도 축소하여 동북아의 일원으로서 동북아 평화를 구축하는데 기여할 것이다. 일본의 자각적 반성과 성찰이 주변국들에 확인된다면, 향후 일본의 동북아 평화정책들은 일본의 헌법수호에 대한 동북아의 지지는 물론 미국의 포기위험으로부터 탈피하기 위한 일본의 헌법 개정을 통한 재무장까지도 지지하거나 이에 따르는 전환비용을 낮출 수 있게 될 것이다.

'민주당 정책집, 인덱스2009'에 제시된 민주당의 외교정책은 과거 자민당 정책과 다른 새로운 외교를 천명하고 있다.[56] 예를 들면 전 하토

55) 최장집, 앞의 책, p.248.
56) 이면우, "하토야마 내각의 성립과 일본의 대아시아정책 향방," 『정세와 정책 2009-10』(2009), p. 6.

야마 전 총리는 미·일관계의 대등한 파트너십을 주장한 바 있다. 이는 기본적으로 지난 미국발 금융위기를 통해 일본이 미국 중심의 경제운용 및 군사 의존이 위험한 것임을 깨달은 데 기인한 것으로 해석되는데, 실제로 하토야마 내각은 후텐마(普天間) 미군기지 이전문제를 제기하고 이전의 종속적인 대미 군사관계에서 대등한 군사관계로 발돋움하려고 시도한 바 있다. 이와 함께 하토야마 내각은 외교정책으로서 동아시아 공동체를 주창한 바 있는데, 이는 주변 동아시아 국가와의 관계에 있어 긍정적인 징후라 하겠다. 동북아 관계에서 지속적으로 문제가 되어왔던 야스쿠니신사 참배와 관련해서, 민주당은 새로운 초도시설을 건립하려는 계획을 가지고 긍정적 신호를 보내고 있다.[57] 또한 평화헌법 개헌과 관련하여 민주당은 전통적으로 자위대를 실질적인 군대로 인정하는 것을 골자로 개헌을 추진하였으나, 연립정권인 사민당과의 관계를 고려하여 헌법 제9조를 개헌논의에서 제외하겠다는 의사를 밝힌바 있다. 민주당이 추진하고 있는 이러한 외교정책들은 앞서 살펴본 일본이 선택 가능한 전략 중 첫째 전략인 헌법 수호 내지 셋째 전략인 일본의 헌법 개정이 우경화 및 패권지향적 미·일동맹 강화로 이어지지 않고 오히려 평화헌법 개정을 통해 동북아 평화에 일정한 역할을 하는 것과 직접적으로 맞닿아 있는 것으로 이해할 수 있다. 이와 같이 평화헌법의 경로 의존성을 통해 동북아 평화의 요소가 증대한다 하겠다.

5. 결론 : 동아시아 평화를 위하여

지금까지 일본정치의 핵심 쟁점인 일본의 평화헌법 개정에 관한 논의를 경로 의존성이란 개념을 분석틀로 하여 평화헌법을 제정할 때 영향을 미쳤던 원인변수를 일본의 대내·외적 변수를 통해 살펴보았다. 그리고 이 변수들이 평화헌법 형성 이후의 변용 과정과 이 변수 외에도

57) 심성철, “일본 민주당 정부의 외교정책 과제: 미·일동맹과 동아시아 공동체,” 『세종논평』 제153호(2009), p. 2.

새로 등장하여 평화헌법 개정 논의에 영향을 미칠 수 있는 변수를 분석하고 앞으로 있을 수도 있는 헌법 개정 논의와 관련하여 일본 정부가 선택할 수 있는 정책과 이와 관련한 바람직한 방향성을 모색하였다. 특히 평화헌법 형성 당시 영향을 미쳤던 원인변수와 현재의 개정변수와는 별도로 평화헌법이 개입변수로서 일본의 대외정책에 미치는 영향력을 경로 의존성 개념을 통해 분석하고 평화헌법 개정 논의에 대한 동북아 및 일본 시민사회의 대응 방향을 전환비용 개념을 통해 살펴보았다.

그런데 전환비용에 기초한 시민사회의 대응은 한편으론 일본의 정치지형과 관련하여 다음과 같은 한계를 지닌다. 일본의 정치사회는 법적, 형식적으로는 민주주의 사회이나 동시에 정치적, 실질적으로는 관료제와 엘리트주의에 기초한 권위주의 성격이 농후하다는 점이다. 이러한 사회에서는 평화헌법에 대한 시민들의 대응으로 발생하는 전환비용의 역할이 축소될 수 있고 이는 정치세력의 경우 전환비용을 무시하고 자신들의 정책을 추진하기 용이해진다. 달리 말하면 일본의 정치세력은 시민사회의 요구와 무관하게 자신들이 의도하는 정책을 추진할 여지가 있는 것이다. 일본사회의 보수화 및 우경화가 진행되고 있는 현재 상황에서 일본의 정치세력은 시민사회와 더불어 일본의 평화와 동북아의 안정에 대한 신뢰할 만한 논의 없이 이를 배제한 채 평화헌법을 개정할 개연성이 있다 하겠다.

그러나 한편으로 지금까지 살펴본 바와 같이 보수화 우경화 분위기 속에서조차 일본의 정치세력은 평화헌법에 대해 적극적인 개정이나 폐기를 요구하기보다는 자위권 개념에 기초한 소극적인 개정을 추진하려 하고 있다. 이는 일본의 대외정책을 경로 의존성과 전환비용 개념을 통해 분석하는 것에 대한 타당성과 적실성을 입증하는 것이기도 하다. 따라서 일본의 헌법 개정을 둘러싼 논의에 대한 동북아 국가 및 일본 내의 대응은 평화헌법의 경로 의존성과 전환비용을 상승시킬 수 있는 시민사회와의 연대를 통해서 이루어져야 한다. 시민사회의 연대를 통한 평화헌법 개정에 대한 지속적인 비판과 견제가 일본 국민의 평화의식 강화와 결합될 때 평화헌법의 진정한 의미가 실현되는 토대가 마련될 수 있을 것이다. 결국 일본의 평화헌법 개정 논의와 관련한 동북아의 대응은 평화헌법의 경로 의존성과 이에 따르는 전환비용에 근거해야 하며, 향후 동북아의 시민사회와 일본의 시민사회는 일본의 평화헌법에 대한 건전한 담론의 장을 만들어 평화헌법의 전환비용을 높이기 위한 구체적이고 실질적인 방안을 강구할 필요가 있다 하겠다.

참고문헌

김성철, "일본 민주당 정부의 외교정책 과제: 미·일동맹과 동아시아 공동체," 『세종논평』 제153호(2009).

박유연, "만족과 충성도의 관계에 있어서 조절변수에 관한 연구: 지각된 개인화, 전환비용, 다양성 추구성향을 중심으로," 서울대학교 석사학위논문(2005).

박철희, "전수방위에서 적극방위로: 미·일동맹 및 위협인식의 변화와 일본방위정책의 정치," 『국제정치논총』 제44집 1호(2004).

이경주, "평화주의와 일본국헌법 그리고 평화운동," 『일본사상』 제4호(2002).

이면우, "하토야마 내각의 성립과 일본의 대아시아정책 향방," 『정세와 정책 2009-10』 (2009).

이상봉, "전후 일본보수정치와 평화헌법: 평화헌법의 출현, 존재방식, 의의에 대한 비판적 연구," 『국제정치연구』 제9집 1호(2006).

이상수, "일본의 평화헌법개정과 보통국가론, 그리고 한반도," 『평화연구』 제14권 2호(2006).

이종국, "전후 일본의 국가의식 전개: 헌법논의를 중심으로," 『일본연구논총』 제12집(2000).

이토 나리히코, 『일본 헌법 제9조를 통해서 본 또 하나의 일본』(서울: 행복한 책읽기), 2005.

이호영·이기완, 『동맹의 이론과 현실』(창원: 창원대학교출판부), 2008.

전황수, "일본의 헌법조사회 발족과 개헌논의," 『한국과 국제정치』 제16권 2호(2000).

정의창, "정부조직변화의 경로 의존성," 『의정연구』 제19집(2009).

조순구, "일본의 보수우경화와 동북아질서," 『한국동북아논총』 제45집(2007).

최기성, "일본 민족주의의 허상: '오키나와'의 비극," 『아시아연구』 제12권 1호(2009).

최기성·허진성, "일본 '평화헌법'의 경로 의존성,"『국제정치논총』제51집 1호(2010).

최장집,『민주주의의 민주화: 한국 민주주의의 변형과 헤게모니』(서울: 후마니타스), 2006.

최진웅, "일본 헌법 9조의 지속에 관한 연구," 서울대학교 석사학위논문(2006).

Gourville, John T. "Why Consumers Don't Buy: The Psychology of New Product Adoption," *Harvard Business School Case* No. 504 056 Revised(April 5, 2004).

Lieberman, Evan S. "causal inference in historical institutional analysis: a specification of periodization strategies," *Comparative Political Studies* vol.34 no.9(2001).

愛敬浩二,『改憲問題』(東京: 筑摩書房), 2006.

新井章,『憲法九條と安保·自衛隊』(東京: 日本評論社), 1981.

伊藤成彦,『憲法第九條·戰爭責任·國際人道法』(豊中: 季報『唯物論研究』刊行會), 2002.

伊藤成彦,『物語日本國憲法第9條戰爭と軍隊のない世界へ』(東京: 陰書房), 2001.

井上健夫,『普遍の再生』(東京: 岩波書店), 2003.

井上ひさし[他],『憲法九條、あしたを変える: 小田實の志を受けついで』(東京: 岩波書店), 2008.

井上ひさし[他],『憲法九條、未來をひらく』(東京: 岩波書店), 2005.

太田光・中澤新一,『憲法九條を世界遺産に』(東京: 集英社), 2006.

大沼保昭,『東京裁判、戰爭責任、戰後責任』(東京: 東信堂), 2007.

小澤一郎,『日本改造計劃』(東京: 講談社), 1993.

粕谷進,『戰後日本の安全保障論議 : 憲法9條と日米安保の原点』(東京: 信山社出版), 1992.

粕谷進,『憲法第九條と自衛權(新版)』(東京: 信山社出版), 1992.

紙谷雅子(編),『日本國憲法を讀み直す』(東京: 日本経濟新聞社), 2000.
河上曉弘,『日本國憲法第9條成立の思想的淵源の硏究:「戰爭非合法化」論と日本國憲法の平和主義』(東京: 專修大學出版局), 2006.
憲法再生フォーラム(編),『改憲は必要か』(東京: 岩波書店), 2004.
小林直樹,『憲法第九條』(東京: 岩波書店), 1982.
小森陽一・佐高信,『誰が憲法を壞したのか』(東京: 五月書房), 2006.
佐柄木俊郎,『改憲幻想論 : 壊れていない車は修理するな』(東京: 朝日新聞社), 2001.
佐藤和男,『憲法九條·侵略戰爭·東京裁判(再訂版)』(東京: 原書房), 1987.
澤野義一,『非武裝中立と平和保障 : 憲法九條の國際化に向けて』(東京: 靑木書店), 1997.
潮匡人,『憲法九條は諸惡の根源』(東京: PHP硏究所), 2007.
高田健,『改憲·護憲: 何が問題か』(東京: 技術と人間), 2002.
田中伸尙,『憲法九條の戰後史』(東京: 岩波新書), 2005.
田畑忍,『非戰·永世中立論 : 憲法九條と防衛の問題』(京都: 法律文化社), 1981.
千葉眞,『「未完の革命」としての平和憲法—立憲主義の思想史から考える』(東京:岩波書店), 2009.
堤堯,『昭和の三傑 : 憲法九條は「救國のトリック」だった』(東京: 集英社), 2004.
中西輝政,『憲法改正』(東京: 中央公論新社), 2000.
長尾龍一,『思想としての日本憲法史』(東京: 信山社出版), 1997.
中村明,『戰後政治にゆれた憲法九條:內閣法制局の自信と强さ:「武力行使と一体化論」の總仕上げ』(東京: 中央経濟社), 1996.
西修,『日本國憲法の誕生を檢証する』(東京: 學陽書房), 1986.
日本放送協會(編),『憲法論爭—その経緯と焦点』(東京: 日本放送出版協會), 1984.
畠基晃,『憲法9條: 硏究と議論の最前線』(東京: 靑林書院), 2006.
長谷部恭男,『憲法諸相と改憲論: 吉田善明先生古稀記念論文集』(東京: 敬文堂), 2007.

長谷部恭男,『憲法と平和を問いなおす』(東京: 筑摩書房), 2004.
林博史,『戰後平和主義を問い直す: 戰犯裁判、憲法九條、東アジア關係をめぐって』(京都: かもがわ出版), 2008.
樋口陽一,『「普通の國」を超える憲法と「普通の國」すら斷念する改憲論』(京都: かもがわ出版), 1995.
古關彰一,『憲法九條はなぜ制定されたか』(東京: 岩波書店), 2006.
古關彰一,『「平和國家」日本の再檢討』(東京: 岩波新書), 2002.
望田幸男[他],『國際平和と「日本の道」: 東アジア共同体と憲法九條』(京都: 昭和堂), 2007.
横田耕一, "日本國憲法の『原点』と『現点』,"『立憲主義とデモクラシー』(東京: 敬文堂), 2001.
讀賣新聞社(編),『憲法改正: 讀賣試案2004』(東京: 中央公論新社), 2004.
歷史教育者協議會,『日本國憲法を國民はどう迎えたか』(東京: 高文硏), 1997.
渡辺治,『憲法「改正」: 軍事大國化·構造改革から改憲へ(增補)』(東京: 旬報社), 2005.
渡辺治・今井一(編),『對論!戰爭、軍隊、この國の行方: 九條改憲·國民投票を考える』(東京: 青木書店), 2004.
渡辺治,『憲法「改正」の爭点』(東京: 旬報社), 2002.
高橋武智, "日本はほんとうに戰爭に負けたのか—五十年後の「盜人たけだけしい」論理」,"『情況』1995년 1월호).

제4장

일본정치와 민족문제

-오키나와의 '전쟁체험'을 중심으로-

최 기 성

1. 서론

민족주의란 일반적으로 국가라는 정치적인 상상의 공동체의 존립, 통합, 독립, 발전 등을 추구하는 사상의 총칭이라 할 수 있다. 요즈음에 와서는 민족주의란 표현은 좁은 의미로는 에스니시즘(ethnicism), 보다 넓은 의미로는 내셔널리즘(nationalism)이라 표현하기도 한다. 그런데 "ethnicism"으로서의 민족주의란 자신들의 민족을 정치, 경제, 문화 등의 주체로 생각하고 이에 최고의 가치를 부여하는 사상이나 운동을 의미하는데 반해, "nationalism"은 대체로 민족주의, 국가주의, 국민주의 등으로 번역되거나 가타가나로 표기한다. 따라서 내셔널리즘은 문맥에 따라 다양하게 사용하는 것이 일반적이며, 한 가지 의미로 사용하기란 용이하지 않다. 겔너(Ernest Gellner)는 민족주의를 정치적 단위와 문화적이거나 또는 민족적인 단위를 일치시키려 하는 사상이나 운동이라 정의하고 있다.[1] 물론 겔너 정의가 민족주의를 충분히 설명해주는 것은 아니다. 하지만 홉스보움(Eric Hobsbawm)이 동의하고 있듯이 이러한 정의가 논의의 출발점으로서 어느 정도 의견의 일치를 보이고 있는 것도 사실이다.[2]

그래서 오늘날 일본에서는 'ナショナリズム'이라는 가타가나를 일반적으로 사용하고 있다.[3] 그런데 이러한 번역어의 사용은 종종 오해받

1) Ernest Gellner, *Nations and Nationalism* (Oxford: Blackwell, 1983), p. 1.
2) Eric Hobsbawm, *Nations and nationalism since 1780: programme, myth, reality* (Cambridge: Cambridge University Press, 1990), pp. 5-13.
3) 오늘날 일본에서는 에스니시즘과 내셔널리즘을 구별하면서 민족주의의 상대화를 꾀하고 있다. 필자도 참석한 2010년 8월 7일~8일 도쿄대학 야요이강당에서 열린

기 쉽다. 본래 의미대로 정의하자면 민족주의란 국가가 형성의 주체가 아니라 민족을 중심으로 하며 민족을 핵심으로 생각하는 사상이라 정의할 수 있기 때문이다. 물론 근대 서구의 역사가 보여주듯이 국가주의와 결합하여 민족을 정치적으로 통합하거나 하나의 정치공동체를 만들려는 운동으로 전개되어 온 것도 사실이다. 일본도 예외가 아니다. 메이지유신 이후 근대화에 성공하면서 새로운 국가체제를 건설하는 과정에서 천황제를 도입한 것도 일본이란 하나의 거대한 정치공동체를 형성하고 유지하기 위한 전략이었던 것이다.

근대 일본의 경우 미토학과 국학의 영향을 받은 존왕양이 운동으로 나타나게 되며 메이지유신의 원동력이 되었다. 러일전쟁의 승리 이후 1등국민이란 의식의 발현과 함께 국민통합이 이뤄지면서 일본 민족주의는 국가주의와 결합되고 결국엔 국가주의에 매몰되게 된다.[4] 이렇게 출발한 일본 제국주의는 조선, 대만 등을 자국 영토화하면서 다민족으로 구성된 제국을 지향하며 만주사변을 계기로 중일전쟁, 미국과의 태평양전쟁으로 돌입했다. 광기의 일본 민족주의는 팔광일우(八紘一宇)를 내걸고 궁극적으로 대동아공영권의 건설을 지향하게 되었던 것이다.[5] 이렇게 일본 민족주의와 결탁한 국가주의는 태평양전쟁을 통해 정점에 도달하게 되는데 이 시기의 일본 민족주의를 다키구치 츠요시(瀧口剛)는 극단적 민족주의라 부르기도 한다.[6] 이글의 주요 논점인 오키나와 문제는 일본의 극단적 민족주의의 최대 희생자인 동시에 패전 이후 미군의 일본 점령과 함께 시작되는 점령기 일본 민족주의의 이중의 피해

"국제심포지움 「한국병합」 100년을 묻다"에서조차, 현재 한국에서 진행되고 있는 국가와 민족에 대한 강조가 한국의 민족주의를 심화시키는 것이라고 지적하면서 이에 대한 우려의 목소리가 제기되기도 했다.

4) 田中和男, "一等国民意識の浸透と動揺―明治後期のナショナリズムの諸相," 『ナショナリズムの時代精神―幕末から冷戦後まで』 (奈良: 萌書房, 2009), pp. 29-35.

5) 팔광일우(八紘一宇)란 일본서기(『日本書紀』제3권) 진무천황(神武天皇) 조항에 있는 '掩八紘而爲宇'에서 차용한 단어로, 천하를 하나의 커다란 집으로 이해하는 것이며 이런 의미가 변하여 제2차 세계대전 중 대동아공영권 건설의 슬로건으로 이용되었다.

6) 滝口剛, "「極端なナショナリズム」の時代―戦時体制," 『ナショナリズムの時代精神―幕末から冷戦後まで』(奈良: 萌書房, 2009), pp. 74-96.

자란 점에서 주목할 만한 가치가 있다.[7]

서구의 민족주의가 그랬듯이 어떤 유형의 민족주의도 배타적인 성향이 고조되면 단일민족에 의한 국가의 형성, 순화, 확대를 주장하게 되고 대외적으로는 자민족과의 차이와 우월성을 주장하는 경향이 강하게 나타난다. 강대국의 경우는 주변 여러 국가들에 분산되어 있는 자민족 거주지역 등을 병합하기도 하고, 소수민족을 포함한 약소국의 경우는 분리, 독립을 요구하는 등 종종 크고 작은 분쟁의 원인이 되기도 한다.

패전 후 일본은 무모한 전쟁에 대한 반성에서 우파적이거나 국가주의적인 민족주의에 대한 저항감이 강화되는 한편, 반미를 주장하는 좌파적인 민족주의가 고양되었다. 좌파의 입장에서 바라본 민족주의는 오키나와 반환의 원동력이 되었을 뿐만 아니라 열강으로부터 자립을 꿈꾸는 아시아, 아프리카 민족주의로부터 정서적인 공감을 얻게 되는 등 반전운동과도 밀접하게 결합되어 있다. 민족주의의 형성 배경에는 이와 같은 다양한 계기가 작용하고 있으며 이를 어떻게 이해할 것인가를 둘러싸고 수없이 많은 논의가 전개되고 있다. 그러나 민족주의에 관한 기존 연구 경향을 살펴보면 국내는 물론 일본에서도 각 국가의 고유한 문화에 내재하여 나타나는 다양한 민족주의의 형태들에 관한 분석이 일반적으로 결여되어 있음을 확인할 수 있다.

여기서 근대 일본의 민족주의가 어떻게 생성, 발전, 변용되어 왔는가를 살펴보자. 일본의 민족주의를 논의하는 경우, 크게 편협한 민족주의와 건전한 민족주의로 대별할 수 있다. 전자는 주로 전시 체제기를 대표하며 후자는 메이지유신 전후 근대국가의 건설과정에 나타난다. 그런데 이러한 이분법적 분류는 문제가 있다. 민족주의를 근본적으로 비판하는 논자들에 의하면 편협한 민족주의의 병리성은 민족주의 그 자체의 문제성이며, 건전한 민족주의도 결코 예외가 아니다. 건전한 민족주의가 타락해서 편협한 민족주의가 되는 것이 아니라 본래 건전한 민족주의에도 병리적 요인이 내재해 있다는 점이다.[8] 따라서 일본 민족주의

7) 長妻三佐雄, “連続と断絶の相克—占領とナショナリズム,” 『ナショナリズムの時代精神—幕末から冷戦後まで』(奈良: 萌書房, 2009), pp. 97-119.

8) 米原謙·長妻三佐雄(編), 『ナショナリズムの時代精神—幕末から冷戦後まで』(奈良:

도 결코 한 마디로 요약할 수 있는 성질의 것이 아니다. 일본 민족주의 또한 시대에 따라 추구해온 정치적 가치나 이념이 상이할 뿐만 아니라 이를 둘러싸고 지금까지도 많은 논쟁이 지속되고 있는 것이다.

일본 민족주의의 특질을 보다 깊이 이해하기 위해, 먼저 그 형성 배경을 살펴보고, 이것이 시대 상황에 따라 어떻게 변용되어 왔는지를 살펴보자. 일본에서 민족주의는 에도막부 말기 페리제독에 대항하는 과정에서 싹트기 시작했다. 메이지유신 이후 근대적 국가에로의 진행과정에서 요구된 국민통합은 러일전쟁과 청일전쟁을 겪으면서 비록 불분명하긴 하지만 그 지배의 네트워크를 형성하게 되면서 구체화되기 시작했다. 후쿠자와 유키치(福澤諭吉)의 '탈아론'은 우리에게도 너무나 잘 알려진 언설이다. 하지만 이 탈아론을 주장하는 배경에는 당시의 국제정세에 대한 매우 치밀한 분석에 근거하고 있음을 잊어선 안된다. 사카이 데츠야(酒井哲哉)가 지적하고 있듯이 후쿠자와는 처음엔 서양의 침략에 함께 대응하기 위한 청·일 제휴론을 주장하다가, 청국과 조선의 근대화가 늦어지면서 청·한 개조론으로 변경하고, 청일전쟁을 계기로 청의 무력함을 확인하자 대륙 진출설을 주장하게 된다.[9] 이러한 메이지기의 대외정책론의 변천을 통해, 우리는 일본 민족주의의 독립에 대한 관심이 제국주의적 팽창에로 급속히 변용되어 갔음을 알 수 있다. 이후 국가 영역에서의 민족주의가 오키나와를 포함한 일본, 더욱이 대만, 한반도까지 구체화되어 나타나게 되었던 것이다. 그러나 일본의 민족주의 형성 과정과 그 전개 과정은 그리 단순하지 않고 복잡한 양상을 띠고 있다. 그래서 이 글에서는 오늘날 일본정치의 핵심 쟁점인 오키나와가 경험한 전시체제기의 극단적 민족주의에 초점을 맞춰 고찰하는데 국한하고자 한다.

극단적 민족주의가 지배적 사상이던 전시체제기의 일본 민족주의의 일반적 경향은 헤겔의 인륜적 공동체로서의 국가관에 기초하고 있었다. 달리 말하면 국가란 살아있는 유기체와 같은 존재로 국가의 구성원인 국민은 각자의 맡은 바 역할, 즉 국가에 대한 충성과 애국을 수행하지

萌書房, 2009), 참조.

9) 酒井哲哉, 『近代日本の国際秩序論』(東京: 岩波書店, 2007), pp. 236-245.

않으면 안되었다. 민족의 이름으로 국가에 충성을 강요하는 것은 당시로서는 너무나도 당연한 것이었으며 국민에게 국가란 거역할 수 없는 운명이었다. 단적인 사례를 아베 진조우(阿部仁三)의 『일본 민족주의』에서 찾아볼 수 있다. 아베는 역사적 세계에서는 민족이란 단순히 생물학적 종과 같은 것이 아니라 역사적 세계에서 자기를 형성할 수 있는 힘이라고 규정했다.[10] 민족의지란 우리 자신에게 나타나는 내면적인 그 무엇으로, 그것은 역사적, 종족적으로 우리 개인적 자기를 부정하는 한 비합리적인 것이다. 즉 그것은 역시 힘의 일종이다. 그런데 힘에서 권리가 나오지 않으며 이 세계 어디에서도 정의라 부르는 것은 생각할 수가 없다. 국가도 법도 이와 같이 세계 그 자체의 절대적 자기표현 즉 인류성 다시 말하면 개인은 국가 안에서 모든 육체를 벗어버리고 나면 자유이며 자발적이 된다는 것이다.

이와 같은 의미에서 아베는 세계사를 민족 간의 항쟁의 역사라 부른다. 그래서 민족은 당연히 동시에 국가가 아니면 안 되고, 따라서 국가는 우리들 사이에서 성립하게 되는 것이다. 적어도 패전 직후까지 일본에서 민족주의가 의미하는 것은 아베가 명쾌하게 결론짓고 있듯이 오늘날 세계를 가장 강력하게 움직이고 있는 원리일 뿐만 아니라 또는 은연중에 또는 명백하게 그 차이는 있어도 어쨌든 어떤 시대에 있어서도 역사를 움직이는 힘이었으며 민족적 대립을 극복하고 세계에 커다란 조화를 초래하는 원리였던 것이다.[11]

이 글에서 살펴보고자 하는 오키나와 문제는 태평양전쟁이 남긴 커다란 비극 가운데 하나이며 일본 민족주의의 특수한 사례이다. 이 글에서 오키나와 문제를 분석하는 주된 목적은 태평양전쟁 말기 오키나와에서 발생한 주민 집단자결 사건과 이에 대한 일본 사법부의 판단 및 일본사회의 반응을 살펴보고 오늘날에까지 지속되고 있는 일본의 굴절된 정신문화와 일본 민족주의의 문제를 밝히기 위해서이다. 달리 말하면 1945년 태평양전쟁 말기 오키나와 주민 집단자결을 둘러싸고 희생자인 오키나와주민 및 양심적 지식인과 가해자인 옛 일본군 및 그 유족

10) 阿部仁三, 『日本思想戦大系—日本民族主義』(東京: 旺文社, 1947), pp.121-156.
11) 위의 책, pp. 211-213.

그리고 이들을 지원하는 보수집단을 둘러싼 법적 분쟁과 이에 대한 사법적 판결 그리고 이를 둘러싼 논쟁이 지니는 사상적 함의에 관해 살펴보는 데 있다.

오키나와 문제와 관련하여, 오사카 지방법원은 오키나와의 비극을 일본 국민들에게 올바로 가르치기 위해, 군에 의한 주민 살해와 집단자결의 강요를 기재하는 것이 필요하다고 판결한 바 있다. 이를 둘러싼 일본 내 여론의 상반된 반응은 오키나와 사건이 아직도 "끝나지 않은 전쟁"임을 시사하고 있다. 후술하듯이 오키나와 사건은 대외적으로는 팽창주의 국가전략을 통한 국가이익을 추진해온 관료, 군부, 정치가의 실패한 종합 작품으로 일본인의 민족주의적 우월성에 기초한 군국주의의 소산이라 할 수 있다. 또한 대내적으로는 가부장제적 '위로부터'의 간섭에 의해 조직되어온 민족주의와 중첩되나 결코 동일하지 않으며, 따라서 근대적 의미의 민족주의에 포섭되지 않는 향토애를 소유한 오키나와주민에 대한 일본 민족주의의 폭력정치의 한 단면이라 할 수 있다.

그래서 이 글에서는 일본정치의 핵심 쟁점 가운데 하나인 오키나와 문제에 관해 다음과 같이 살펴보고자 한다. 구체적으로 제2절에서는 일본 민족주의의 과거의 기억, 즉 오키나와전 당시 게라마열도(慶良間列島)에 주둔했던 해상전투부대(海上挺進第2戰鬪部隊) 부대장과 그 유족들이 군명(軍命) 기술을 둘러싸고 이와나미서점과 작가 오에 겐자부로(大江健三郎)를 피고로 한 집단자결 표기에 관한 소송과 이에 관한 오사카재판의 쟁점 및 이에 대한 사법적 판단에 관하여 살펴보고, 제3절에서는 일본 민족주의의 현재의 모습을 통해 일본인의 정신구조와 심리상태를 살펴본다. 구체적으로 기억의 망각을 통해 역사에 대한 왜곡을 반복하고 있는 일본인의 특이한 정신구조를 해명하고 그 배경에 있는 황민화교육의 귀결로서의 오키나와의 비극을 살펴본다. 그리고 마지막 제4절에서는 오키나와 사건에 내재하는 일본 민족주의의 특징과 사상적 의미를 요약한다.

2. 일본 민족주의의 과거

1) 망각을 위한 국가 이야기: 오사카 재판의 발단

패전의 악몽에서 벗어나 정치적 안정과 경제 발전을 구가하기 시작한 1970년대 이후 일본 사회는 급격히 보수화 우경화하기 시작했다. 일본 사회의 이러한 현상은 오늘에 이르기까지 일본 사회 모든 영역에서 지속적으로 그리고 활발히 전개되고 있다. 물론 이런 우경화 현상은 사실 어느 나라에서도 찾아볼 수 있다. 어느 나라든지 대체로 80%정도의 국민들은 일반적으로 정서적 우파에 속한다고 한다. 그렇게 생각하면 일본에서의 보수화, 우경화 현상도 그리 놀랄 일은 아닐 것이다. 그런데 문제는 일본의 경우 보수화, 우경화 현상이 그리 단순하지 않다는데 있다.

이들의 활동에 대해, 주변 국가들은 늘 경계의 눈초리를 떼지 않고 있을 뿐만 아니라 일본 내에서조차도 또 다른 하나의 논쟁의 불씨가 되고 있기 때문이다. 이와 관련하여 최근의 한 사례를 살펴보자. 일본의 우파 지식인 집단들이 보수적 민족주의 색채를 강화하고 있던 2005년 8월 오사카 지방법원에서 하나의 사건에 관한 사법적 판결이 언도되었다. 다름 아닌 1945년 6월 오키나와전 당시 게라마열도에 주둔했던 해상전투부대 부대장과 그 유족들이 군명 기술을 둘러싸고, 이와나미서점과 작가 오에 겐자부로를 피고로 한 집단자결 표기에 관한 소송을 제기한 사건에 대한 판결이었다.[12)]

오사카 재판의 표면적이고 직접적인 발단은 작가이자 양심적 지식인 오에의 『오키나와노트』[13)]의 서술 내용을 둘러싸고 일본군 출신 부대장 및 그 유족들이 명예 훼손을 주장하며 오사카 지방법원에 소송을 제

12) 오에 켄자부로는 대학 재학중 소설 『기묘한 일』을 통해 작가로 데뷔한 이후 1958년에 소설 『사육』으로 제39회 아쿠타가와(芥川)상을 수상, 1994년에는 노벨문학상을 수상했다.

13) 大江健三郎, 『沖縄ノート』(東京: 岩波書店, 1970), 참조. 이하 본문에서는 편의상 『노트』로 표기한다.

기하면서부터 시작되었다. 오키나와주민 집단자결 소송으로 불리는 이 사건은 오에가 『노트』에서 오키나와전 당시 게라마섬에서 잇따라 발생한 주민들의 집단자결 또는 강제 집단사망이 현지에 주둔했던 제32군과 섬 수비대를 관통하는 수직구조에 책임이 있다고 주장한데서 비롯되었다.

그러나 이러한 법적 분쟁으로 비화된 배후에는 전쟁의 가해자를 사상적 이념적으로 지지하고 후원하는 자유주의사관연구회를 비롯한 보수 지식인 및 우익단체들이 진을 형성하고 있다.[14] 이러한 단체들은 과거 일본 군국주의의 침략전쟁에 대한 역사적 반성을 자국의 역사를 얕보는 자학사관이라 비판하면서, 이러한 소위 자학사관으로부터의 탈각을 주된 목표로 결성되었다. 일본의 보수주의자들은 자신들의 역사에 대한 올바른 이해라는 명분 하에 아시아 침략행위를 정당화하는 등 역사적 사실에 대하여 왜곡하거나 축소를 반복하고 있다. 역사 왜곡의 일례를 살펴보면 난징대학살의 희생자 수를 축소하기 위한 운동과 일본군 위안부 기술 삭제 운동을 들 수 있으며, 그 결과 2005년에는 중학교 역사교과서에서 종군위안부에 관한 기술이 사라진 바 있다.

또한 그들은 1945년 오키나와전 당시 민간인이 군명에 의해 집단자결을 당한 적이 없다고 주장하며 일본의 초, 중, 고등학교 역사교과서에 기술된 집단자결 강요에 관한 부분을 삭제할 것을 일본정부와 교과서 관련 출판사에 요구한 바 있다. 이들의 적극적인 활동 및 여론 형성의 결과 2006년 고등학교 “일본사” 기술에서 집단자결에 대한 일본군의 관여 사실이 삭제되고 은폐되기에 이르렀다. 그리고 2007년도 교과서 검정 결과 전국에서 교과서 채택율 약 60%가 넘는 야마카와출판사(山川出版社)에서 발행하는 고등학교 일본사 교과서인 『일본사 B』에서 일본군의 잔학행위와 집단자결의 강요에 관한 부분이 삭제되었다. 그뿐만 아니라 최근 오키나와전의 주민 피해에 관해 언급하지 않는 교과서가 나타나는 등, 오키나와전의 일본군 가해에 대한 기술이 감소하는

14) 대표적인 사례로, 岡崎久彦, 『今年の国際情勢と日本外交』(大阪: 国民會舘, 2005); 西尾幹二(他), 『新しい歴史教科書: 市販本』(東京: 扶桑社, 2001); 藤岡信勝(他), 『新しい歴史教科書: 中学社会(改訂版)』(東京: 扶桑社, 2006).

추세에 있는 것이 현재의 실정이라 하겠다.

이러한 보수에로의 회귀 현상을 우려하면서 오에는 근대주의자 또는 진보적 지식인이라 불렸던 전후 최고 지식인 마루야마 마사오(丸山眞男) 서거 1주년 행사에서 오늘날 일본 젊은 지식인들은 마루야마 이전으로 돌아가고 있다고 개탄하고 있다.15) 오에는 주민 집단자결 문제가 일본군, 제32군, 게라마열도 수비대로 연결되는 군의 수직구조에 책임이 있다고 생각하고 게라마열도의 집단자결을 둘러싼 일본 본토와 오키나와 주민간의 인식의 갭을 메우려 노력해왔다. 그 이유는, 오에가 재판의 변론에서 고백하고 있듯이 50년간 소설과 에세이, 평론을 발표해 온 작가로서 1945년 패전에 따른 군국주의 체제로부터 해방된 소년이 새로운 헌법에 의한 민주주의, 평화주의 제도 속에서 자기실현을 해왔음에도 불구하고 전쟁 당시의 오키나와 집단자결 사건을 포함한 전후 오키나와 문제가 여전히 미해결의 과제로 남아있다는 문제의식 때문이다.

이와 같이 오키나와 문제는 일본에서 과거를 규명하고 이에 대한 비판적 성찰을 통해 바른 역사 인식을 세우려는 그룹과 이에 반대하는 그룹 간의 논쟁의 핵심 쟁점이라 하겠다.16) 요네야마 리사는 이와 같은 일본 민족주의의 차별적 역사를 다음과 같이 고발하고 있다.

> 전후 일본에 있어서 반-망각의 활동은 지금까지 대부분의 경우 현재 사회나 문화의 존재방식이나 세계 상황에 대한 의문을 낳아 왔다. 많은 사람들과 지역의 활동을 국가의 부정의가 빼앗아버린 사실을 왜 매장해버렸는가, 왜 보상하려고 하지 않는가 라는 문제제기 그 자체가 일본인이라는 위치와 일본이 전에 폭행을 저질렀던 지역의 사람들과의 역사적인 관계를 생각하거나 또는 성차별이나 민족차별, 그리고 남북 간의 경제격차라고 하는 보다 일상적인 사회적 부정의에 관하여 생각하는 문화비판의 계기가 되어

---

15) 『朝日新聞』 1976年 8月 19日, 참조. 여기에서 '마루야마 이전'이란 일본인의 의식이 전전의 상태로 돌아간 것 즉 전쟁에 대한 책임의식의 상실 또는 희박함을 비판한 것이다.

16) ヨネヤマ·リサ, "記憶の未来化について," 『ナショナル·ヒストリーを越えて』(東京: 東京大学出版会, 1998), pp. 235-236. 전후 일본에서 과거 전쟁 경험에 대한 '기억의 망각화'를 획책하는 국가의 폭력에 대항한 기억의 반(反)망각화 운동은 이의 단적인 예라 하겠다.

> 왔다. 일본의 식민지 지배에 관한 역사의 기억이 결여하고 있는 것이 옛 식민지 출신의 사람들에게 다양한 갈등과 모순을 초래해왔다고 한다면, 그러한 과거를 생각해내는 작업은 결국 현재에도 또한 식민지화된 위치에 있는 사람들에 대한 인권침해나 차별적 구조를 규탄하는 활동 또한 되어왔던 것이다. 그러나 현재 공적인 공간에서 일어나고 있는 일본의 전쟁과 식민지 지배의 폭력적인 학대를 공식적으로 인정하고 어떤 반성을 보여주려고 하는 변화는 오랜 역사의 망각에 의해 강요되어온 많은 사람들의 곤란과 고통에 대해 언급하고 망각에 의해 유지되어온 부정의에 관한 책임을 적극적으로 지려고 하는 태도라고 과연 말할 수 있는가?[17]

일본 내에서 민족주의에 관한 연구는 이와 같이 도덕적 가치관이나 정치적 이해관계에 따라 다양한 형태로 진행되어 오고 있다. 그런데 국내의 선행연구는 오키나와의 정체성 및 동화 문제, 혹은 전후 오키나와의 군사 기지화 및 반환문제, 그리고 이와 관련한 평화운동 및 동아시아의 질서 변동 등과 관련하여 주로 논의되어 왔다. 그러나 최근에는 오키나와 주민 집단자결에 관한 종래의 가해 vs. 피해, 자발 vs. 강제라는 이분법적 논의를 지양하고 오키나와 사건 그 자체의 과거 규명과 과거 성찰에 관한 연구도 진행되고 있다.[18] 따라서 이 글에서는 최근의 연구 동향에 주목하면서 오사카재판을 계기로 태평양전쟁 말기 오키나와에서 발생한 집단자결 사건과 이에 대한 사법부의 판단 및 일본사회의 반응을 살펴보고 일본 민족주의에 내재되어 있는 국가의 폭력성을 밝히면서 이 사건이 지니는 사상적 의미를 살펴보고자 한다.

2) 전쟁의 기억 : 오키나와전과 주민 집단자결 사건

그러면 오사카재판의 발단이 된 오키나와 주민 집단자결사건을 살펴보고 이를 둘러싼 오사카재판의 주된 쟁점을 살펴보자. 이 사건은 오에

---

17) 위의 책, p. 235.

18) 강성현, "'죽음'으로의 동원과 이에 대한 저항 가능성—오키나와 '집단자결'(集団自決)의 사례를 중심으로," 『민주주의와 인권』제6권 1호(2006).

의 『노트』에 오키나와전 당시 자마미섬(座間味島)에서 일본군 부대장이었던 우메사와 히로시(梅澤裕)와 아카마츠 요시츠기(赤松嘉次)가 주민에게 자결을 강요했다고 기술하고 있는데, 이것이 두 사람의 명예를 훼손했다며 가족 및 그 유족이 이에 대한 손해배상, 출판 금지, 사죄광고 게재를 요구하며 소송을 제기한 데서 비롯된다. 문제가 된 『노트』는 오에가 오키나와 소재 출판사로부터 오키나와 관련 자료를 수집, 오키나와전쟁에 관해 오키나와 지식인들과의 인터뷰 등을 통해 분석, 이미 출판된 전쟁 체험자의 '증언집'과 1950년 처음 간행되었던 『오키나와전쟁 기록·철의 폭풍(鐵の暴風)』을 참고로 집필한 것이다.[19]

그러면 오키나와에서 발생한 주민 집단자결 사건이란 무엇이며 어떻게 진행되었는지 살펴보자. 태평양전쟁에서 일본의 패색이 농후해지고 있던 1945년 3월 전쟁 종결 후 아시아에서 오키나와의 전략적 중요성을 깨닫기 시작한 미군은 약 1만여 병력으로 오키나와 공략작전을 개시했다. 이에 대항하여 일본군 오키나와 수비대는 9만 6000명 병력을 포함하여 현지 일반 주민을 향토방위대에 소집하고 중학교 남녀 학생까지 동원하여 철혈근황대나 여자학도대 등에 편입하는 등 본토 결전을 위한 준비 시간 연장을 목적으로 철저한 지구전에 돌입했다.[20] 이 과정에서 오키나와주민은 3개월에 걸친 미군과 일본군간의 치열한 지상전투에 휘말려 '철의 폭풍'이라 불리는 격렬한 포격과 폭격에 노출되어 많은 희생자를 내게 되었다.

1945년 3월 이오지마(硫黃島)의 함락과 함께 4월에 미군은 오키나와

---

19) 沖縄タイムス社, 『鉄の暴風: 沖縄戦記』(那覇: 沖縄タイムス社, 1970). 이를 참고로 오에는 『오키나와 전후 세대』를 발표하는 등, 본토 주민들이 헌법상 기본권을 보장받으며 평화주의 체제하에 살던 것을 주제로 표현한 과거의 자신을 반성하고, 전후 미군정하에 어려운 삶을 살아온 오키나와 주민의 삶에 관한 에세이를 쓰게 된다. 예를 들면 『오키나와노트』 이후, 에세이집 『고래가 사멸하는 날』(1972), 『오키나와경험』(1981), 『말하기 어려운 한탄을 품고』(2001) 등이 그것이다.

20) 사전(廣辭苑)에 의하면, 혼도(本土)란 本國 또는 本地를 말하며, 屬國 또는 屬地 등에 대하여 주된 국토를 의미하며, 달리 혼슈(本州)라 부르기도 한다. 혼슈란 일본 영토의 근간을 이루는 최대의 섬을 말하며, 동으로 태평양, 서로 동해, 북으로 쓰가루해협을 사이에 두고 홋카이도(北海道), 남으로 세도내해(瀨戸內海)를 사이에 두고 시고쿠(四國) 및 규슈(九州)에 면해 있다.

모토지마(沖縄本島)에 상륙했다. 미군의 화염방사기를 사용한 철저한 소탕전에 맞서 싸우다가 섬의 남단까지 내몰린 일본군 잔존 부대의 조직적인 저항은 6월말 오키나와 수비대의 괴멸과 더불어 끝나고 오키나와는 미군에 점령당하게 된다. 미군 상륙 이후 약 3개월에 걸친 오키나와전에서 전사 및 사망자는 일본 측에서 약 1만8천명으로 추산되는데 희생자 가운데 당시 오키나와 주민 1/4에 해당하는 1만 여명이 포함되어 있다. 이 과정에서 철혈근황대·여자학도대 등에 편성되었던 소년·소녀를 포함한 일반 주민 다수가 전투에 휩쓸리거나 일본군의 전투에 방해가 된다는 등의 이유로 집단자결로 내몰리거나 희생되었다. 특히 일본군에 의해 유아가 살해당하거나 스파이 용의로 학살당한 주민은 물론 일본군의 참호에서 내쫓기고 전화에 쫓기다 자결한 주민도 다수 있었다. 또 일본군 수류탄으로 집단자결하거나 서로 죽이고 죽는 일이 일어났는데 희생자는 8백명 이상에 달했으며, 게라마섬에서만 7백명을 넘는 노인과 어린이들이 집단자결하는 사건이 발생하기도 했다. 게다가 생존 희생자 가운데 일부는 전쟁 종결 전후 굶어 죽거나 말라리아 등에 의한 사망하게 되는데 이를 합하면 일만 명을 족히 넘는다.

이러한 참혹한 사건이 발생하게 된 것은 당시 섬을 지배하던 수비대장이 미군의 공격으로부터 주민을 진지 내에 수용하는 것을 거부하고 투항을 권고하러 온 주민들을 스파이로 처형하는 등 긴박한 상황 속에서 게라마섬과 토카시키섬(渡嘉敷島) 주민에게 집단자결을 강요한 명령의 결과였다. 결국 이 사건은 일본군, 제32군, 토카시키섬 수비대, 황민화 교육을 받아 온 오키나와 주민으로 이어지는 일본 제국주의의 수직 구조를 배경으로 발생했던 것이다.[21]

이노키 마사미치(猪木正道)가 지적하고 있듯이 오키나와 주민의 집단자결은 수직 구조적 명령 체계하의 군명이 현실화된 것이며 군국주의로 무장되어 있던 획일적 명령 체계의 마지막 순간에 발생한 이미 장치되어 있던 시한폭탄과도 같은 명령이었다.[22] 집단자결을 무효화하는

---

21) 沖縄タイムス社, 『鉄の暴風: 沖縄戦記』(那覇: 沖縄タイムス社, 1970), pp. 33, 38-39.

22) 猪木正道, 『軍国日本の興亡—日清戦争から日中戦争へ』(東京: 中公新書, 1995),

새로운 명령을 내리지 않고 섬 주민들을 그대로 방치하여 마지막 순간을 초래했기 때문이다. 미군의 상륙이 현실화되고 공격이 치열해지는 가운데 전투가 최종 국면에 접어들자 집단자결 밖에 방법이 없다고 판단한 오키나와 주민들은 집단자결을 실행에 옮기게 되었다. 결국 판단의 유보가 섬 수비대장이 내린 '결단'이었던 것이며 주민의 집단자결을 현실로 만들었던 것이다.

당시 장면이 미야기 하루미(宮城晴美)의 작품 『어머니가 남긴 것』에 다음과 같이 생생하게 묘사되어 있다.[23] 촌장대리가 말하길 '이제 마지막 때가 왔군요. 우리도 온 힘을 다해 군에 협력하겠습니다. 그래서 젊은이들은 군에 투입시키고 노인과 어린이들은 군의 작전에 방해가 되지 않도록 충혼비 앞에서 옥쇄하려고 하는데 탄약을 주시오.' 이에 대해 수비대장은 '오늘 밤은 일단 돌아가시오. 돌아가 주시오' 라고 대답한다. 운명의 결정적 순간인 1945년 3월 25일 자마미섬 지도자들이 수비대장이 있는 참호로 찾아가는 이 정경은 매우 인상적이다.

우리는 오키나와 수비대장의 대답에서 매우 강한 현실감을 읽을 수 있다. 여기서 중요한 것은 무엇보다 중요한 선택을 책임지고 결단하지 않으면 안되는 수비대장이 질문을 받고도 대답을 유보했다는 점이다. 당시 수비대장의 언사는 일본인 특유의 말투 즉 판단의 잠시 유보라 해석할 수도 있다. 그러나 문제는 수비대장이 판단을 유보하고 있는 동안 그때까지 축적되어왔던 군의 수직구조를 관통하는 집단자결의 명령이 섬 주민들에 의해 현실 문제로 나타났다는 데 있다. 여기서 게라마열도에서 자행된 주민 집단자결 사건의 계기가 무엇인지를 살펴볼 필요가 있다.

첫째, 일본은 근대화 과정에서 국민통합을 통한 국민국가를 이루기 위해 철저한 황민화 교육을 실시했다. 후에 상술하듯이, 이는 오키나와에 침투시키고 있던 국민 사상, 일본군 특히 제32군이 오키나와 주민에

---

pp. 251-65. 이노키는 일본군국주의를 청일전쟁 이후 일본 군부를 중심으로 형성된 정치세력을 의미하며 이들에 의해 자행된 전쟁을 '자폭전쟁'이라 규정하고 있다.

23) 宮城晴美, 『母の遺したもの: 沖縄·座間味島「集団自決」の新しい証言』(東京: 高文研, 2000), 참조.

게 시행하고 있던 군관민 공생공사(軍官民 共生共死)의 방침, 그리고 열도 수비대라는 수직 구조의 강제력으로 구체화되어 나타났다.

둘째, 미군의 오키나와 상륙 및 공격과 함께 미군이 주민을 학살하고 강간한다는 등의 전쟁 관련 루머와 정보를 들 수 있다.

셋째, 역사적으로 포로가 되는 것을 금지하는 일본인의 정신문화와 군으로부터 주민에게 제공된 수류탄 그리고 이에 동반한 구체적인 명령을 들 수 있다. 주민 집단자결은 이와 같은 계기들이 복합적으로 현실화되어 나타난 것이라 할 수 있다.

그런데 문제는 집단자결을 강요한 군명 즉 미군을 상대로 장기전에 돌입한다는 명분과 함께 살아남으려는 본토 일본인 부대의 작전을 방해하지 않기 위해 그리고 식량을 부대에 제공하기 위해 깨끗하게 자결하라는 명령에 따라 게라마섬에서 7백명을 넘는 노인과 어린이가 집단자결을 했다는 점이다.[24] 즉 본토 일본인 군대의 생존전략의 일환으로 어린이를 포함한 일반 주민들이 희생된 것이다. 국제법상의 전쟁수행 규칙을 들지 않더라도, 어떤 전쟁에서도 비전투요원이나 일반 시민을 희생시켜서는 안된다는 것이 자명한 전쟁의 윤리이기 때문이다. 더욱이 섬 주민들이 젊은 장교의 집단자결 명령을 받아들일 정도로 점잖고 온화한 무저항의 사람들이었다는 점을 상기한다면, 이 사건의 전말은 더욱 명확해진다. 그래서 오에는 1945년 토카시키섬에서 어떤 의식구조를 소유한 일본인이 어떻게 주민들을 집단자결로 몰아넣었는지에 관해 인간의 짓이라고는 생각할 수 없는 결단의 모습을 통해 굴절된 일본인의 정신구조를 비판하고 있는 것이다.

여기서 우리는 일본의 한 지식인의 고뇌를 엿볼 수 있는데, 오에는 자신의 문제의식과 과제에 대해 다음과 같이 서술하고 있다.

> 나는 그에게 직접 인터뷰할 기회를 갖고 있지 않는 이상, 이런 이상한 경험을 한 인간의 개인적인 자질이 무엇인가 추측하려고 생각하고 싶지 않다. 오히려 그런 개인은 필요하지 않다. 필요한 것은 한 사람의 일반적인 일본인의 상상력의 문제로 파악하고, 그 깊은 내면에 내재되어 있는 것을 도려

24) 大江健三郎, 앞의 책, p. 69.

낼 수 있도록 해야 한다는 과제일 것이다.[25)]

본토출신 전후 세대인 오에가 비판하는 보다 근본적인 또 하나의 이유는 장래 일본인이 과거 태평양전쟁 당시와 같은 군의 수직구조와 같은 틀 속에 넣어져 오키나와전에서 겪었던 비극을 다시 반복할 위험성이 있다는 점이다. 그래서 오에는 패전의 경험에도 불구하고, 일본인이 이 수직구조의 약점을 잘 극복하지 못하고 있다고 비판하면서 과거의 잘못을 반성하지 않고 왜곡하는 일본인이 아니라 과거에 대한 비판적 성찰을 통해 새로운 일본인으로 거듭날 수 있는지를 반복해서 제기하고 있는 것이다.

3) 사건의 쟁점과 주요 사법적 판단

그러면 오키나와 사건을 둘러싼 쟁점이 무엇인지 그리고 이에 대한 사법적 판단의 요지가 무엇인지를 살펴보자. 먼저 사건의 쟁점은 오에가 『노트』에서 자마미섬과 토카시키섬에서 발생한 주민 집단자결이 일본군의 수직구조에 의해 발생했다고 주장하는 점이다.[26)] 오키나와에서 발생한 주민 집단자결이 일본 및 일본군 그리고 현지 제32군까지를 관통하는 수직구조의 힘에 의해 강요되었다는 결론에 도달한 오에는, 이러한 수직 구조의 일선 지휘관으로서 오키나와의 노인과 어린이를 포함한 주민들의 집단자결에 직접 책임이 있는 수비대장의 패전 이후 오키나와를 향한 행동이 태평양전쟁 이전부터 전쟁 이후에 이르기까지 일본인의 오키나와에 대한 기본 태도를 대변하고 있다고 비판한다. 오에에 의하면, 사실 이 비판은 일본인 모두가 져야 하는 자기비판이며 동시에 오에 자신에 대한 비판이기도 하다.

오에의 자기비판이라는 문제인식과 달리, 원고측은 재판에서 일본군

---

25) 위의 책, pp. 208-9.
26) 오키나와 주민 집단자결에 관해 기술하고 있는 문헌 가운데 대표적인 것으로, 大江健三郎, 『沖縄ノート』; 家永三郎, 『太平洋戦争』; 中野好夫 『沖縄問題二〇年』등을 들 수 있다.

부대장이 토카시키섬과 자마미섬 주민에게 집단자결을 명령하지 않았음에도 불구하고, 오에 등의 저서에서 집단자결을 명령한 장본인으로 기술하고 있으며 구체적으로 오에는 『노트』에서 두 사람을 가리켜 거대한 죄 덩어리라고 표현하고 있는데, 이는 두 사람의 명예를 훼손한 것이며 명령에 의한 것이었다는 증언은 원호법의 적용받기 위한 것이라고 주장하고 있다. 원고측은 또한 미야기의 작품과 소노 아야코(曾野綾子)의 작품을 근거로 제시하며 집단자결을 명령하지 않았다는 것이 명백하다고 주장하고 있다.[27]

이에 반해 피고측은 우메사와와 아카마츠가 집단자결을 명령했거나 또는 명령했다고 믿을만한 충분한 이유가 있으며, 오에는 『노트』에서 우메사와와 아카마츠 등의 실명을 일체 기술하지 않고 있으며 따라서 특정 개인에 대한 비판에 해당되지 않는다고 주장하고 있다. 그리고 『노트』의 거대한 죄 덩어리란 표현은 집단자결로 죽은 다수의 시체를 가리키는 말이며, 명예훼손을 주장하는 원고측 주장은 오해일 뿐만 아니라 우메사와 명령설, 아카마츠 명령설은 원호법 적용 이전부터 존재해왔고, 이를 나타내는 다수의 자료와 문헌이 존재한다고 주장하고 있다.

2005년 8월 오사카지방법원에 제소된 이 사건은 2008년 3월 28일에 제1심판결이 났다. 재판부는 판결문에서 집단자결에 대한 일본군의 관여를 인정하는 한편, 그것이 부대장의 명령이었던가에 관한 직접적인 판단은 언급하지 않았다. 그러나 오에의 서술에는 합리적인 근거가 있으며 본 사건과 관련된 서적의 출판 당시에는 오에 등이 일본군이 명령한 사실이라는 것을 진실이라고 믿을만한 상당한 이유가 있었다고 말할 수 있다며 명예훼손은 성립되지 않는다는 판결과 함께 원고의 청구를 기각했다.

양측의 주장과 이와 관련된 사건에 대한 오사카 지방법원의 주요 판결 요지를 살펴보면 다음과 같다.

---

27) 宮城晴美, 『母の遺したもの: 沖縄·座間味島「集団自決」の新しい証言』(東京: 高文研, 2000); 曽野綾子, 『ある神話の背景―沖縄·渡嘉敷島の集団自決』(東京: 角川書店, 1977), 참조.

(1) 토카시키섬 집단자결과 아카마츠의 관여에 관한 판결 요지. 집단자결 체험자들의 체험담은 모두 자신들의 실제 체험에 근거하여 말한 것으로 구체성, 긴박성, 신뢰성을 지니고 있다고 인정된다. 아카마츠대위는 방위대원이었던 초등학교 오오시로 도쿠야스(大城德安) 교감이 수차례 부대를 떠났기 때문에 적과 내통할 위험이 있다고 판단하여 처형했다고 증언한 바 있는데, 일본군의 정보 누설을 염려하여 자결명령을 내렸다는 것은 쉽게 상상할 수 있다. 제3전투부대 소속 미나모토 요시히로(皆本義博) 증인이 부대의 입장에서 매우 귀중한 무기였던 수류탄을 주민에게 교부한 것에 관해 아마도 부대장의 양해 없이 멋대로 나눠주는 어리석은 병사는 없다고 생각한다고 증언하고 있다. 결국 수류탄이 집단자결에 사용된 이상, 아카마츠대위가 집단자결에 관여했다는 이 증언은 충분히 인정된다.

주민 집단자결이 발생한 모든 지역에는 일본군이 주둔하고 있었으며, 주둔하지 않았던 토카시키마을 마에시마(前島)에서는 집단자결이 전혀 없었던 점을 고려한다면 집단자결에 일본군이 깊이 관여했다는 것을 인정하는 것이 타당하다고 판단된다. 따라서 토카시키섬은 아카마츠대위를 정점으로 한 상명하달식 조직이었던 점이 인정되며 토카시키섬에서의 집단자결에 아카마츠대위가 관여했다는 것은 충분히 인정된다.

(2) 자마미섬 집단자결과 우메사와 증언에 관한 판결 요지. 우메사와는 본인 심문에서 수류탄을 방위대원에게 배포하지도 주민에게 내주지도 않았다고 증언하며 기사키(木崎) 하사관이 수류탄을 교부한 것에 관해, 기사키 하사관이 주민의 신변안전을 염려해서 저지른 일이 아닌가 하고 공술하고 있다. 게라마섬은 오키나와 모토지마 등과 연락이 단절된 채 식료 및 무기의 보급이 곤란한 상황에 처해 있었으며, 장비 품목의 살상 능력을 고려하면 수류탄은 매우 중요한 무기였다고 인정된다. 이러한 상황에서 부대장인 우메사와의 양해 없이 기사키 하사관이 주민의 신변안전을 염려하여 수류탄을 교부했다는 것은 부자연스러우며 빈약한 장비 밖에 없던 부대의 부대장 우메사와가 무기를 분산시키는 부하의 행동을 전혀 알지 못했다고 주장하는 것은 더욱 부자연스럽다. 따라서 우메사와가 작성한 진술서와 증언은 신뢰성에 의문이 있다.

(3) 『태평양전쟁』(家永三朗, 1968) 서술에 관한 판결 요지. 기재한 바와 같이 자결명령이 있었다고 인정하는데 주저하지 않을 수 없으나, 우메사와와 아카마츠가 관여한 것으로 인정된다.

(4) 『오키나와노트』(大江健三郎, 1970) 서술에 관한 판결 요지. 인용된 문헌 및 신문 보도에서 우메사와와 아카마츠를 특정할 수 있으며 잔인한 집단자결을 명한 자로 기재하고 있는 점은 명예훼손에 해당하나 이는 합리적인 자료와 근거가 있으며 진실이라고 믿을 만한 충분한 근거가 있다. 서술의 목적은 일본인의 존재양식을 생각하며, 독자에게도 반성을 촉구하는데 있다고 인정된다. 또한 우메사와와 아카마츠 두 사람이 당시 공무원의 지위에 있었다는 점을 덧붙인다면 공익을 도모하려는 목적에서 집필되었다는 것은 명확하며 오에의 서술은 의견 또는 논평의 영역을 벗어났다고는 할 수 없다.

(5) 원호법 적용을 목적으로 한 부대장명령 날조설에 관한 판결 요지. 1957년 원호법이 공포되기 이전인 1945년 4월에 작성된 미군의 '작전보고서' 가운데 집단자결은 일본군에 의한 지도라는 서술이 있으며, 1950년 발간된 『철의 폭풍』에도 군명 이전부터 군명설은 존재했다고 증언하고 있다. 즉 오키나와에 원호법의 적용이 의식되기 이전부터 군명설은 이미 존재했으며, 따라서 원호법 적용을 위해 군명설이 날조되었다고 하는 원고의 주장은 의문이 남는다.

(6) 미야무라(宮村幸延) 친서에 관한 판결 요지. 미야무라(자마미섬의 전직 원호계)가 작성했다고 하는 즉 원호 신청을 위해 자결명령이 있었다고 허위로 기재한 것을 인정하는 친서는 미야무라 자신이 친서 작성을 부정하는 글을 남기고 있을 뿐만 아니라 우메사와의 동행자로부터 술을 마시고 취해서 우메사와가 보여준 문서를 모방하여 작성했다는 증언이 남아 있다. 따라서 친서가 미야무라의 진의를 나타내고 있는지 의문이며 더욱 집단자결 당시 미야무라가 섬에 없었다는 사실을 고려할 때 친서의 내용은 신뢰할 수 없다.

(7) 데라야(照屋) 증언에 관한 판결 요지. 데라야(자칭 전 류큐(琉球) 정부 원호과 촉탁직원)가 구 원호과에서 구 일본군속 자격심사위원회 위원을 역임하고 토카시키섬에서 100명 이상으로부터 들었다으며 유족

에게 원호법을 적용하기 위해 군이 명령했다고 하는 등 자신들이 스스로 서류를 만들었다고 주장하고 있으나, 데라야가 류큐정부에 고용된 것은 기록상 1955년 이후이며, 배속된 곳은 원호과와 전혀 다르다. 따라서 1945년대 후반부터 원호과에 근무하며 현지조사 했다는 경력은 의문이며 또한 당시 데라야가 후생성에 제출했다고 하는 문서도 존재하지 않고 이 증언을 뒷받침할만한 증거 또한 없다.

(8)『어머니가 남긴 것』(宮城淸美, 2000)에 관한 판결 요지. 서술을 상세히 검토해보면 집단자결에 원호법을 적용하기 위해 원고 우메사와의 자결명령이 불가피했다고 까지 서술하고 있지는 않다. 오키나와 주민 집단자결에 관해서도 원호법이 적용되도록 강하게 요청하고 있었던 것은 인정하지만 이를 위해 우메사와 또는 아카마츠 명령설이 날조되었다고 까진 인정할 수 없다. 더 나아가 이 작품은 오히려 군의 명령이 있었다는 것을 근거로 하고 있으며, 작가의 어머니와 우메사와의 대한 내용은 원고의 주장과 매우 현저한 차이가 있다. 뿐만 아니라 기사키 하사관이 주민에게 도중에 만일의 사태가 발생할 경우 일본 여성으로서 훌륭한 죽음의 방법을 선택하도록 수류탄 한 개를 건네주었다는 에피소드도 기록되어 있는데, 이는 일본군 관계자가 미군의 포로가 되는 경우에 자결을 촉구하고 있었다는 기록으로서의 의미를 갖는다.

(9)『철의 폭풍』(沖縄タイムス社, 1970)에 관한 판결 요지. 사실 관계에서 잘못된 표기와 정확성을 결여한 부분은 있으나, 특히 전시 체제하 주민 및 비전투원의 동향에 중점을 둔 전쟁 기록으로서 자료적 가치를 지니고 있다고 인정된다.

(10)『어떤 신화의 배경』(曾野綾子, 1977)에 관한 판결 요지. 아카마츠 명령설을 명확히 인정하는 증거가 존재하지 않는다는 점에서 주장을 부정하는 견해의 유력한 근거가 될 수 있다. 그러나 주장을 번복하는 것이라고도 군의 관여를 부정하는 것이라고도 말할 수 없다. 또한 아카마츠 대위에 의한 자결명령이 있었다는 주민의 공술은 얻지 못했다고 서술되어 있으나, 주민이 어떤 공술을 했는지에 관한 상세한 내용이 없다. 더욱이 이에나가 교과서 검정 제3차 소송 제1심 증언에서는 아카마츠 부대로부터 비상소집을 주민에게 전달한 도미야미(富山) 병사

주임을 취재하지 않았다고 증언하고 있다. 이것이 사실이라면 취재 대상에 편견이 있다는 의문이 생긴다. 왜냐하면 작가는 당시 병사주임으로 아카마츠부대의 명령을 전달한 도미야마를 1969년 취재하면서 군명의 증언을 확인했음에도 불구하고 만난 적이 없다고 증언하고 있기 때문이다. 이 작품은 작가의 일방적인 견해로서 적절하지 못하다고 판단한 요소를 배제하고 있기 때문에 신뢰성이 없다.

결국 오사카지방법원은 이와 같은 사법적 판단을 통해 지상전에 휘말린 오키나와 주민들의 비참한 실태를 일본 국민들에게 올바로 가르치기 위해서는 군명, 즉 군에 의한 주민 살해와 함께 집단자결의 강요를 기재하는 것이 필요하다고 판결했던 것이다.

3. 일본 민족주의의 현재

그런데 문제는 앞서 살펴본 사법부의 판결에도 불구하고 오키나와 문제를 둘러싸고 일본 국내에는 첨예한 대립이 지속되고 있다는 점이다. 그러면 일본 국내 여론이 양분될 정도의 첨예한 대립의 원인은 무엇인가? 이 문제에 대한 해답의 실마리는 과거 태평양전쟁 당시의 일본의 민족적 애국주의로 무장한 군국주의에까지 거슬러 올라간다. 일본의 배타적이며 침략적인 민족주의는 때론 일본 민족의 근대화 과정에 영광의 모습으로 등장하기도 했으나 때론 아시아의 여러 민족 및 국가들에게 심대한 피해를 끼치기도 했다. 더욱이 심각한 문제는 배타적 민족주의의 차별성이 대외에 머무르지 않고 대내, 즉 일본 국민이란 틀 속에 포함시켜왔던 오키나와 주민에까지 나타나고 있다는 점이다. 이와 같은 차별적 폭력성 속에 내재되어 있는 일본, 일본인의 정신구조가 무엇인지를 살펴보기로 한다.

1) 일본인의 정신구조: '기억의 망각'과 역사 왜곡

오에는 섬의 책임자였던 두 수비대장을 구체적인 개인명을 밝히지 않은 채, 사건의 책임자라는 추상명사로 부르며 집단자결의 책임 문제를 제기하고 있다. 그 이유는 섬의 집단자결이 수비대장 한 사람의 개인적 명령이 아니라 일본군의 수직구조가 지니는 강제적 힘에 의해 초래되었다고 생각하기 때문이다. 즉 사건의 책임자는 일본군 명령 계통의 최전선 책임자에 이르기까지 명령 절차의 모든 단계에서 찾아볼 수 있다. 군으로서의 계급이나 전문 분야에서 수비대를 편성할 때, A, B, C라는 특정 개인명을 가진 장교 모두가 섬의 수비대장으로 선택되는 위치에 있었다 하더라도 그러한 A, B, C의 인간적 개성이나 자질의 상이함으로 인해 실제로 자행된 비극의 결말이 달라졌으리라고 오에는 생각하지 않기 때문이다.

그래서 수비대장의 개인이름은 그리 중요한 의미를 갖지 않는다. 섬 수비대장을 비판할 때, 오에가 전후에 그가 어떻게 책임질 것인가 하는 방법을 간접적으로 묘사했던 것도 이와 같은 연유에서다. 이러한 방법은 함께 책임을 회피하는 방법이기도 하다는 점에서 또 다른 문제가 되지만, 이 보다 더 중요한 것은 일본군이란 수직구조 속에서 한 수비대장이 1945년 오키나와전투에서 자행한 것과 같은 만행이 가까운 장래 전혀 다른 일본인에 의해 반복될 수 있다는 가능성이며 실제 오늘날 일본 사회가 이를 허용하는 방향으로 진행되고 있다는 사실이다. 이런 점을 통해, 오늘날 일본인이 전쟁 이전이나 전시하의 호전적인 일본인의 모습으로부터 자신들을 변화시키는 것이 매우 어렵다는 사실을 확인하게 된다. 일본 정치가들이 반성적인 자기 성찰이 없이 의도적으로(?) 그리고 공식적으로 야스쿠니신사 참배를 하는 것은 이의 단적인 예라 하겠다.

그래서 오에는 전쟁이 종결된 이후의 전 수비대장의 언행을 주시하며 인간으로서 그의 자질을 일본인의 자질과 연관시켜 비판했던 것이다. 오에가 묘사하는 일본인, 일본사회가 방조하고 있는 역사 왜곡의 한 장면을 살펴보기로 하자.

> 지금 《확실히 우리는 1945년의 토카시키섬에서 어떤 의식구조를 가진 일본인이 어떻게 해서 사람들을 집단자결로 몰아넣었는지, 인간이 할 수 있는 짓이라고는 도저히 생각할 수 없는 결단의 그리고 완전히 동일한 모습으로 재현의 현장에 서 있다.》 …(중략)… '때가 오면' 하고 생각하면서, 오로지 오키나와를 중심으로 역전의 기회를 계속 겨냥해 온 것은 토카시키섬 옛 수비대장에만 해당되지 않는다. 일본인의 실로 많은 다수의 인간이 실제 그렇고 무엇보다도 지난 전쟁의 여러 사건과 부친의 행동에 책임이 없다는 신세대의 무리가 이에 뒤따르려 하고 있다. …(중략)… 지난 전쟁 중의 여러 사건이나 부친의 행동과 완전히 동일한 것을, 일본의 신세대가 진정한 죄책감도 없이 그대로 반복해 버릴 수도 있는 모습으로 비칠 때, 그들로부터 거짓 죄책감을 없애는 절차만을 행하고, 반대로 그들의 윤리적 상상력에 있어 진정한 죄책감이란 씨앗의 자생을 촉구하는 노력을 하지 않는 것은 대규모 국가 범죄로 향하는 잘못된 구조를 재차 하나씩 축적해가는 것은 아닌 것인가.[28]

이와 같이 오에는 일본인, 일본사회의 전쟁 책임에 대해 묻고 이에 대한 아무런 사죄도 죄의식도 없는 일본의 총체적 국가 범죄를 염려하며, 국가로서 일본의 윤리적 상상력의 결여를 비판하고 있다. 그래서 오에는 수비대장이 1945년 섬 주민에 강요한 집단자결에 대해 역사적 경험과 다른 기억을 완성하고 몽상과 환상을 품고 그것을 현실에 옮기는 것 즉 역사 왜곡 또는 날조를 비판했던 것이다.

집단자살의 진위 여부를 확인하는 것도 중요하다. 그러나 필자가 더욱 관심을 갖는 것은 일본군의 오키나와 주민에 대한 불신과 주민 불신의 배경에 오키나와 주민에 대한 차별의식이 있었는가 하는 점이다. 앞서 살펴본 오키나와의 극단적인 체험은 국가(nation)는 존재하나 국민성(nationality)은 동일한 것이 아니란 것을 표상하는 것이며, 이는 곧 일본 민족주의의 허구성을 의미하는 것이기 때문이다. 그래서 일본 민족주의가 어떻게 형성되었는가, 적어도 오키나와가 일본의 근대화 과정에 어떻게 편입되었는가 하는 문제를 살펴보는 것은 오키나와 사건을 이해하는데 매우 중요하다 하겠다.

---

28) 大江健三郎, 앞의 책, pp. 211-2.

2) 황민화 교육과 오키나와의 비극

일본 민족주의의 형성과정을 이해하는데 가장 중요한 것은 교육칙어를 통해 실시된 황민화 교육이다. 황민화 교육은 일본제국의 지배지역에서 주권자인 천황에게 충성을 요구한 교화정책의 일환으로 황민화 정책이라고도 불리기도 하였으며, 내지(內地) 즉 일본의 본토로 외지(外地) 즉 식민지 영토를 불문하고 시행되었다. 이는 일본 민족에의 교화정책인 동시에 외지로 편입된 민족들에 대해 시행된 강제적인 동화 및 교화 정책이었다.[29] 여기서 간과할 수 없는 것은 당시 지배층이 국민과 식민지의 새로운 국민에 침투시키려한 만세일계(萬世一系) 천황을 기반으로 하는 국가공인 내셔널리즘이 무시할 수 없을 정도로 강했다는 점이다.

이에 관한 내용을 살펴보면 언어를 통제하거나 일본어를 표준어로 하여 공용어화하고 교육현장에서 방언이나 각 민족어를 금지했을 뿐만 아니라 심지어 가정에서조차 각 민족 고유 언어 사용을 금지하고 일본어 사용을 강요했던 것이다. 대표적인 정책으로 교육칙어를 들 수 있는데, 구체적인 내용은 학교교육에 있어 천황숭배의 강요, 일장기 계양과 일본국가 제창 등을 통해 일본인 의식을 강요했다. 신사나 신궁 등을 건립하거나 참배를 강요하기도 하고 국가신도와 종교정책 등을 추진하기도 했다. 결국 황민화 정책은 징병이나 식민지 지배를 강화하고 유지하기 위한 정책이었던 것이다.

이러한 황민화 교육은 외지나 점령지에서 각 민족의 전통이나 문화를 무시했을 뿐만 아니라 오히려 파괴하기도 했다. 이와 관련하여 황민화 교육이 민족정화 정책의 일환으로 자각적이며 의식적으로 진행되었다는 주장이 제기되고 있는 실정이다. 오늘날에 이르기까지 당시 황민화 교육의 영향으로 각기 자기 민족의 고유한 언어를 가지지 못하고 민족적 문화적인 정체성의 혼란을 겪는 등 후유증으로 고통을 받고 있는

29) 예를 들면 조선인, 대만인, 남서양군도의 주민들을 포함한 외지의 주민과 제2차 세계대전 당시 점령지였던 동남아시아의 선주 민족들, 그리고 드물게는 류큐 등 내지 거주민도 이 범주에 포함시키는 경우도 있다.

사람이 적지 않다. 역사학자들에 따르면 식민지주의가 남긴 고통과 공포 등의 후유증에서 벗어나기란 매우 어려우며 식민지주의를 청산하는 데 500년이란 인간이 경험할 수 없는 긴 시간을 필요로 한다는 주장도 있다. 이런 의미에서 보면 황민화정책이란 우생학적 자민족 중심주의로 타민족에 대한 말살을 정당화하는 이데올로기인 동시에 다른 한편으론 동화를 주장하고 있음에도 불구하고 실제로는 차이를 두고 차별하는 모순된 정책이라 하겠다.

그런데 이러한 황민화 정책을 옹호하는 일부의 논자는 일본인도 대등하게 처우한 정책이었다고 주장하기도 한다. 그러나 이러한 주장은 근거가 희박하며 오히려 일본인화시킨다는 발상 그 자체가 이미 일본인을 우월적인 지위에 두는 입장이며 따라서 차별의 은밀한 증거를 드러내는 것이라 할 수 있다. 또한 소수이긴 하지만 황민화 정책을 긍정적으로 평가하는 일부 논자는 국가에 기여하는 인재를 배출하기 위해 시행되었다고도 주장한다.[30] 현재의 인간에 대한 민주주의적인 보편적 가치관에서 보면 비판받아 마땅하나 당시로서는 동화정책에 의해 국민통합을 도모하는 것은 일반적인 현상이었으며 당연하다는 것이 이들의 논리다. 이들의 주장에 의하면 당시 서구 열강이 시행했던 식민지 지배와 현지 주민에 대한 처우와는 달리 황민화 정책은 사상과 언어의 통일에 의한 타민족을 일본 민족화하는 것으로 일본인과 식민지 주민을 대등하게 처우하려는 정책이었다는 것이다. 당시 일시동인(一視同仁)을 슬로건으로 내세웠던 점을 들어 이와 같이 주장하고 있으나 황민화 정책이 결국 당시 일본 민족주의가 구상했던 대동아공영권이란 논리로 연결되었다는 사실을 음미해 볼 때 이는 팽창적 제국주의 전략이라 할 수 있다. 결국 오오고에 아이코(大越愛子)가 지적하듯이 국민국가의 형성이 출판자본주의와 결합된 결과 문명화 이데올로기를 동반한 서구 민족주의와 식민지화라는 위기 속에서 엉성하게 만들어진 천황제국가 일본의 민족주의는 서구의 민족주의와는 결코 용이하게 동일시될 수 없는 성질의 것이었던 것이다.[31]

30) 참조. http://ja.wikipedia.org/wiki/%E7%9A%87%E6%B0%91%E5%8C%96%E6%95%99%E8%82%B2/ (검색일 2010년 8월4일).

그래서 일본의 패전 후 점령국 연합사령부는 국가를 위한 자기희생을 장려했던 황민화 교육과 정책이 군국주의 국가를 형성하는데 매우 커다란 역할을 담당해왔다고 판단하여 새롭게 민주주의 방식의 교육개혁을 실시했던 것이다.[32] 구체적으로는 교육칙어를 교육현장에서 배제하고 교육의 기본법으로서 교육기본법을 제정했다. 그럼에도 불구하고 표준어의 추진은 패전 이후에도 적극적으로 추진되어 왔으며 황민화 정책의 잔재는 오늘날에도 여전히 일본 사회에 뿌리깊이 남아있다.

이런 맥락에서 보면 일본 제국주의 세력의 핵심이었던 일본군에 의한 오키나와 주민 집단자살 명령은 본토 일본인의 우월적 민족의식이 작용한 결과로도 해석할 수 있다. 그러나 민족적 차별의식의 발로만으로는 이 문제의 복잡성을 설명할 수 없다. 국가의 배타적 권리인 주권도 국민의 안녕과 복지를 위한 것이라면 국가의 절대주권 행사가 국가의 필수구성 요건인 국민을 죽일 수 있는 권리까시 포함하는기 하는 문제는 여전히 의문으로 남기 때문이다. 그래서 오에는 '일본인이란 무엇인가, 이러한 일본인이 아닌 다른 일본인으로 자신을 바꿀 수 없는가' 라는 고난에 찬 질문을 던지고 있다. 이 문제를 내재적으로 이해하기 위해 오키나와가 근대 일본에 편입된 과정과 전후 처리과정을 살펴보자.

오키나와는 1868년 메이지유신의 성공과 더불어 시작된 일본 근대화 과정 속에서 류큐처분을 통해 일본의 일부로 편입되었다. 오키나와 주민은 일본의 근대국가에의 통합 과정에서 일본이란 국민국가의 틀 속에 짜 넣어져 철저한 황민화 교육을 받게 되었다. 이런 황민화 교육에 따라 일본인으로서의 국민 의식을 형성하게 된 오키나와 주민은 결국 1945년 오키나와전투의 비극을 겪게 되었던 것이다.

일본과 오키나와의 관계를 좀 더 거슬러 올라가면 1588년 도요토미 히데요시(豊臣秀吉)가 류큐왕 상령에게 사절 파견을 요청한 적이 있으

31) 大越愛子, "懺悔の値うちもない," 『ナショナル·ヒストリーを越えて』(東京: 東京大学出版会, 1998), p. 131.

32) 전후 일본 사회를 민주화하기 위해, 연합군 총사령관 맥아더는 '헌법의 기본 3원칙'을 제시하고 이를 기초로 한 평화헌법을 제시했다. 이와 관련된 구체적인 논의에 관하여 최기성·허진성, "일본 '평화헌법'의 경로의존성," 『국제정치논총』제51집 1호(2010), 참조.

며 이듬해 9월 류큐왕의 사자가 교토에 파견된 바 있다. 또한 1871년 일본정부는 대만에 표류한 류큐인들이 대만인에게 살해된 사건을 빙자하여 청국과의 교섭과정에서 류큐인에 대한 일본정부의 관할권을 주장하며 일본인의 피해에 대한 보복이란 명목으로 1874년 대만에 군대를 파견하였다. 이에 위협을 느낀 청국은 영국의 중재를 받아들여 일본에 소액의 배상금을 지불하고 일본은 대만에서 군대를 철수하게 된다. 일본정부는 이 때 체결한 조관에 류큐인을 일본국속민으로 명기함으로써 류큐가 일본령이란 점을 분명히 했다.[33]

그런데 일본이 오키나와를 실질적으로 지배하게 되는 것은 1872년 류큐처분을 통해 류큐번을 설치하면서부터다. 그 후 1879년 군대와 경찰을 동원하여 류큐왕국을 강제로 병합, 오키나와현으로 명칭을 바꾸고 일본제국에 완전히 편입시키고 류큐 주민을 일본 호적에 등록함으로써 '법적으로 일본인화'하였던 것이다.[34] 류큐를 병합한 후 일본 정부는 류큐인을 문화적으로 일본인화하고 일본에 대한 충성심을 고양하기 위해 일본식 교육제도를 도입하는 등 다양한 동화정책 특히 황민화 교육을 실시했던 것이다. 류큐인에 대한 완전한 일본인화 정책은 1899년 법률 제66호로 제정된 국적법이 홋카이도와 오키나와를 비롯한 일본 전역에 시행됨과 함께 일본국적을 획득하게 됨으로써 완성되었다.

그런데 패전 이후 오키나와는 샌프란시스코강화조약의 발효와 함께 새로운 독립국가의 출발점에서 본토 일본의 부흥과 발전을 위해 본토에서 분리되어 미국의 군사기지로 전락했다.[35] 이는 오키나와의 또 다른 수난의 출발을 의미한다. 왜냐하면 미국과 일본과의 전후 처리과정에서 드러난 이와 같은 사실은, 태평양전쟁 당시의 근현대사에서 확인할 수 있는 것처럼, 본토 일본인이 오키나와에 대해 취해온 차별적인 태도와 의식의 재현이기 때문이다. 이는 근대화 이래 오늘에 이르기까지 계속되고 있는 본토 일본인의 차별적인 태도를 잘 보여주고 있다.[36]

---

33) 小熊英二, 『「日本人」の境界: 沖縄·アイヌ·台湾·朝鮮—植民地支配から復帰運動まで』(東京: 新曜社, 1998), pp. 23-4.
34) 위의 책, PP. 21-3.
35) 宮里政玄, 『日米関係と沖縄——一九四五-一九七二』(東京: 岩波書店, 2000), 참조.
36) 豊田祐基子, 『「共犯」の同盟史—日米密約と自民党政権』(東京: 岩波書店, 2009),

본토 일본인의 이러한 차별적 태도는 전후에도 일본의 독립과 새로운 헌법 하에서 그 헌법의 보장으로부터 분리되어 있는 오키나와를 희생시키며 본토의 평화와 번영을 이룩해왔다는 사실을 통해서도 알 수 있다. 오키나와 문제는 이와 같은 역사적 문화적 차별에서 시작되었던 것이며 오늘에 이르기까지 해결되지 않고 남아있는 것이다.

더욱 심각한 문제는 본토 일본인이 오키나와에 대한 차별적 역사에 별로 관심을 가지고 있지 않으며 심지어 본토 일본인을 위한 오키나와 희생에 관한 역사적 사실도 제대로 인식하지 않거나 기억조차 하지 않고 있다는 점이다. 일본인의 이런 비정상적 정신구조를 강상중은 기억을 둘러싼 <내전>이라 부르고 있다.[37] 만일 이 사실을 인정한다면 이는 국민의 역사가 국민적 동일성이란 문맥에서 상상되는 과거에 지나지 않을 뿐만 아니라 매우 헤게모니적인 성격을 띠지 않을 수 없다.[38] 일본 제국주의의 기억의 망각은 소위 '외지' 이민족에 지나지 않았던 한국인, 대만인에 대한 차별 대우에서도 역력히 나타나며,[39] 일본은 곧 식민지제국에 대한 기억을 망각함으로써 비로소 이루어질 수 있었던 망각의 공동체라 할 수 있다.[40] 그래서 전후 일본의 민주주의는 패전으로 인한 진정한 민족적 순수성과 동일성으로 돌아가서 민족의 근원성을 명확히 자각할 것을 요구하고 있는 것이다.

일본과 오키나와의 이와 같은 굴절된 관계 속에서 오에는 일본인으로서 자신을 포함한 현재와 미래의 일본인에 관해 이러한 차별적 일본인이 아닌 새로운 일본인의 가능성을 모색했던 것이다. 왜냐하면 같은 일본인으로서 자기비판을 위한 계기로서 가장 명료한 문제군이 다름

참조.

37) 姜尙中, "丸山眞男における <國家理性>の問題," 『歴史学研究』제701호(1997), p.14.

38) Carol Gluck, "The Past in the Present," in *Post-war Japan as History*, ed., Andrew Gordon, (California: University of California Press, 1993), p. 64.

39) 김범수, "'국민'의 경계 설정: 전후 일본의 사례를 중심으로," 『한국정치학회보』 제43권 1호 (2009), p. 184. 청일전쟁에서 승리한 일본은 1895년 청국으로부터 대만을 할양받고 일본 국적법을 적용하여 대만인을 법적으론 '일본인'화했으나, 실제론 내지인과 동일한 대우를 하지 않고 외지인으로서 차별적으로 대우했다.

40) 姜尙中, 앞의 논문, p.17.

아닌 오키나와 주민 집단자결 사건이었기 때문이다. 그래서 오에의 관심은 1945년 오키나와전투에서 오늘에 이르기까지 오키나와 민중의 죽음을 저당으로 본토 일본인의 생명을 구했다는 명제가 오늘날 미국 중심의 핵전략 체제에 이르기까지 그대로 지속되고 있다고 하는 사실에 대한 인식으로 귀결된다.

여기서 오에는 살아서 본토로 돌아가 "우리, 즉 본토 일본인 사이"에 매몰되어 있는 사건의 책임자가 지금까지 오키나와를 향해 아무런 관심을 표명하지 않았을 뿐만이 아니라 사건의 피해자들에게 전혀 사죄와 용서를 구하지 않고 있다는 사실에 주목하고 있다. 그러나 이 개인의 행동은 지금 본토 일본인이 총체적으로 반복하고 있는 행동이기도 하다. 그래서 오에는 일본인의 전쟁체험에 대한 총체적 망각을 비판하면서 다음과 같이 질문하고 또 이에 대한 하나의 가능성을 제시하고 있는 것이다. 즉 부대장이 본토 일본인을 향해, 왜 나만 자신을 비난하지 않으면 안 되는가 라고 질문한다면, 바로 우리는 '그의 내면인 우리 자신'에게 더욱 가까이 다가가게 될 수 있을 것이라고.

그런데 이 문제가 지니는 본질은 기억의 망각에서 끝나는 것이 아니라 기억의 왜곡을 통한 확대 재생산 즉 왜곡된 거짓말이 기억의 망각 속에서 차츰 홀로 걷기를 시작했다는 데 있다. 최전선 책임자였던 수비대장이 주민 집단자결에 관한 사실의 왜곡과 함께 기억의 왜곡이 통용될 뿐만 아니라 확대 재생산되면서 자신이 만들어 낸 허위 이야기란 것조차 의식하지 않게 되었기 때문이다. 그래서 1945년 자행된 집단자결의 처참함이 본토에서는 차츰 표면화되지 않고 침묵을 지키고 있는 상황에서 수비대장은 본토에서처럼 오키나와에서도 자신에 대한 비판의 소리가 사라지게 되기를 몽상하게 되는 것이다. 여기서 오에가 비판하는 것은 자신의 과거 기억을 왜곡하면서조차 즉 자기기만과 타인에 대한 기만을 끊임없이 반복하며 점차 희미해져 가는 기억, 왜곡된 기억으로 자신의 죄를 상대화하면서조차 생존 희생자들과의 화해만을 기대하고 있는 인간의 왜곡된 심리상태와 정신구조이다. 자기기만의 심각성은 타인을 속일 뿐만 아니라 자기 자신을 속이면서 궁극적으로 타인을 속이는 자신을 스스로 볼 수 없게 만든다는 데 있기 때문이다.

오키나와 사건에 대한 성찰의 목소리가 침묵하게 된 풍토, 어느 누구도 1945년을 자신의 내면에 명료하게 다시 기억되길 바라지 않게 된 풍조 속에서 그의 거짓말은 근거를 확인할 수 없는 유령처럼 점차 홀로 걷기를 시작하게 되었던 것이다.41) 가해자의 기억의 망각이 어떻게 진행되어 나타나고 있는지, 이에 관한 오에의 묘사를 살펴보자.

> 본토에선 벌써 때가 왔다. 그는 오키나와엔 언제 그 때가 올까 호시탐탐 노리고 있었다. 그는 오키나와 토카시키섬에 돌아가 1945년 사실에 관한 그의 기억을 의도적으로 바꾸고 그대로 역전되리라 꿈꿨다. 이 난관을 돌파하게 되면 그가 오랜 세월 꿈꿔오던 기획은 비로소 완결되는 것이다. 내용인즉 다음과 같다. "당신들 본토 출신 무장 수비대는 피 흘리는 대신 쉽게 투항하고 전쟁 책임에 관한 추궁의 손길이 닿지 않는 곳으로 돌아가 선량한 시민이 되었다"고 하는 소리가 이미 오키나와에서 찾아볼 수 없을 것이라고. 게다가 여기까지 몽상하게 되면, 그는 25년만의 도살자와 생존 희생자의 재회에 달콤한 눈물에 싸인 화해라도 있지 않을까 하고 토카시키섬에서 실제 일어난 것을 구체적으로 기억하는 사람에겐 전혀 참을 수 없는 비뚤어진 환상조차도 품게 되었을 것이다.42)

이러한 기억의 망각과 왜곡, 집단자결이 일본군의 강요에 의해 행해진 것이 아니라는 일관된 사실의 왜곡은 특히 섬 수비대장이 오키나와 재방문에 앞서 발표한 담화를 통해서도 명확히 확인할 수 있다.43) 그는 집단자결이 있던 밤 자신은 몰랐다고 다음과 같이 주장하고 있다. '나는 전혀 몰랐다. 아마 마음이 약한 방위대원이 절망해서 가족을 죽음의 길동무로 삼기 위해 자살했다고 생각한다.' 이 주간지에서 그는 이에시마(家島)로부터 투항을 권고하러 온 여자 3명, 남자 3명을 처형한 것과 관련하여 '내가 촌장, 여성 청년단장과 어떻게 처치해야할지 상의하자, "포로가 된 사람은 죽어야 한다"는 의견이 지배적이었다'고 말하며, 역시 투항을 권고하러 온 두 소년에 대해 "'너희들은 미군 포로가 되었다. 일

41) 大江健三郎, 앞의 책, pp. 210-12.
42) 위의 책 pp. 211-12.
43) 『週刊新潮』 1968년 4월 6일. 이 담화는 전형적인 예라 하겠나.

본인이니까 포로로서 스스로 처신해라. 자살할 수 없으면 돌아가라"고 했다. 그랬더니 스스로 목을 매어 죽었다.'고 말하고 있다.

이 담화에 대해 오에는 죄를 부정하고 자기 자신을 기만하는 수비대장의 내면을 상상하면서 당시 책임자가 섬을 지키는 군의 책임자로서 자신이 한 짓에 대해 죄에 대한 인식이 없었을 리 없다고 지적하면서, 자기 내면의 사고 절차에서 죄를 죄가 없는 것으로 바꾼 조작을 자기기만이며 타인을 납득시키려는 작업을 타자에의 기만의 시도라 비판했다. 여기서 오에가 궁극적으로 비판하고 있는 것은 1945년의 비극을 잊은 채 문제를 상실해버린 본토 일본인의 태도이다.

여기서 우리는 수비대장의 말이 그의 패전 이후 어떤 신념에서 나왔는지 추론해보는 것도 유익하다. 오에가 지적하고 있듯이 몽상 또는 환상으로서의 자기중심적 소망은 도살자와 생존 희생자의 재회라는 표현을 통해 확산되고 있다는데 수비대장의 몽상의 특수성을 발견할 수 있다. 마지막 순간에는 자결하지 않으면 안 된다는 것을 오키나와 주민에게 강요해왔기 때문에 섬 주민들이 마지막 순간이 왔다고 생각했을 때 이에 대해 적극적으로 중지 명령을 내릴 수 있는 유일한 사람은 수비대장뿐이었음에도 불구하고, 그는 주민들의 집단자결을 막지 않았을 뿐만 아니라 그날 밤에 일어난 사건조차 몰랐다고 주장하고 있는 것이다. 이것은 현지 지휘관으로서 마지막 순간이라 믿고 있던 주민들을 방치한 것으로 그때까지 쌓여온 집단자결에 대한 명령이 실제로 실행에 옮겨진 것에 대한 거짓된 발언이다. 마지막 순간에 일어날 것을 그대로 방치한 것이 작은 사려분별만 있었어도 피할 수 있었던 것을 피할 수 없는 운명으로 만들어 버렸던 것이다. 수비대장에 대한 오키나와 주민들의 분노의 감정을 오에는 다음과 같이 상상하고 있다.

> 때가 왔다고 생각하고 나하공항(那覇空港)에 내린 옛 수비대장은 오키나와 청년들로부터 비난을 받고 토카시키섬으로 건너가려 할 땐 부두에서 오키나와 훼리와 보트로부터 승선을 거절당했다. 그는 말 그대로 이스라엘 법정에서의 아이히만과 같이 오키나와 법정에서 재판받아야 마땅했을 것이다. 그러나 오랜 세월동안 분노를 지속하면서도 온화한 태도밖에 표현하지 않는

> 오키나와 사람들은 그를 납치하지 않았다. 그런데도 우리는 가공의 오키나와 법정에 한 일본인을 세워, 아이히만의 증언에서 독일을 일본으로 대체하고 그의 입으로부터 고백하는 광경을 상상할 수 있는 상상력의 자유를 가진다. 그가 일본 청년의 진심으로 죄책의 무거운 짐을 없애는데 응분의 의무를 완수하고 싶다고, '어떤 고양감'과 함께 말하는 법정의 광경을 마음에 그려보는 상상력의 씁쓸한 자유를 가진다.[44)]

오에는 오키나와 주민에 자행된 일본군 범죄의 전형적인 예로 토카시키섬 집단자결을 들면서 이에 대해 법적 기관에 의한 어떠한 재판도 행해지지 않은 이상 어떤 형태로든 오키나와 법정이 열려야 한다고 주장한다. 그래서 그는 가상의 오키나와 법정을 상정하고 이 가상 법정을 통해 전후 일본 청년과 독일 청년을 비교하면서 이스라엘 법정에서의 아이히만의 증언을 인용하고 있는 것이다.[45)]

아이히만은 친구로부터 어떤 죄책감이 독일의 일부 청년층에 파급되고 있다는 말을 듣고, 이를 계기로 나치스·독일의 유태인 학살에 대한 범죄 추적반으로부터 도망하는 것을 포기하고 스스로 체포되어, 이스라엘 법정에서 자신을 공중 앞에서 교수형에 처하도록 제안했다. 그리고 그 이유를 '나는 진심으로 독일 청년의 죄책감의 무거운 짐을 없애는데 응분의 의무를 완수하고 싶다. 왜냐하면 이 젊은이들에게는 무엇보다도 지난 전쟁 기간 중 발생한 여러 사건이나 부친의 행동에 대해 책임이 없기 때문'이라고 그는 고백하고 있다. 이와 관련하여 아도르노(Theodor Adorno)가 1950년대 포스트나치즘이 유행하던 독일을 비판할 때 사용했던 '과거의 극복'(Aufarbeitung der Vergangenheit)이란 표현이 오늘날 일본에서 일어나고 있는 국가의 역사를 부분적, 선택적으로 억압에서 해방함으로써 역사를 마무리하려고 하는 지(知)의 프로세스 문제를 파악하는데 매우 적절할 것이라고 제안하는 논자도 있다.[46)] 그러나 오에가 우려하고 있듯이 오늘날 일본의 청년들은 독일 청년들과

---

44) 大江健三郎, 앞의 책, p. 213.
45) Cf. Arendt, Hannah, *Eichmann in Jerusalem: a report on the banality of evil*, revised and enlarged ed:, (New York: Viking Press, 1963).
46) ヨネヤマ·リサ, 앞의 논문, p. 236.

달리 과거의 전쟁에 대한 죄책감이 없다. 오히려 전쟁의 책임에 관해 아이히만과 섬 수비대장의 생각은 정반대이다. 아이히만은 독일의 청년이 느끼고 있는 죄책감의 무거운 짐을 덜어주기 위해 죄를 자청하여 교수형을 받고 죄의 값을 갚으려 했으나, 섬 수비대장이나 오늘날 일본 청년들에겐 태평양전쟁에 대한 책임의식과 죄의식은 어디에서도 찾아볼 수 없기 때문이다.

4. 결론

지금까지 살펴본 바와 같이 오키나와 주민 집단자결 사건과 관련하여 오사카 지방법원은 오키나와의 비극적인 역사를 일본 국민들에게 올바로 가르치기 위해 '군에 의한 주민 살해와 함께 집단자결의 강요를 기재하는 것이 필요하다'고 판결하고 있으나 오에가 우려하고 있듯이 오늘날 일본 사회는 오히려 보수화, 우경화의 경향이 심화되고 있다. 우리는 이런 현상의 배경에 작용하는 어떤 힘, 즉 일본의 국가이익에 관한 사법적 판단이 가지는 이성으로서의 법의 권위보다 감성으로서의 정치적 이념이 더욱 중시되는 풍조가 있음을 확인할 수 있다. 지금까지의 고찰을 통해 오키나와 사건은 일본정치에서 나타나고 있는 특수한 형태로서 민족주의의 발현이라고 해도 과언이 아니며, 과거 한 특정 시점에 발생한 역사의 한 장이기도 하지만 현재에도 끊임없이 논쟁이 지속되고 있는 일본정치의 핵심 쟁점임을 확인할 수 있다. 오키나와 사건이 내포하고 있는 몇 가지 특징을 요약하면 다음과 같다.

첫째, 오키나와 사건은 아직도 일본에선 "끝나지 않은 전쟁"으로 진행형이다. 태평양전쟁이 종결된 지 60여년이 지났음에도 아직도 오키나와는 미군의 동아시아 전략상 중요 거점으로 진정한 주권을 회복하지 못하고 있다. 이는 미일안보동맹의 밀약에 따른 결과이며, 밀약의 본질은 미국과 본토 일본 간의 국가이익의 교환이다. 오키나와의 반환 교섭 당시 일본정부의 밀사로 활약했던 와카이즈미 케이(若泉敬)는 교섭의 무대 뒤에서 경험한 무력한 현실을 다음과 같이 고백한 바 있다. 일본은 패전 후 생명선인 미일동맹을 지탱할 책무를 외면하고 그 책무를 오키나와에 강요한 채로 남겨두고 결실만을 안일하게 향유하려는 국가로 변질되었다.47)

전쟁에는 패했지만 비교적 순조로운 경제 부흥으로 본토 일본인은 전쟁 이전보다 훨씬 여유로운 생활 수준을 유지하게 되었음에도 불구하고, 한 때 본토 일본인과 같은 국가의 일원으로서 운명을 함께 해온 오키나와 주민들은 비록 패전의 결과라곤 해도 미소대립이란 냉전적 세계질서 하에서 고통을 지속해왔다.48) 이런 의미에서 오키나와는 단순히 일본과 미국의 협간에 처해 있는 것이 아니라 세계의 접경에 처해 있다고 해도 과언이 아니다.49) 후텐마(普天間) 미군기지 이전문제에 상징적으로 나타나고 있듯이 오늘에 이르기까지 오키나와는 일본의 영토라고는 하지만 모든 정책적 혜택에서 가장 먼 거리에 있는 것이다.50)

전후 일본의 안전보장이란 렌즈를 통해서 보면 오키나와는 결국 본토 일본과의 사이에 하나의 커다란 단절로 나타난다. 단절이란 다름 아닌 태평양전쟁에서 유일하게 지상전을 경험한 오키나와와 결전을 회피하게 된 본토 일본 사이에 나타나고 있는 사회적 현상을 의미한다. 도요타 유키코(豊田祐基子)가 적절히 지적하고 있듯이, 더욱 심각한 문제는 패전은 일본인 모두에게 평등하게 찾아왔으나 이 때 발생한 단절은 전후 60년을 경과하면서 축소되기는커녕 오히려 확대되고 있다는 사실이다.51) 지금도 진행 중인 오키나와의 비극은 일본 군국주의의 역사적 체험을 둘러싸고 일본 국내뿐만 아니라 중국 및 대만, 한국 등의 피해자들에 의한 고발 등이 지속되고 있는 상황과 맥을 같이하고 있다고 할

---

47) 豊田祐基子, 『「共犯」の同盟史―日米密約と自民党政権』(東京: 岩波書店, 2009), p. 282.

48) 若泉敬, 『他策ナカリシヲ信ゼムト欲ス: 核密約の真実』(東京: 文芸春秋, 2009), 참조.

49) 小関藤一郎, "序にかえて," 『アメリカと日本の谷間―去勢されたオキナワ』(大阪: 清文堂, 1963), pp. 1-2.

50) 北岡伸一·御厨貴(編), 『戦争·復興·発展―昭和政治史における権力と構想』(東京: 東京大学出版会, 2000).

51) 豊田祐基子, 앞의 책, p. 283.

수 있다. 예컨대 위안부 문제를 살펴보더라도, 가해자인 일본은 근본적인 해결 방안을 제시하지 않고 감정적인 대응에 치중하는 등 논쟁이 지속되고 있으며, 아직도 진행형으로 문제해결의 실마리조차 찾지 못하고 있는 실정과도 흡사하다 하겠다.[52)]

둘째, 오키나와 사건은 일본문화의 특수성을 보여준다. 일본은 전쟁에서 패하는 것을 죽기보다 싫어하는 민족으로, 죽음 그 자체는 정신의 승리이고 살아남으려 하는 것은 군인으로서 영웅적 행위를 해치는 것으로 교육받아 왔다.[53)] 따라서 전쟁에서 패할 경우, 죽음을 선택하는 것이 전통적으로 군인으로서 명예로운 행위이며, 일본인에게 명예란 죽을 때까지 싸우는 것이었다. 그래서 적에게 항복하는 것은 명예를 잃는 것이며, 명예를 잃는다는 것은 곧 죽은 자, 곧 일본인으로서의 생명이 끝났음을 의미하는 것이었다.[54)]

일본인의 이러한 전통적인 생사관에서 볼 때 중요한 문제는 앞서 언급한 오키나와 수비대의 행위를 어떻게 이해해야 할 것인가 하는 점이다. 그 이유는 비전투원으로서의 주민에게는 집단자결을 강요하면서 결과적으로 본토 출신 군인들은 살아서 본토로 돌아갔기 때문이다. 이런 사실은 일본의 전통적인 문화, 관습에서는 납득될 수 없으며 일본이 천황을 중심으로 단일민족으로 형성되었다는 주장이 한낱 신화에 불과하다는 사실을 반증하는 것이기도 하다. 결국 오키나와 사건은 천황제에 근거한 가부장제적 위로부터의 간섭 개입에 의해 조직되어 왔던 민족주의와 중첩되긴 하나 결코 동일하지 않은, 따라서 정치적 공동체의 근거로서 근대적 의미의 민족주의에 포섭되지 않는 향토애에 근거한 오키나와주민 즉 이질적인 타자(?)에 대한 군부의 폭력정치의 한 단면이라 말할 수 있다.

셋째, 오키나와 사건은 일본 관료주의의 우월성과 동시에 그 실패의 한 단면을 보여준다. 오사카 지방법원의 판결에 대한 일본정부의 반응 즉 오키나와 주민을 자국민으로 인정하고 있음에도 불구하고 전쟁에

52) 大越愛子, 앞의 논문, pp. 123-140.
53) 루스 베네딕트, 『국화와 칼』(서울: 을유문화사, 1974), p. 51.
54) 위의 책, p. 53.

대한 일체의 책임에 대해 인정하길 거부하고 있는 것은 매우 아이러니하다. 메이지유신 이후 서양의 근대문명을 받아들이면서 일본은 일관된 팽창주의 국가전략을 통한 국가이익의 극대화를 빠른 속도로 추진해왔는데, 오키나와사건은 이러한 일본의 관료집단, 군부, 정치가의 팽창주의적 근대화 정책이 실패한 종합 작품인 동시에 본토 일본인의 차별적 우월성에 기초한 제국주의적 발로의 소산이라 할 수 있다.

결론적으로 이 글은 오키나와의 특수한 전쟁체험을 통한 과거사의 규명과 이에 내재하는 사상적 함의를 살펴보는데 주된 의도가 있으며 따라서 일본의 과거사에 대한 종합적인 성찰에 이르지 못했다는 한계를 지닌다. 그럼에도 불구하고 오키나와 집단자결 사건과 이에 대한 사법적 판단 그리고 일본인의 왜곡된 정신구조를 살펴봄으로써 오키나와 문제가 일본의 배타적 민족주의의 중층성에 기인한다는 사실을 확인하게 되었다는데 의의가 있다 하겠다. 오키나와 주민이 경험했던 고통스러운 과거사의 기억을 통해 얻을 수 있는 교훈이 있다면, 그것은 소수자인 동시에 피해자로서의 오키나와야말로 일본사회가 서로의 상이함을 인정하고 배려하는 다문화사회임을 알리는 새로운 역사의 기점에 서있다는 점, 즉 일본의 다문화사회에로의 전초기지 역할을 담당하기에 충분한 과거의 경험과 미래의 비전을 가지고 있다는 점이다. 요네사와 리사가 제안하고 있듯이 역사를 어떻게 망각할 것인가가 아니라 어떻게 역사를 극복할 것인가가 더욱 중요하기 때문이다.[55)]

---

55) ヨネヤマ·リサ, 앞의 논문, p. 236.

참고문헌

강상규, "일본의 유구병합과 동아시아 질서의 변동－한반도와의 정치적 관계를 중심으로," 『지방사와 지방문화』 제10권 1호(2007).

강성현, "'죽음'으로의 동원과 이에 대한 저항 가능성－오키나와 '집단자결'(集団自決)의 사례를 중심으로," 『민주주의와 인권』 제6권 1호(2006).

김범수, "'국민'의 경계 설정: 전후 일본의 사례를 중심으로," 『한국정치학회보』 제43권 1호(2009).

문소정, "오키나와 반기지투쟁과 여성평화운동," 『사회와 역사』 제69권(2006).

박훈, "동화론(同化論)과 오키나와 아이덴티티－오타 쵸후(太田朝敷)의 동화주의를 중심으로," 『사회와 역사』 제73호(2007).

루스 베네딕트, 『국화와 칼』 (서울: 을유문화사), 1974.

오구마 에이지, 『일본 단일민족신화의 기원』 (서울: 소명출판), 2003.

윤덕민, "미일 오키나와 반환협상과 한국외교," 『국제정치논총』 제31집 1호(1991).

최기성, "일본 민족주의의 허상: '오키나와'의 비극," 『아시아연구』 제12권 1호(2009).

최기성·허진성, "일본 '평화헌법'의 경로의존성," 『국제정치논총』 제51집 1호(2010).

홍진희, "오에 겐자부로의 오키나와 이해－『오키나와 노트(沖縄ノート)』를 중심으로－," 『日語日文學硏究』 제59권 2호(2006).

Arendt, Hannah, *Eichmann in Jerusalem* (New York: Viking Press), 1963.

Benedict, Anderson, *Imagined Communities: Reflections on the Origin and Spread of Nationalism* (London & New York: Verso), 2006.

Gellner, Ernest, *Nations and Nationalism* (Oxford: Blackwell), 1983.

Gluck, Carol, "The Past in the Present," in Andrew Gordon(ed.), *Poest-war Japan as History* (California: University of California Press), 1993.

Hobsbawm, Eric, *Nations and nationalism since 1780: programme, myth, reality* (Cambridge: Cambridge University Press), 1990.

明田川融, 『沖縄基地問題の歴史: 非武の島, 戰の島』 (東京: みすず書房), 2008.

阿部仁三, 『日本思想戰大系—日本民族主義』 (東京: 旺文社), 1947.

安良城盛昭, 『天皇·天皇制·百姓·沖縄:　社會構成史研究よりみた社會史研究批判』 (東京: 吉川弘文館), 2007.

ベネディクト·アンダーソン 『想像の共同体ーナショナリズムの起源と流行(增補版)』 (東京: NTT出版), 1997.

石原昌家(他), 『争点·沖縄戰の記憶』 (東京: 社會評論社), 2002.

伊藤正德(他), 『硫黄島血戰から沖縄玉碎まで』 (東京: 中央公論社), 1960.

猪木正道, 『軍國日本の興亡—日淸戰爭から日中戰爭へ』 (東京: 中公新書), 1995.

大江健三郎, 『沖縄ノート』 (東京: 岩波書店), 1970.

大越愛子, "懺悔の値うちもない," 『ナショナル·ヒストリーを越えて』 (東京: 東京大學出版會), 1998.

大城將保, 『沖縄戰の眞實と歪曲』 (東京: 高文硏), 2007.

大城將保, 『沖縄戰: 民衆の眼でとらえる「戰爭」(改訂版)』 (東京: 高文硏), 1988.

沖縄縣文化振興會公文書館管理部史料編集室, 『沖縄戰硏究』 (那覇:　沖縄縣教育委員會), 1998.

沖縄タイムス社, 『挑まれる沖縄戰:　「集団自決」·教科書検定問題報道總集』 (那覇: 沖縄タイムス社), 2008.

沖縄タイムス社, 『鐵の暴風: 沖縄戰記』 (那覇: 沖縄タイムス社), 1970.

アーネスト·ゲルナー 『民族とナショナリズム』 (東京: 岩波書店), 2000.

小熊英二, 『「日本人」の境界: 沖縄·アイヌ·台湾·朝鮮 植民地支配から復歸運動まで』(東京: 新曜社), 1998.
小熊英二,『單一民族神話の起源: 「日本人」の自畫像の系譜』(東京: 新曜社), 1995.
姜尙中, "丸山眞男における <國家理性>の問題,"『歷史學硏究』제701호 (1997).
北岡伸一·御廚貴(編),『戰爭·復興·發展—昭和政治史における權力と構想』(東京: 東京大學出版會), 2000.
儀同保,『ある沖縄戰: 慶良間戰記』(東京: 日本図書センター), 1992.
小森陽一·高橋哲哉(編),『ナショナル·ヒストリーを越えて』(東京: 東京大學出版會), 1998.
酒井哲哉,『近代日本の國際秩序論』(東京: 岩波書店), 2007.
曾野綾子,『ある神話の背景—沖縄·渡嘉敷島の集団自決』(東京: 角川書店), 1977.
瀧口剛, "「極端なナショナリズム」の時代—戰時体制,"『ナショナリズムの時代精神—幕末から冷戰後まで』(奈良: 萌書房), 2009.
田中和男, "一等國民意識の浸透と動搖—明治後期のなナショナリズムの諸相,"『ナショナリズムの時代精神—幕末から冷戰後まで』(奈良: 萌書房), 2009.
田中宏,『戰後60年を考える: 補償裁判·國籍差別·歷史認識』(東京: 創史社), 2005.
知念村史編集委員會,『戰爭体驗記』(知念村: 知念村), 1994.
寺崎修・玉井淸,『戰前日本の政治と市民意識』(東京: 慶應義塾大學出版會), 2005.
豊田祐基子『「共犯」の同盟史—日米密約と自民党政權』(東京: 岩波書店), 2009.
豊平良顯,『悲哭—沖縄戰』(東京: 講談社), 1985.
中村政則,『昭和の記憶を掘り起こす: 沖縄、滿州、ヒロシマ、ナガサキの極限狀況』(東京: 小學館), 2008.
中村和市,『アメリカと日本の谷間—去勢されたオキナワ』(大阪: 淸文堂), 1963.

長妻三佐雄, "連續と斷絶の相克―占領とナショナリズム,"『ナショナリズムの時代精神―幕末から冷戰後まで』(奈良: 萌書房), 2009.

西尾幹二,『新しい歷史教科書「つくる會」の主張』(東京: 德間書店), 2001.

西川長夫,『日本回歸·再論: 近代への問い, あるいはナショナルな表象をめぐる鬪爭』(京都: 人文書院), 2008.

西川長夫,『國民國家論の射程: あるいは「國民」という怪物について』(東京: 柏書房), 1998.

西谷修・仲里効,『沖縄/暴力論』(東京: 未來社), 2008.

藤原彰,『沖縄戰―國土が戰場になったとき』(東京: 青木書店), 1987.

エリック·ホブズボーム,『ナショナリズムの歷史と現在』(東京: 大月書店), 2001.

丸山眞男, "政治學に於ける國家の概念,"『丸山眞男集(第1卷)』(東京: 岩波書店), 1996.

秦郁彦,『現代史の虛實: 沖縄大江裁判·靖國·慰安婦·南京·フェミニズム』(東京: 文藝春秋), 2008.

宮城晴美,『母の遺したもの: 沖縄·座間味島「集団自決」の新しい証言』(東京: 高文硏), 2000.

宮里政玄,『日米關係と沖縄――九四五-一九七二』(東京: 岩波書店), 2000.

山城幸松・金容權,『日本「帝國」の成立: 琉球·朝鮮·滿州と日本の近代』(東京: 日本評論社), 2003.

米原謙·長妻三佐雄(編),『ナショナリズムの時代精神―幕末から冷戰後まで』(奈良: 萌書房), 2009.

ヨネヤマ·リサ, "記憶の未來化について,"『ナショナル·ヒストリーを越えて』(東京: 東京大學出版會), 1998.

琉球プロジェクト,『沖縄のうねり: 集団自決「軍命」削除の教科書檢定抗議:』(那覇: 琉球新報社), 2007.

若泉敬,『他策ナカリシヲ信ゼムト欲ス: 核密約の眞實』(東京: 文芸春秋), 2009.

제5장

일본정치와 재정적자

-국채발행과 관리정책을 중심으로-

김 용 민

1. 서론

일본은 1990년대 거품경제 붕괴 이후 불황에서 벗어나기 위해 감세 정책과 공공투자를 확대 실시해 재정적자가 크게 증가하고 있다. 특히 공공투자의 증가는 장기불황으로 인한 세수부족 상황에서 국채발행을 통한 재원조달로 재정의 국채의존도를 크게 상승시키고 있다.

일본의 국채발행은 재정법에 의해 엄격히 규정하고 있다. 그것은 제2차 세계대전 중에 전비마련과 종전직후 일본은행의 국채인수로 통화량이 크게 증가해 인플레이션을 야기했기 때문이다. 1947년에 제정된 재정법 제4조에서는 국채발행을 원칙적으로 금지하고 있지만 조건부로 공공사업비 등의 재원조달에 대해 국회의결을 거친 금액의 범위 내에서 발행을 인정하고 있다.[1] 이 규정에 의해 발행된 국채를 건설국채라 한다. 재정법에서는 경상경비의 재원조달에 대해서는 인정하고 있지 않지만 건설국채 발행만으로 세입부족이 예상될 경우 경상경비를 충당하기 위해 특례공채(적자공채) 발행을 인정하고 있다. 또한 재정법 제5조에는 일본은행 인수에 의한 국채발행이 원칙적으로 금지되어 있어 국채발행은 모집인수단 방식, 공개입찰 방식, 대장성(현 재무성)자금운용

---

* 이 장은 "일본의 국채발행과 국채관리정책에 대한 고찰"(『아시아연구』 제10권 1호)에 실린 논문을 수정하고 보완한 것이다.

1) 재정법 제4조는 일본재정의 특징이라고 할 수 있다. 제4조의 규정은 재정운영에 있어 (1) 세입(조세수입+세외수입)=세출의 관계로 재정균형의 원칙이다. (2) 조건항목이 적용될 때에는 세입(조세수입+세외수입+공채)=세출의 관계를 나타낸다. 외국의 경우 세출-세입(조세수입+세외수입)=공채의 관계가 적용되는 곳이 많아 재정운영에서의 일본적 특징이라고 할 수 있다. 片桐正俊(編), 『財政学』(東京: 東洋経済新報社, 1997), p. 110.

부의 인수방식으로 이루어 졌다. 모집인수단 인수방식은 시중 금융기관과 증권회사 등으로 구성된 모집인수단이 일반 투자가의 응모를 모집하여 응모액이 발행 예정액에 미치지 못할 경우 잔액을 부담해서 인수하는 것이다. 공개입찰 방식은 응모자의 입찰 상황에 의해 국채의 발행조건과 발행액을 정하는 것이다.[2)]

전후 국채발행이 시작된 이후 모집인수단에 의한 국채인수는 증권회사를 통해 개인, 법인 등의 일반 투자가에 일부 판매되었지만 약 90%는 모집인수단의 멤버인 시중 금융기관에 의한 것이었다. 대장성은 국채의 발행금리를 저리로 유지하기 위해 모집인수단이 보유하고 있는 국채를 시중에 매각하지 않도록 유도했다. 이러한 통제 형태의 국채관리는 중일전쟁 이후에 형성되어 전후에 계승된 것이다 . 그러나 공모입찰이 본격적으로 시작된 1978년 이후 모집인수단에 의한 국채인수 비율이 감소하고 공모입찰에 의한 국채인수가 증가하여 1997년에는 모집인수단 25%, 공모입찰 43%, 자금운용부에 의한 국채인수가 20%를 차지해 통제가 완화되기 시작했다. 통제가 완화된 것은 누적된 국채의 효율적 관리를 위한 것이었다.

이러한 상황을 근거로 재무성은 2003년 채무관리 정책에 관한 연구회를 발족시켜 국채관리정책에 대한 본격적인 검토를 시작했다. 이 연구회는 2003년 11월에 보고서[3)]를 제출했고, 이를 바탕으로 재무성은 2003년 12월 "국채관리에 대한 새로운 전개"를 발표했다. 국채관리에 대한 새로운 전개는 지금까지 국채발행을 지탱해온 모집인수단 방식을 대신할 국채시장 특별참가자 제도(국채전문 딜러제도)의 도입을 골자로 하고 있다. 재무성은 제도의 정착을 위해 2006년부터 모집인수단의 10년 만기 국채를 인수하지 않기로 결정하여 사실상 2005년도 모집인수단이 폐지되었다. 따라서 "국채관리의 새로운 전개"의 발표는 일본의 국채관리정책의 제도적 전환점이 되었다고 할 수 있다.

---

2) 中島将隆, "国債発行方式の新たな展開,"『証券レポート』1627号(2004), pp. 1-15; 中島将隆, "国債発行と現物市場の新たな展開,"『甲南経済学論集』第41号(2000), pp. 121-160.

3) 松重友啓·河西修, "公的債務管理に関する研究会報告書及び国債管理政策の新たな展開について,"『フイナンス』3月号(2004), pp. 54-60.

이 글은 일본정치와 재정적자의 관계에 대해 분석하는 것을 목적으로 한다. 이러한 관계분석은 정치인들이 지지기반 확보를 위한 공공투자 확대의 지속적 요구와 경기호황일 때도 국채의 상환보다는 공공투자 확대에 적극적인 자세를 취했기 때문에 재정적자 요인으로서 정치인의 역할 검토가 중요하기 때문이다. 또한 정치문제와 함께 경제적 관점에서의 재정적자 문제를 검토할 필요가 있다. 그것은 국채발행의 증대 요인과 국채관리정책에서의 공공부문 역할에 대해 검토할 필요가 있다는 것으로, 국채관리를 효율적으로 수행하기 위해 공공부문에 편중되어 있는 국채보유에 다양성을 추구하고 유동성 확대를 위한 경제적 측면의 국채관리정책이 중요한 역할을 하기 때문이다.

이하 제2절에서는 중앙과 지방의 재정적 관계를 중심으로 재정적자 형성 과정에 대해 살펴보고, 재정적자와 정치체계와의 관계에 대해 고찰한 후, 재정적자 확대가 예상되는 상황에서 국채발행이 증가한 이유에 대해 제3절에서 분석한다. 그리고 제4절에서는 내각별 국채발행 상황을 살펴보고, 제5절에서는 국채발행 증가의 경제적 영향에 대해 분석한다. 제6절에서는 국채발행과 누적국채의 효율적 관리를 위한 국채관리정책의 변화에 대해 고찰하고, 제7절에서는 결론을 도출하고 향후 연구과제에 대해 논한다.

2. 재정적자의 형성 메커니즘

공공사업과 지방재정은 밀접한 관계를 갖고 있고, 전후 성장 중시의 경제운영에서 중요한 역할을 했다. 그것은 공공사업이 지역개발 정책에 유도되어 도로, 항만, 공항, 상하수도 시설 등 사회간접자본과 민간기업의 생산기반을 형성하게 하는데 기여했기 때문이다. 또한 공공사업은 경제성장과 함께 인구의 대도시 집중에 따르는 생활기반 시설의 확충과 경제성장 과정에서 발생하는 지역간 경제격차 해소를 위한 수단으로 이용되었기 때문이다. 문제는 지방정부가 지역의 특성을 살린 내생적 발전이 아닌, 해당지역으로 공공사업을 유도해 산업기반을 구축했다는 것이다. 이러한 공공사업의 추진은 특히 건설업을 중심으로 지역의 고용과 소득확보의 수단으로 이용되어 지역경제의 공공사업 의존도를 높였다.

이처럼 공공사업은 지역개발을 중심으로 진행되었고, 지방정부를 공공사업에 동원하는 구조가 형성되었다. 지방정부는 지역경제 활성화를 위해 공공사업을 적극적으로 추진했고, 열악한 재정상황에서 필요한 재정의 많은 부분을 중앙정부에 의존하게 되었다. 이러한 체질은 일본의 정치체계와 관계가 있다.

일본은 55년 체제를 배경으로 '정부·여당의 2원적 체계'가 성립되었다. 이 체계는 선거에 의한 정권교체의 가능성이 없다는 것을 전제로 성립한 것으로 자민당이 정권을 담당하고 야당은 정권획득을 포기하고 다당화가 진행되어 자민당의 정치적 우위를 정착시키려는 것이라고 할 수 있다. 이러한 체계는 공공사업과 관련해 정·관·재의 이익유도 정치와 밀접한 관계를 갖고 있다. 그것은 기득권 확보를 위한 재정운영과 공공사업의 지속적 추진으로 재정적자 확대의 요인을 제공했기 때문이다.

정치체제와 재정과의 관계를 시기적으로 조명하면 1947년으로 거슬러 올라간다. 1947년 제정된 재정법은 전전의 경험을 토대로 균형 재정주의를 원칙으로 했다. 그러나 균형 재정주의 원칙에 조건 항목을 추가해 공공사업비, 출자금 및 대부금의 재원으로 충당할 경우에는 국채발행이 가능하도록 길을 열어놓았던 것이다.[4] 1947년에 재정법이 제정되었지만 정치적으로 55년 체제가 성립할 때까지 유동적이었다. 그러나 정당정치가 활발하게 진행되면서 재정운영이 방만해지는 경향을 보이기 시작했다. 이러한 상황에서 대장성은 예산편성 과정을 중심으로 하는 정책결정 과정을 제도화하려는 움직임을 보였고, 자민당 내에서도 정무조사회를 중심으로 정책 심의기관이 정비되어 정부·여당 2원적 체제가 성립되었고 정치인의 활동에 규율을 부여하는 제도가 형성된 것이다.

4) 青木昌彦·鶴光太郎(編), "財政改革における政党と官僚制,"『日本の財政改革』(東京: 東洋経済新報社, 2004), p. 217.

55년 체제 성립이후 정치적 안정기에 접어들면서 자민당은 지지기반을 확고히 다지고자 했다. 그러나 1960년대 고도경제성장기에 접어들면서 이념적 대립보다는 도시와 농어촌과의 격차 문제가 정치적 문제로 대두되었다. 농어촌을 지지기반으로 하고 있는 자민당은 격차문제가 지지기반을 확고히 하는데 저해요인으로 작용한다는 판단아래 사회민주화 정책을 추진하게 되었다. 초기의 정책으로는 쌀값 유지와 안정에 최우선을 두었지만, 이후 지역개발의 균형적 발전이라는 측면에서 적극적인 공공사업을 추진하게 되었다.5)

이처럼 지지기반 확대를 위한 공공사업의 추진은 고도경제성장기에 본격적으로 실시되었고, 1970년대에는 석유파동에 의한 불황으로 경기부양을 위한 수단으로 사용되었다. 그러나 공공사업을 둘러싼 지방기업의 비효율적 사업추진이 문제가 되어 공공사업에 대한 개혁이 요구되었나. 그것은 고도경제성장기에 효율적 자원분배의 역할과 지방의 유력정치인과의 연결고리 역할을 담당했던 사업단·공사가 고도경제성장이 끝나면서 주어진 역할이 종료되었음에도 불구하고 폐지되지 않고 존속되어 공공사업 추진의 주요 역할을 담당해 재정적자의 요인으로 지적되었기 때문이다.6)

3. 국채발행의 증가 요인

공공투자 재원을 마련하기 위해 발행한 국채는 납세자가 납세자로부터 채무를 하는 수단인 동시에 채권 소유자에게는 이자소득이 발생하

---

5) 농촌지역의 공공사업은 농로정비, 관개공사 등을 통해 농업의 생산효율성을 향상시키는데 기여했지만, 농민부채 증가라는 부작용도 발생했다.

6) 초기의 사업단 및 공사·공단은 정부의 중요정책이었던 공공사업을 실행하기 위한 기관으로 일시적 정부기관이 팽창해도 사업종료 후 해산이 상정되어 있었기 때문에 문제시 되지 않았다. 그러나 고도경제성장 과정에서 방침이 변경되어 다방면에 걸쳐 공단이 설립되는 등 재정적자의 주요인으로 지적되고 있다. 片桐正俊(編), 앞의 책, p. 115.

는 금융자산이다. 이자와 원금은 장래의 국세수입에서 상환하게 된다. 즉 국채는 세수입을 담보로 하는 부채이며 이자지급과 상환이 확실한 신용리스크가 없는 금융자산이다. 그러나 경기부양을 위한 공공투자 증대는 국채발행을 증가시켜 최종적으로 국민경제에 부담을 안기게 된다. 만약 국채금리가 경제성장률보다 높은 상황이 계속된다면 국채잔고는 경제규모뿐만 아니라 국내저축을 상회할 수 있다. 그렇게 되면 국채의 금리가 상승해도 국채 구매자가 출현하지 않게 되어 증세를 하지 않으면 채무불이행 상황에 빠지게 된다.[7)]

일반회계에서 국채발행은 건설국채와 적자국채로 나누어져 있다. 건설국채는 앞에서 설명했듯이 재정법 제4조 1항의 조건부에 규정되어 있고 공공사업비와 출자금 등을 위해 사용한다고 명시되어 있지만, 적자국채는 재정법상의 규정이 없기 때문에 발행할 때마다 특례 공채법을 제정하여 발행하게 된다. 그러나 사용용도에 대해 애매한 부분이 많아 사실상 건설국채와 적자국채의 구별이 어렵다.[8)]

건설국채는 1947년 제정된 재정법 규정에 의해 발행되지 않았다. 그러나 1965년 불황으로 인해 세수부족 현상이 발생하면서 경기회복을 위한 일시적 방편으로 국채를 발행하게 되었다.[9)] 한편 적자국채는 1973년 석유파동에 의한 불황으로 경기부양을 목적으로 1975년 보정예산에서 추가 발행하게 되었다. 이것을 계기로 특례법에 의한 적자국채가 본격적으로 발행되어 1990년까지 15년간 적자국채가 발행되었다.[10)] 경기회복을 위한 국채의 대량발행은 누적 국채잔고를 증가시켜

---

7) 금융자산과 국채금리에 대해서는 富田俊基, "再定義を迫られる国債管理政策,"『知的資産創造』(東京: 野村証券経済研究所, 2001), p. 31; 김정일, "위험수준의 일본 국채시장,"『아태지역 동향』제147호(2001), pp. 37-38.

8) 건설국채와 적자국채의 사용용도가 명확히 구분되지 않는 부분이 있어 실질적으로 구분하기 어렵다. 土居丈朗, "国債政策をめぐる経済政策: 展望と示唆,"『フィナッンシャル プレビュー』第76号 (2005), p. 125.

9) 건설국채의 본격적 발행은 1966년으로 경기후퇴를 계기로 국채를 발행하게 되었지만 엄밀하게는 재정법 4조에 의한 국채발행이 아닌 특례에 의한 세입보전채(歳入補填債)로 발행되었다. 浅子友美·伊藤降敏·坂本知典, "赤字と再建: 日本の財政 1975-90,"『フィナッンシャル プレビュー』第21号 (1991), p. 2.

10) 1990년대 초반에는 적자국채가 발행되지 않았고 1994년 이후 적자국채 발행이 다시 시작되어 이후 적자국채의 발행이 건설국채의 발행액을 상회하게 되었다.

심각한 재정적자를 불러온다. 특히 석유파동 등의 영향으로 경기가 후퇴해 경기회복을 위한 정책을 적극적으로 추진하게 되었다. 이러한 적극적 정책은 재정적자를 심화시킨다는 인식이 확대되면서 1979년 12월 의회에서 재정재건에 대한 결의가 이루어졌다. 그러나 1970년대 세계적 불황상태에서 벗어나기 위해 1978년 7월 주요 선진국 정상회의에서 독일과 일본이 세계경제의 견인차 역할이 주어져 7% 성장의 공약달성을 위해 재정확대 정책을 채택하지 않을 수 없게 되었다. 그 결과 1980년도 국채발행이 14조 4,605억 엔으로 재정의 국채의존도가 32.6%로 증가했고 누적 국채잔고는 72조 엔으로 국가 세입결산의 44조 엔을 초과하게 되었다. 즉 세계적 불황으로 공공투자 확대 실시가 국채잔고를 크게 증가시킨 것이다. 재정적자 확대가 예상되는 상황 속에서 당시 국채발행이 용인되었던 이유는 다음과 같다.[11)]

첫째, 불황기에 공적자금에 의한 경기부양은 경기 호황기에 세수입 증가로 이어져 상환이 가능하게 된다는 견해가 있었다. 불황대책으로 경기부양을 위해 발행이 용인된 것은 케인즈(J. M. Keynes) 이후라고 할 수 있으며 수요창출은 단기적 이론이라고 할 수 있다. 문제는 불황대책보다 사회간접자본을 구실로 정치인이 공공사업을 위한 재원으로 국채에 의존하게 되었다는 것이다. 이러한 견해는 국내에서 국채가 소화되기 때문에 국민의 자산증가에 공헌하게 된다는 것으로 국민저축이 국채를 흡수하는 것에 불과하다는 논리이다.[12)] 그러나 경기호황으로 인한 세수입 증가가 국채상환에 거의 사용되지 않았고 오히려 정치인이 새로운 사업을 착수하게 하는 용도로 변질되어 국채잔고가 감소되지 않았고 그 결과 항상적으로 매년 수조 엔의 재정지출을 가져오게 되었다. 이것이 재정의 국채의존도를 상승시키는 요인으로 작용하게 된 것이다.[13)]

---

11) 金子貞吉, 『戦後日本経済の総点検』(東京: 学文社, 1994), p. 158.

12) 대량 국채발행이 용인되었지만 실질적으로 자본축적이 적은 단계에서는 효과가 있고 어느 정도 성장단계 또는 성숙된 경제에서는 효과가 작다고 할 수 있다. 이러한 사회간접자본의 관점에서 보면 국채의 발행은 경기조절의 기능과 자원분배의 기능이 있다고 할 수 있다.

13) 국채의존도의 증가는 제2차 대전 중 전비를 마련하기 위해 국채발행이 증가했던

둘째, 공공투자를 통한 사회간접자본 형성은 공적 자산으로 서비스를 받는 후세대에게도 서비스에 상응하는 부담을 해야 한다는 견해가 있었다. 이것은 장래세대의 입장에서 보면 과거의 세대가 자신의 장래에 대해 결정하는 것과 같은 의미로 경기회복을 위한 정책적 수단이었지만 정치인의 지지기반 유지를 위한 수단으로 전락되었다는 것을 보여주는 것이라고 할 수 있다.

이러한 국채발행의 용인에 더해 과거에 발행했던 국채는 만기가 도래하면 원금을 상환해야 하는데 정상적으로 상환한다면 재정파탄을 불러올 수 있다. 그래서 세수입 부족상황에서는 차환국채를 발행하게 된다. 이것은 실질적으로 국채의 만기를 연장하는 것과 같다. 결과적으로 신규 채권뿐만 아니라 거액의 차환채권이 시장에 유통되어 1997년 31.4조 엔, 2001년 59.7조 엔, 2008년에는 118조 엔으로 크게 증가했다. 여기에 2001년부터 재정투융자제도 개혁에 따라 재무채권이 발행되었는데 이것은 재정융자자금 특별회계가 재정투융자기관 융자를 담보로 발행하는 것으로 일반회계의 세수입 담보의 국채와 성격이 다르다. 그러나 재무채권은 보통국채(건설·적자국채), 차환국채와 같은 금융상품으로 발행되며 1997년 49.8조 엔에서 2005년도에는 167. 3조 엔으로 3.3배 증가했다.

4. 내각별 국채발행

국채발행 증가는 경기부양을 목적으로 발행했던 것이 가장 큰 이유이지만 경기 호황기에 국채상환에 대한 정치적 무관심도 한몫을 했다고 할 수 있다. 그 이유는 경제가 선거의 최대 쟁점이며 유권자인 국민의 최대 관심사로 정권재창출의 유인으로 작용하기 때문이다. 경기부양을 목적으로 국채를 발행하지만 경제정책의 입안과 실시는 정책목적보

1944년을 상회하는 수준이었다. 1999년도에는 의존도가 41.2%를 기록해 1945년 국채의존도가 42%와 거의 같은 수준을 기록했다.

다도 정치적 행위가 큰 비중을 차지하게 된다. 여기서 정치적 행위와 관련해 내각별 국채발행 상황을 검토하기로 하자. 전후 역대 내각을 전후처리 내각, 국제사회로 복귀하는 과정의 내각, 고도경제성장기의 내각, 경제대국·행정과 재정개혁시대의 내각, 연립시대의 내각으로 구분해 검토하면 다음과 같다.14)

첫째, 전후처리 내각은 제43대 히가시쿠니노미야 나루히코(東久邇宮稔彦王)내각에서 제47대 아시다 히토시(芦田均)내각까지로 구분할 수 있고, 국제사회로 복귀하는 과정의 내각은 제48대 요시다 시게루(吉田茂)내각에서 제57대 기시 노부스케(岸信介)내각까지로 구분할 수 있다. 전후처리 내각과 국제사회로 복귀하는 과정의 내각에서는 심각한 경기불황이 발생하지 않았고 균형 재정이 유지되어 국채발행과 연관이 없었다.

둘째, 고도경제성장 시대는 제58대 이케다 하야토(池田勇人)내각에서 제69대 오히라 마사요시(大平正芳)내각까지 구분할 수 있다. 이 시기에 이케다 내각의 소득배증 계획이 본격적으로 실시되어 고도경제성장 궤도에 진입하게 되었다. 이케다 내각 이후 제61대 사토 에이사쿠(佐藤榮作)내각에서는 1964년 올림픽 이후 발생한 1965년의 불황을 타개할 목적으로 적자국채를 발행하게 되었다. 국채발행은 일시적 경기불황을 타개할 목적이었고 1966년부터 1974년까지 적자국채는 발행되지 않았다. 1966년도부터 건설국채발행이 본격적으로 시작되었고 이후 발행액이 감소했지만, 1970년대 이후 증가 추세로 전환되었다. 그것은 앞에서 설명한 것처럼 세계적 경기불황과 공공투자 확대가 경기회복을 위한 수단으로 이용되었기 때문이다. 국채의 대량발행에 직면하게 되면서 1975년 이후 국채관리론 확립이 중요한 과제로 인식되기 시작했다. 이러한 인식은 적자국채의 재발행으로 국채누적이 크게 증가했기 때문이다. 재정재건이 1980년대 과제로 등장해, 1984년까지 적자국채 탈피를 목표로 설정했지만, 국민의 인기를 의식한 나카소네 야스히로(中曾根康弘)총리는 재임기간 내수 확대와 민영화를 추진하여 재정재건을 포

14) 역대내각의 구분은 구사노 아츠시(草野厚)에 의한 것이다. 草野厚, 『歴代首相別にみた経済政策』(東京: 角川書店, 2006), pp. 11-12.

기하게 되었다. 결국 경제호황기 때에도 적자국채 발행이 계속되어 공공사업 등에 투자하면 할수록 경제성장을 가속한다는 증명되지 않은 과신이 작용해 국채잔고가 크게 증가했다.

셋째, 경제대국·행정재정개혁 시대는 제70대 스즈키 젠코(鈴木善幸)내각에서 제78대 미야자와 기이치(宮澤喜一)내각까지로 구분할 수 있다. 이 시기의 내각은 1980년대에서 1990년대 초반의 내각으로 거품경제와 거품경제 붕괴를 경험했다. 1980년대 후반은 거품경제와 함께 자연적 세수입 증가로 국채발행이 감소되어 7조 엔의 국채발행에 대해 14조 엔의 국채를 상환했다. 그러나 거품경제의 붕괴로 세수입 감소와 함께 경기부양 정책으로 재정확대 정책이 사용되면서 국채발행이 크게 증가하게 되었다. 여기에 장기불황으로 인한 국채상환 자금의 부족현상이 발생해 상환을 목적으로 하는 차환채권 발행으로 국채잔고가 크게 증가했다.

넷째, 연립시대는 제79대 호소카와 모리히로(細川護熙)내각에서 현재까지의 내각으로 구분할 수 있다. 이 시기는 증가하는 국채의존도를 축소하고 재정개혁을 목표로 했다. 특히 재정개혁을 슬로건으로 내걸었던 하시모토 류타로(橋本龍太郎)내각이 선거참패를 이유로 사임하게 되면서 경기회복을 위한 공공투자 확대 여론이 형성되었다. 이러한 여론에 부응하듯 이후 등장한 오부치 게이조(小渕恵三)내각은 하시모토 전 총리의 재정개혁을 동결하여 재정확대 정책을 추진하게 되었다.[15] 이후 모리 요시로(森喜朗)내각을 거쳐 고이즈미 준이치로(小泉純一郎)내각에서는 삼위일체 개혁을 슬로건으로 재정개혁을 추진해 국채발행의 억제를 시도했다. 그러나 재임기간 2001년에서 2006년까지 억제된 것은 2회에 불과했고, 2001년 누적 국채액이 392.4조 엔에서 2006년 531.7조 엔으로 크게 증가해 재정개혁의 성과를 얻지 못했다. 그러나 고이즈미식 재정개혁이 계승되어 2007년도에는 신규 국채발행이 4.5조엔 감소한 25.4조 엔으로 크게 감소해 일정의 효과가 있었지만, 경기불

15) 오부치 내각이 발행한 40조 엔의 국채 대부분이 2008년에 상환을 맞이하여 차환채권 발행이 증가했다. 차환채권 발행은 2006년 108.3조 엔이었지만, 2015년에는 113.4조 엔으로 예상되고 있다.

황이 지속되면서 2009년도에는 33.3조 엔으로 증가해 공채의존도가 2008년의 30.7%에서 37.6%로 증가했다.

내각별 국채발행과 관련해 정권교체가 예상되는 상황에서는 국채발행이 증가하는 경향을 보였다. 그것은 1993년 비자민의 연립정권이 탄생한 후에 정권기반이 불안정하게 되어 정권교체의 확률이 높았고, 정권교체 이전의 1992년 국채의존도가 13.5%를 기록했지만, 1993년에 21.5%로 급상승했다는 점에서 확인할 수 있다. 물론 이 시기는 거품경제 붕괴로 경기부양을 위한 국채발행이 증가했다고 할 수 있지만, 정치적 측면에서 55년 체제 이후 자민당이 야당으로 전락하여 정권지속 가능성에 대한 인식변화가 작용한 것이라는 해석도 가능할 것이다.

정치적 측면에서의 국채발행 증가는 정치인의 지지기반 확대 및 유지를 위한 공공투자의 지속적 요구가 요인으로 작용했다. 이러한 국채발행의 증가는 국민경제에 영향을 미치게 된다. 그것은 재정적자에 의한 재정정책 추진의 압박과 금융정책에서의 금리조절과 안정에 영향을 미치기 때문이다. 또한 국채발행 증가는 후세대의 부담으로 작용해 세대 간 불화를 초래할 수 있다.

5. 재정적자 확대와 국채발행 증가의 경제적 영향

1) 재정적자 확대

<그림 1>은 1990년 이후 주요 선진국의 GDP대비 재정적자 추이를 나타낸 것이다. 1990년대 초기 일본의 재정적자는 주요 선진국에 비해 양호한 상태였다. 그러나 1990년대 중반 이후 주요 선진국들은 재정적자 축소가 관찰되었지만, 일본은 재정적자가 크게 확대되었다. 이것은 앞에서 설명한 것처럼 거품경제 붕괴 이후 경기부양을 위한 소득세 감면정책과 공공투자의 확대가 작용한 것이라고 할 수 있다. 2000년대에는 재정개혁이 진행되면서 총체적으로 개선되어가고 있는 모습이 관찰

되었지만 선진국에 비해 적자의 비중이 높게 나타났다. 한편, 2000년대 후반 세계적 금융위기의 발생으로 주요 선진국들이 적극적인 재정정책을 추진하면서 재정적자가 크게 확대되었다. 그러나 이러한 주요 선진국들의 재정적자는 금융위기로 인한 경기 순환적인 요소가 작용한 것으로 정치·경제의 구조적 요인이 일본과는 성격이 다르다고 할 수 있다.

〈그림 1〉 주요 선진국의 재정적자 현황

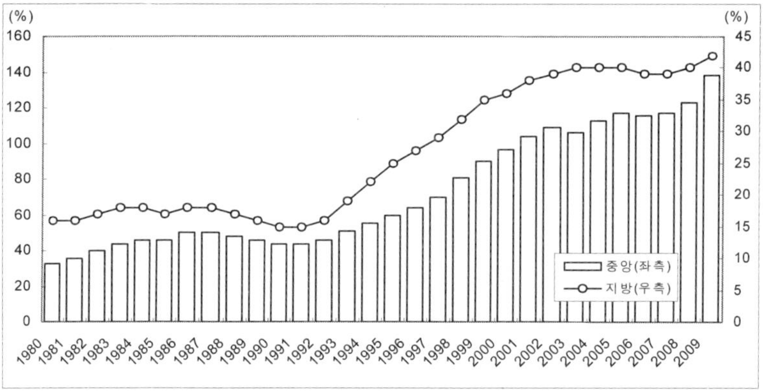

(주) : 일본과 미국은 사회보장기금 제외.
출처: 財務省, "財政関係基礎データ," 『日本の財政を考える』에 의거 작성.

재정적자의 증가로 장기채무 잔고도 크게 증가하고 있다. <그림 2>는 중앙과 지방정부의 장기채무 잔고 변화를 나타낸 것이다. 1990년대 이후 중앙정부의 장기채무가 급속히 증가해 2001년에는 GDP대비 100%를 초과했고, 2009년에는 GDP대비 138%를 기록하고 있다. 중앙정부의 장기채무 잔고 증가와 함께 지방정부의 장기채무 잔고도 급속히 증가하고 있다. 1994년 이전까지 지방정부의 장기채무 잔고는 GDP대비 20% 이하였으나, 1994년 이후 크게 증가해 GDP대비 40%를 기록하고 있다. 이처럼 1990년대 중반 이후 중앙과 지방의 장기채무 잔고가 크게 증가하고 있는 것은 앞에서 설명한 정치체제에 기인한 것이 크다고 할 수 있다. 즉 순환적 재정적자가 아닌 구조적 적자의 요인이 크다는 것이다.

〈그림 2〉 중앙정부와 지방정부의 장기채무 잔고 변화

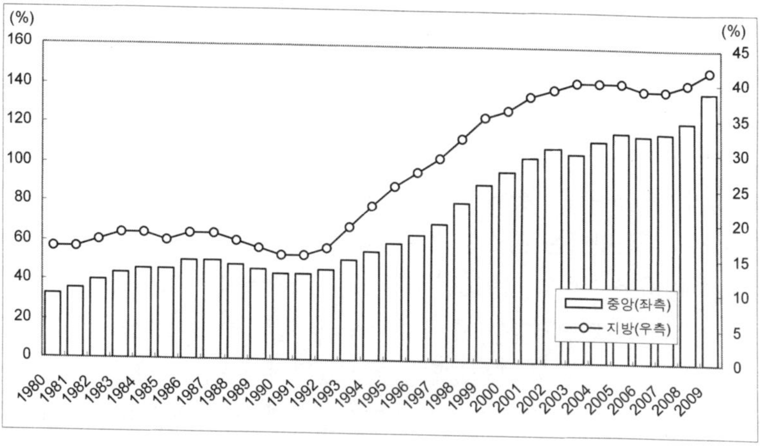

출처: 財務省, "我が国の1970年度以降の長期債務残高の推移,"에 의거 작성.

일본 재정적자의 특징은 첫째, 주요 선진국에 비해 심각한 수준에 있다. 재정적자는 단기적으로 경기악화에 의한 세수 감소와 경기부양을 위한 감세 및 공공투자가 요인으로 작용하지만, 구조적으로는 경제성장률의 저하, 팽창주의적인 재정운영, 고령화·소득수준의 상승 등에 의한 지출증가 압력이 요인으로 작용한다.16) 즉 경기후퇴에 의한 재정적자보다 구조적 요인에 의한 재정적자의 비중이 높다는 것이다.

둘째, 국민부담률이 낮다. 국민소득에 차지하는 조세부담과 사회보장부담의 합계인 국민부담률은 스웨덴 64.8%, 프랑스 61.2%, 독일 52.4%, 영국 48.3%에 비교해 일본은 39.0%를 기록해 OECD가맹국 중에서 미국, 한국, 스위스와 함께 낮은 부류에 속한다.17) 즉 국제적으로 일본은 주요 선진국에 포함되면서도 작은 정부에 해당되며 국민경제에서 차지하는 재정의 역할은 비교적 작지만, 커다란 재정적자를 안고 있는 구조라고 할 수 있다.

셋째, 중앙정부뿐만 아니라 지방정부도 재정적자를 계상하고 있다. 2009년 보통국채 잔고가 819조 엔으로 GDP대비 170%를 기록하고 있

16) 関野満夫, 『日本型財政の転換』(東京: 青木書店, 2003), pp. 12-25.
17) 일본은 2010년 기준이며, 일본을 제외한 국가들의 국민부담률은 2007년 기준이다.

고 이중 지방정부의 잔고가 198조 엔으로 GDP대비 42%를 차지하고 있다. 이러한 규모는 1996년 27%에 비해 크게 증가한 것이다. 이러한 관점에서 본다면 일본은 작은 정부를 표방하고 있지만, '큰 공공사업'과 '큰 지방재정'을 안고 있는 형태라고 할 수 있다.[18)]

넷째, 공채의존도가 상당히 높다. 일반적으로 경기후퇴 시 세수감소와 경기회복을 위한 공공투자 증가로 재정적자가 증가하지만, 경기가 호전되면 국채발행은 감소한다. <그림 3>은 국채발행과 공채의존도의 변화를 나타낸 것이다. 1970년대 세계적 불황속에서 일본은 경기부양과 세계경제의 견인역할이 주어져 내수 확대를 위한 공공투자를 확대했다. 공공투자를 위한 재원조달은 국채발행에 의한 것이었다. 그 결과 1979년도에는 공채의존도가 34.7%까지 상승했다. 이후 1980년대에 거품경제가 형성되어 공채의존도가 10%대로 낮아졌지만, 만기도래 국채에 대한 상환이 크게 진전되지 못했고, 1990년대 감세정책과 경기부양을 위한 공공투자의 확대로 국채발행이 크게 증가했다.

〈그림 3〉 국채발행과 공채의존도의 변화

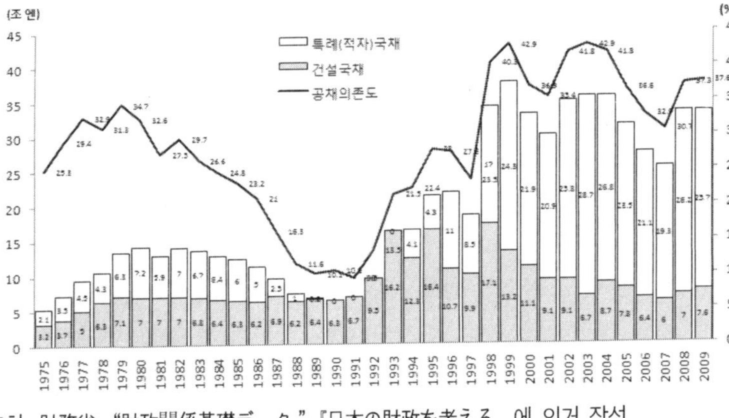

출처: 財務省, "財政関係基礎データ," 『日本の財政を考える』에 의거 작성.

18) GDP대비 채무 잔고의 국제비교에서도 일본의 채무 잔고가 심각한 수준이라는 것을 알 수 있다. 예를 들어 2000년 미국 61%, 영국 48%, 독일 61%, 이탈리아 121%였으나 일본의 경우 135%를 기록했다. 2007년에는 미국 65%, 영국 49%, 독일 64%, 이탈리아 117%였으나 일본은 170%를 기록했다. 자세한 내용은 재무성의 http://www.mof.go.jp/zaisei/con_03_g05.html 참조.

2) 국채발행 증가의 경제적 영향

(1) 유통시장의 변화

국채가 대량으로 발행되면서 국채시장에 변화를 가져오고 있다. 전후 국채인수는 모집인수단의 구성원인 금융기관에 집중되었고, 일반 공모는 증권회사를 통하여 발행액의 10%정도로 억제해 유통이 관리되었다. 이러한 관리정책은 1973년부터 국채의 일부를 대장성 자금운용부에서 인수하게 되어 더욱 엄격하게 되었다. 그 결과 1975년 일본은행이 국채발행 잔고의 3분의 1을 보유하게 되었다. 이러한 관리정책에 대해 1975년 이후 국채의 대량발행 시기에 금융정책의 하나인 공개조작 실시가 감소해 시중은행의 보유국채가 누적되어 할당방식에 의한 국채소화에 불만을 가지게 되었다.[19]

철저히 관리되었던 국채관리정책은 국채발행 비용을 억제하기 위해 인위적 저금리 정책이 추진되었지만, 점차 그 효율성이 상실되어 1977년 4월부터 은행보유 국채매각에 대한 제한이 완화되었다. 또한 모집인수단의 부담을 경감하기 위해 1979년부터 대장성 자금운용부의 자금 및 국채정리기금에서 국채를 인수하기 시작했다. 이러한 국채관리정책의 변화는 금리자유화에도 영향을 미쳤다. 이는 1983년부터 초장기(15년 이상 국채)국채가 기관투자가에게 직접 발행되어 신규 발행국채의 발행조건을 모집인수단을 상대로 결정할 수 없게 되면서 시장을 반영한 자유금리가 형성되었기 때문이다.[20] 또한 1984년 국채매매가 일부 금융기관에 허가되었고 도쿄 증권거래소에서 장기국채의 선물거래가 시작되었다. 이로써 증권거래소 거래로 유동성이 높은 선물시장과 단기금융시장의 재정을 통해 장기 국채시장의 가격이 형성되는 메커니즘이 완성된 것이다. 가격이 시장가격으로 자유롭게 결정되면서, 전후 규제금리체계가 붕괴되어 금리자유화가 진행된 것이다.

이러한 변화는 국채의 만기구성에도 영향을 미쳤다. 기존의 장기국채

19) 金子貞吉, 앞의 책, pp. 160-164.

20) 中島将隆, "拡大する日本国債市場の危機," 『証券経済』 第41号(2003), pp. 39-67.

중심에서 중기 국채발행이 증가해 장기국채 의존에서 탈피했지만, 이것은 실질적으로 유통의 만기조작이라고 할 수 있다. 또한 가격이 시장에서 자유롭게 결정되면서 장기금리의 변화를 초래했다. 국채에는 단기부터 초장기까지 상환기한이 다르며 일반적으로 장기국채로 불리는 것은 10년 국채로 그 이자율을 장기금리라고 한다. 장기금리는 금융기관의 기업용 대출 금리와 연동되어 있으며 상환기간이 장기에 걸쳐있어 물가변동 예측에 좌우될 수 있고 주택융자 등 장기융자의 기준금리로 작용한다. <그림 4>는 장기국채(10년)의 금리변화를 나타내고 있다.[21)]

<그림 4>에서 장기금리는 1980년대 후반 크게 상승했지만 1990년대 이후 금리가 하락일변도로 낮게 유지되다가 2000년대 중반에 접어들어 다시 상승 기조를 보이면서 수평상태를 유지하고 있다. 2000년대에는 금리변화의 움직임으로 국채관리에 대한 논의가 활발하게 진행되고 있다. 그것은 기존의 국채관리제도가 국채의 안정적 매각과 시장정비를 중심으로 진행되었다면, 장기금리의 상승 기조는 금융정책의 전개를 동시에 필요로 하기 때문이다. 금리 상승은 이자의 지불증가를 의미하고 유통시장에서 거래되는 국채의 가격이 하락하는 것을 의미한다. 이것은 국채 보유기관의 평가손을 초래하게 되기 때문에 시장경제의 영향을 최소화하는 정책의 전개를 필요로 한다.

장기금리 상승은 이자 지불비용의 증가를 초래해 정책의 자유도를 감소시키고 경제성장에도 악영향을 미칠 수 있다. 특히 장기금리는 가계와 기업의 투자활동에 중요한 변수역할을 하기 때문에 그 영향이 크다고 할 수 있다. 일반적으로 장기금리의 결정은 경제성장률, 기대인플레이션, 리스크 프리미엄(Risk Premium)의 요인에 의해 구성된다.[22)]

---

21) 이자수입의 감소는 소비지출에 영향을 미친다. 소비에 미치는 영향은 조세문제에 영향을 미치게 된다. 따라서 정부자금조달에 있어 국채발행과 과세, 어느 쪽을 선택하더라도 자원분배에 영향을 미치지 말아야 한다. 이것이 공채의 중립명제이다. Robert J. Barro, "Are Government Bonds Net Wealth?," *Journal of Political Economy*, vol. 82, no. 6(1974), pp. 1095-1117.

22) 예금금리 등을 명목금리라고 하며 명목금리는 실질금리, 기대인플레이션, 리스크 프리미엄의 영향을 받는다. 실질금리는 실질경제성장률과 거의 같다고 할 수 있다. 기업의 투자활동과 금리와의 관계를 예를 들면 기업은 수익창출을 위해 투자활동을 한다. 투자의 비용을 대출 금리로 생각한다면 기업은 투자에 의해 획득한

장기금리의 결정은 경제성장력이 있고 물가가 상승하고 있는 국가에서는 금리수준이 높아지며, 여기에 신용리스크 등의 불확실성을 포함한 리스크 프리미엄이 가산되어 결정된다. 장기적 불황에서 회복되어 실질경제성장률이 상승하고 디플레이션 상황에서 벗어나 인플레이션의 기조를 보인다면 국채금리는 상승하게 된다. 이것은 국채비(상환비용)의 상승을 초래해 정책추진의 자유도를 크게 하락하게 하는 요인으로 작용할 수 있다.

<그림 4> 장기국채의 금리 변화

출처: 日本銀行, (http://www.boj,or,jp/theme/research/stat/market/bond-mk/bondyield/index)에서 인용.

(2) 금리변화에 의한 국채비(상환비용)의 영향

국채발행은 신규 국채뿐만 아니라 차환채권, 재무채권의 3종류로 분류할 수 있다. 차환채권은 상환을 목적으로 발행한다. 이 채권은 만기별 규칙적으로 일부를 차환하는 것으로 전체 60년간에 걸쳐 완전 상환하는 60년 상환 규칙이 적용된다. 예를 들어 10년 채권이 만기가 도래하

자본의 수익률이 금리를 상회한다면 대출금액을 늘릴 것이다. 따라서 실질금리는 자본의 한계수익율과 같게 된다. 실질GDP는 각 생산주체의 부가가치합계로 정의되기 때문에 자본이 일정하다면 실질금리는 실질경제성장률과 같게 된다.

면 6분의 1을 상환하고 나머지는 차환채권을 발행해 60년에 걸쳐 상환한다는 것이다.[23] 이것은 매년 발행되는 차환채권의 금액이 국채의 만기도래에 의해 자동적으로 정해진다는 것을 의미한다.

재무채권은 재정투융자 활동을 기준으로 발행되며 재정융자 특별회계의 세입을 구성한다. 채권발행으로 조달된 자금은 정책금융기관 등을 통해 융자되어 정부채무에 포함되지 않는다.[24]

대량의 국채발행은 국채비(상환비용)증가의 형태로 재정을 압박하게 된다. 국채비란 일반회계 예산에서 국채의 상환에 충당하고 국채정리기금 특별회계에서 처리되는 비용이다. 즉 국가의 채무 상환비용을 의미하는 것으로 상환 및 이자 지불, 그리고 사무경비 등에 사용되는 총비용을 말한다. 일본은 1990년대 이후 저금리 정책을 유지해 국채비 증가를 억제했지만, 만약 금리가 상승할 경우 국채비가 크게 증가해 재정적으로 부담이 될 것이다. 이를 구체적으로 검토하기 위해 나타낸 것이 <그림 5>이다.

〈그림 5〉 국채비의 변화

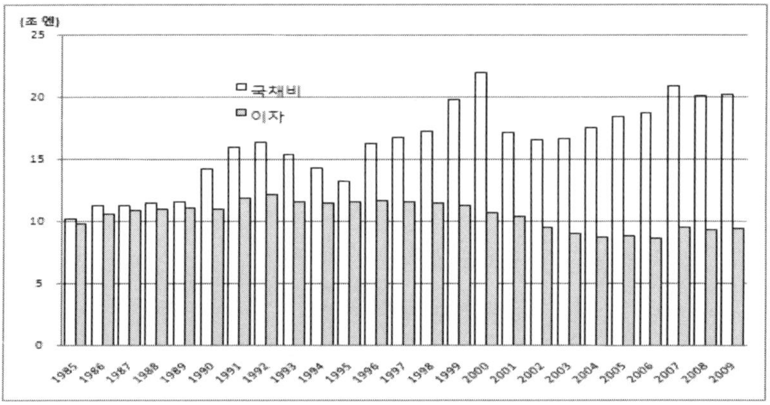

출처: 財務省, "財政関係基礎データ," 『日本の財政を考える』에 의거 작성.

23) 차환채권은 국채정리기금 특별회계의 세입으로 계상되어 일반회계 예산과는 구별된다.

24) 재정투융자란 재무채권발행 등 국가신용에 의해 조달된 자금을 재원으로 하여 정책적으로 필요하지만, 민간금융에서는 곤란한 장기자금의 공급 및 장기프로젝트 실시를 가능하게 하기 위한 투융자 활동이다.

<그림 5>는 세출에서의 국채비와 국채비에 포함되어 있는 이자지불의 변화를 나타낸 것이다. 1985년 국채상환 비용이 3,457억 엔, 이자지불이 9.8조 엔으로 전체 국채비가 10.2조 엔을 기록해 국채비의 대부분이 이자지불로 구성되었다. 이러한 경향은 1989년까지 계속되었고 이후 이자 지불비용이 감소하고 있다. 2000년에는 11.2조 엔의 상환비용과 10.7조 엔의 이자 지불비용으로 국채비가 21.9조 엔을 기록했고 2007년에는 11.4조 엔의 상환비용과 9.5조 엔의 이자 지불로 20.9조 엔의 국채비를 기록했다. 이것은 저금리 정책의 추진을 통해 국채의 대량발행에 대한 부작용을 억제했다는 것을 의미한다.

〈그림 6〉 일반회계에 차지하는 국채비의 비중 변화

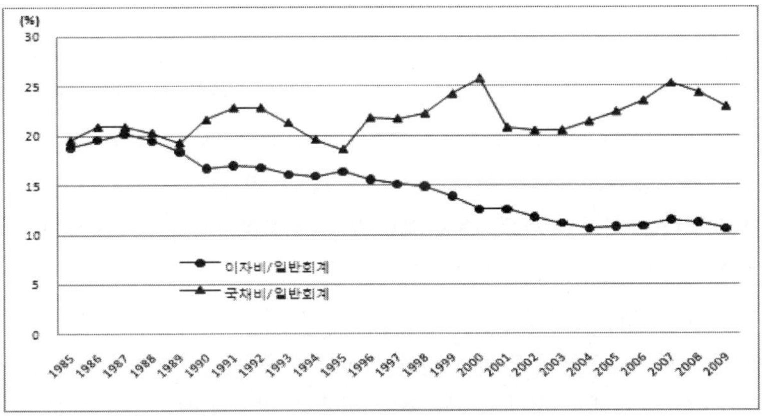

출처: 財務省, "財政関係基礎データ," 『日本の財政を考える』 에 의거 작성.

이자 지불을 검토하기 위해 일반회계에서 이자지불의 비중을 나타낸 것이 <그림 6>이다. 일반회계에 차지하는 국채비의 비율은 2000년 25.8%를 제외하면 20%에서 25% 사이에서 움직이고 있다. 한편 국채의 이자지불은 1987년 이후 감소하고 있다. 이것은 국채의 대량발행으로 채무가 크게 증가하고 있지만, 앞에서 설명한 것처럼 저금리정책으로 인한 이자 지불비용이 지속적으로 감소했기 때문으로 채무증가로 인한 악영향이 억제되었다는 것을 의미하는 것이다. 즉 이자 지불비용의 억제로 세출의 압박정도가 작게 나타난 것이다.[25]

6. 국채관리 정책의 변화

1) 국채관리 정책의 정의와 전개

1990년대 제로금리정책과 양적완화정책은 국채관리정책에 커다란 영향을 미쳤다. 국채관리정책이란 가능한 재정부담의 경감을 꾀하고 국채가 국민경제에 무리 없이 받아들여 질 수 있도록 국채의 발행과 소화 그리고 유통 및 상환의 각 방면에서 행하는 정책의 총칭을 말한다.

국채관리정책은 일반적으로 스미스(Smith)의 정의가 사용되고 있다.[26] 스미스의 정의에 의하면 국채관리정책은 국채잔고 규모와 그 구성에 영향을 미치는 모든 조치를 포함하고 있다. 이것은 광의의 정의로 경제정책, 재정정책, 금융정책 등의 전반을 다루고 있다. 한편 협의의 정의에서는 국채관리정책의 대상을 국채잔고의 구성으로 한정하고 있다. 즉 민간보유 국채의 만기조작을 국채관리정책으로서 정의하고 있는 것이다. 국채관리정책을 협의로 정의할 경우, 민간보유 국채의 잔고규모에 영향을 미치는 정책, 즉 금액의 문제는 재정정책과 금융정책의 범주에 포함하여 구별하고 있다.[27]

2001년 IMF와 세계은행은 "공적채무관리"를 발표했다. 이것에 의하면 필요한 자금조달에 있어 위험을 적절한 수준으로 억제하기 위해 중·장기적인 시점에서 정부의 자금조달 비용을 최소화하는 것을 기본 목표로 하고 있다.[28] 여기에는 자금조달 비용의 최소화뿐만 아니라 채무

25) 저금리정책에 의한 유동성 완화와 국채의 대량발행으로 인플레이션을 야기할 수 있다는 의견이 있다. 그러나 일본의 경우 국채보유의 상당부분이 공적기관으로 인플레이션의 쉽게 발생할 수 있는 환경이 조성되어 있지 않다고 할 수 있다. 단 재정자금이 민간기업과 개인에게 양도되었을 경우 인플레이션을 야기할 수도 있다.

26) Warren L. Smith, "Debt Management in the United States," *Employment, Growth, and Price Levels, Study* Paper no. 19(Washington: U. S. Government Printing Office, 1960), p. 2, p. 27. p. 80.

27) 일본의 경우 공채종류의 다양화, 발행조건의 탄력화, 유통시장 육성이 진전되지 못한 상황에서 협의의 공채관리정책은 일본의 공채관리정책을 파악하는데 누락의 가능성이 있어 재무성은 공채의 발행 및 소화, 유통 및 상환 각 방면의 정책의 총칭으로 국채관리정책을 정의하고 있다. 片桐正俊(編), 앞의 책, p. 304.

상환 문제도 포함되어 있다. 채무상환의 리스크로는 차환위험이 있다.[29] 이것은 단순히 플로의 문제가 아닌 스톡의 문제도 고려해야 한다는 것을 의미하는 것으로 플로와 스톡의 연관에 중점을 두고 있다는 것으로 해석할 수 있다.[30]

일반적으로 국채관리정책의 목표는 경기안정화와 이자비용의 최소화에 있다. 경기안정화는 민간보유의 국채 유동성 증감에 의해 총수요를 관리하여 안정을 꾀하는 것이다. 이것은 국채 상환기간에 따라 유동성에 차이가 있어 단기채권이 유동성 자산으로 인식되고 있기 때문이다. 단기채를 발행하면 유동성이 증가해 이자율이 하락하여 총수요가 증가, 경기회복을 기대할 수 있고 호황기에 장기 채권을 발행하면 국채의 유동성이 감소하여 이자율이 상승, 총수요가 감소해 경기과열을 억제할 수 있다는 것이다.

한편 이자비용의 최소화는 금리가 낮은 불황기에 장기채권, 금리가 높은 호황기에 단기채권을 발행해 이자비용을 최소화하여 재정적 부담을 축소한다는 것이다. 이것은 경기안정화와 상충되는 것으로 경기상황과 재정상황에 따라 우선순위를 정하고 상호조절을 해야 한다는 것을 의미한다. 이러한 관리정책을 토대로 일본은 국채의 원활한 소화, 재정부담 억제를 중시하는 자세를 취하고 있다. 즉 일본의 국채관리정책은 국채의 원활한 소화에 중점을 두고 있다는 것이다.[31]

일본의 국채관리정책은 앞에서 언급했듯이 재무성에서 관리통제 했다. 수급관계에서는 일본은행의 신용과 재무성의 재정투융자자금이 중요한 역할을 담당했고, 발행과 유통 그리고 상환에 있어 정부와 일본은행 그리고 재무성 재정투융자자금의 삼위일체구조가 형성되어 조정했다. 1980년대 금융자유화로 국채관리 체계에 변화가 있었다. 그것은 모

---

28) International Monetary Fund and The World Bank, *Guiding for public Debt Management.* (Washington: International Monetary Fund and The World Bank, 2001), p. 5.

29) ibid, pp. 11-12.

30) 武田勝, "第一次大戦後における借換債の日銀引受,"『証券経済研究』第43号(2003), pp. 101-114.

31) 片桐正俊(編), 앞의 책, p. 305.

집인수단에 의존했던 기존의 체계에서 벗어나 개인소화 확충의 일환으로 1988년부터 우체국, 농협, 수협의 창구판매가 시작되어 국채소화에 공적금융기관이 동원되는 등 일본 특유의 관리체계가 부활하면서 관리정책에 변화를 가져왔기 때문이다.

이러한 변화에는 첫째, 모집인수단의 폐지이다. 모집인수단은 국채의 모집인수를 목적으로 주요 금융기관에 의해 조직된 것이다. 1966년 전후 처음으로 국채가 발행되면서 모집인수단의 활동이 시작되었고 이후 국채의 안정소화에 크게 기여했다. 1970년대는 국채의 공모입찰이 시작되었고 1980년대는 금융기관과 우체국에서 채권모집의 업무를 시작해 유동성이 확대되었다. 유동성 관점에서 2001년에는 4년 국채와 6년 국채가 5년 국채로 통합되어 중기국채의 기준 종목으로 발행액이 크게 확대되었다. 이렇게 해서 2년 국채와 5년 국채 그리고 10년 국채 3종목의 발행액이 증대되었다. 또한 20년 국채와 30년 국채의 장기국채도 발행이 증가했다. 한편 10년 국채의 경쟁 입찰 비중이 인상되면서 모집인수단의 인수 비중이 점차 감소해 2005년도에 모집인수단의 폐지로 연결되었다.

둘째, 1999년 3월부터 국채의 입찰 일정과 발행 예정액의 사전 공표가 시작되었다는 것이다. 분기마다 국채 종류별 입찰 예정일이 그 분기가 시작되기 전에 공표하여 시장관계자의 국채발행에 대한 예견 가능성이 높아졌다. 또한 국채의 원금과 이자를 분리해 따로 거래할 수 있고 다시 통합하는 것도 가능한 스트립스(STRIPS)채권이 2003년 1월에 시작되어 투자가의 캐시플로 선택 폭이 늘어났다.

셋째, 세제에서 유가증권거래세가 1999년 3월말 폐지되었다. 이것은 국채 등 유가증권 매매 시 보유기간에 관계없이 부과되었기 때문에 세금부과 이상으로 국채가격이 변동하지 않으면 거래 유인이 저하되어 투자가에게도 국채딜러에게도 거래상의 비용으로 부담이 된다. 이러한 비용부담을 축소하기 위해 1999년 유가증권거래세의 폐지는 국채시장의 유동성을 크게 향상시켰다. 또한 2003년 4월에는 자본금 1억 엔 이상 법인이 보유하는 국채이자의 원천징수가 면제되어 법인의 국채보유 확대 가능성이 높아졌다.

넷째, 국채관리정책의 강화이다. 2003년 국채관리정책의 새로운 전개를 발표해 국채관리정책을 강화하고 있다. 국채관리정책의 강화에는 차환채권의 역할이 변수로 작용한다.[32] 그것은 2005년도 국채발행액이 약 170조 엔으로 이 중 140조 엔이 차환채권이기 때문이다.

다섯째, 국채보유의 다양성을 꾀하고 있다. 국채보유는 압도적으로 금융기관 비율이 높다. 그러나 우정민영화가 완전히 완성되는 2017년 이후에는 국채관리에 대한 정부대응이 필요하다는 관점에서 국채보유의 다양성이 추진되고 있다. 특히 개인과 해외에서의 국채보유 증가를 적극적으로 유도하기 위한 정책이 추진되고 있다.[33]

2) 국채관리 정책에서의 공적금융의 역할

일본의 국채관리정책은 1960년대 이후 주목받기 시작했고, 1975년 이후 국채의 대량발행으로 확립되었다고 할 수 있다. 일본의 국채관리는 국채의 종류와 발행조건, 차환채권의 종류 등을 대상으로 하지 않고 금융·재정정책과 국채문제 전반을 다루고 있다. 그것은 국채관리정책이 일본은행 인수와 금융기관의 할당소화라는 인위적이고 통제적인 정책에 기인하고 있기 때문이다.[34]

역사적으로 전전에는 일본은행이 국채인수의 중심 역할을 했다. 그것은 발행요건의 결정권을 정부와 일본은행에 집중시켜 정부의 자금조달 금리를 인위적으로 설정해 재정자금을 우선적으로 조달하려 했기 때문이다. 전후에도 일본은행 신용에 의존하는 방식은 단기 국채인수라는

---

32) 2008년에는 차환채권이 118조 엔, 2018년에는 136조 엔으로 증가할 것으로 예상되고 있다.

33) 재무성 자료에 의하면 국채 개인보유율은 2006년 6월말 일본 4.2%, 미국, 13.0%, 2006년 3월말 기준으로 영국은 6.8%에 달하고 있다. 第8回國の債務管理のあり方に関する懇親会資料, p. 15, 한편, 2009년 국채의 매매회전율에서는 미국이 24.0%, 일본이 3.26%를 기록해 회전율에서도 낮은 것으로 나타났다. 財務省, 『債務管理リポート2009』(東京: 財務省理財局, 2010), p. 24.

34) James Tobin, “An Essay on Principle of Debt Management,” in Commission on Money and Credit, *Fiscal and Debt Management Policies*, (Englewood Cliffs N. J: Prentice-Hall, 1963), pp. 143-218.

형식을 빌려 계승되었다. 그러나 1970년대 후반 국채의 대량발행으로 국채관리정책은 원활한 국채소화에 중점을 두게 되었고 전통적인 통제 형태에서 시장원리 형태로 전환되기 시작했다. 1980년대 국채의 대량 상환과 금융자유화로 시장원리 형태는 가속되었지만 실제 공적부문의 역할이 증대되어 시장원리의 형태와 일치하지 않는 부분이 발생했다. 즉 국채의 대량발행으로 안정적인 소화를 위해 시장원리 형태로 전환했지만 실질적으로는 통제관리가 계속되었다는 것을 의미하는 것이다. 이를 확인하기 위해 나타낸 것이 <표 1>이다.

〈표 1〉 국채보유 현황(%)

	비금융법인			금융기관				일반정부	가계	민간비영리	해외	합계
		민간	정부계		중앙은행	민간	정부계					
1990	0.30	0.04	0.27	86.80	7.07	43.71	36.02	3.48	5.08	1.34	2.99	100
1991	0.18	0.03	0.15	86.36	5.46	41.94	38.97	2.72	4.64	1.23	4.87	100
1992	0.14	0.03	0.11	88.28	6.14	42.55	39.59	2.84	3.83	1.14	3.77	100
1993	0.12	0.02	0.10	88.34	7.15	43.46	37.73	3.11	3.22	1.33	3.89	100
1994	0.13	0.03	0.10	86.67	8.00	44.20	34.47	4.02	3.55	1.38	4.26	100
1995	0.15	0.06	0.09	87.41	11.25	42.25	33.92	3.77	3.21	1.59	3.86	100
1996	0.18	0.07	0.11	86.98	11.98	40.37	34.64	3.32	3.10	1.87	4.54	100
1997	0.13	0.06	0.07	85.95	11.18	39.04	35.73	3.28	2.85	1.87	5.92	100
1998	0.10	0.04	0.06	84.62	11.62	33.94	39.05	3.35	2.30	1.69	7.95	100
1999	0.13	0.06	0.07	87.70	11.79	38.06	37.85	3.24	1.94	1.94	5.05	100
2000	0.30	0.22	0.08	87.51	11.50	42.73	33.28	2.84	2.56	0.88	5.91	100
2001	0.30	0.21	0.09	86.53	14.79	36.51	35.23	5.77	2.69	1.18	3.52	100
2002	0.40	0.17	0.22	86.72	15.02	35.62	36.08	6.15	2.40	0.95	3.39	100
2003	0.12	0.05	0.07	85.06	14.94	35.97	34.15	7.63	2.60	1.06	3.54	100
2004	0.19	0.09	0.10	82.28	14.33	34.55	33.41	8.76	3.38	1.18	4.21	100
2005	0.36	0.21	0.15	79.09	12.99	32.57	33.53	10.20	4.24	1.48	4.63	100
2006	0.58	0.37	0.21	75.79	10.54	31.67	33.58	10.73	5.04	1.69	6.18	100
2007	0.55	0.33	0.22	73.88	9.19	30.29	34.41	11.62	5.32	1.80	6.82	100
2008	0.87	0.65	0.22	73.23	8.20	31.70	33.33	12.28	5.36	1.85	6.41	100

출처: 内閣府, 『国民経済計算』에 의거 작성.

비금융법인의 국채보유비율은 전체 국채보유의 1%이하로 나타났다. 1990년대 초반에는 정부계 비금융법인의 국채보유가 민간보유보다 많았으나, 이후 정부계가 감소하고 민간 비금융기업의 보유가 크게 증가하고 있다. 특히 2003년 이후 이러한 현상이 뚜렷하게 나타나고 있다.

금융기관의 국채보유는 전체 보유의 90%로, 1990년대 초기 민간 금융기관의 보유비율이 정부계보다 높았으나 이후 민간보유 비율이 감소해 민간과 정부계 금융기관의 국채보유 비율이 비슷한 수준을 기록하고 있다. 한편, 중앙은행은 1990년대 초반까지 6%에서 8%정도의 국채를 보유하고 있었으나 1995년 이후 보유비율이 10%, 2002년에는 15%를 기록했다. 이것을 정부계 금융기관과 합하면 50%정도의 보유비율을 기록하는 것으로 대량의 국채를 발행하면서 그 국채를 다시 매수하는 정책이 전개되고 있다는 것을 보여주는 것이라고 할 수 있다. 2005년 이후 금융기관의 국채보유 비율이 약간 감소하고 있다. 그것은 민간과 정부계 금융기관의 보유비율이 감소했고, 중앙은행인 일본은행의 보유비율이 감소했기 때문이다. 감소 경향을 보이고 있지만, 여전히 70%대를 유지하고 있어 국채관리정책에서의 금융기관의 협력체계가 중요한 것으로 나타났다.

금융기관의 국채 보유비율이 감소 경향을 보이고 있지만 일반정부(중앙·지방 사회보장기금), 가계, 민간비영리단체, 해외에서 보유비율이 증가하고 있다. 일반정부의 경우 2001년 이후 급속히 증가해 2008년에는 전체보유의 12.2%를 기록하고 있다. 이러한 현상은 사회보장기금의 비율이 증가했기 때문이다. 국채 보유비율 변동이 크게 나타난 것은 일반정부뿐만 아니라 해외보유에서도 나타났다. 1990년대 이후 보유비율의 상승 경향이 관찰되었지만, 1998년 약 8%의 보유비율을 정점으로 감소, 2003년 새로운 국채관리정책을 발표하면서 해외에서의 국채소화를 적극적으로 추진한 결과 해외에서의 비율이 상승해 2007년에는 6.8%까지 회복했다. 한편 민간 비영리단체의 국채 보유비율은 1990년대 이후 2%대로 일관성을 보이고 있고 가계의 경우 2003년 이후 보유비율이 상승해 2008년에는 5.3%를 기록하고 있다.

일본의 재정법에서는 국채를 직접 인수하는 것을 금지하고 있다. 그러나 일단 금융시장에서 발행된 국채는 일본은행에 의해 매수가 가능하다. 일본은행은 중앙은행으로서 은행권을 발행하지만, 이것은 일본은행의 부채가 되기 때문에 은행권 발행을 확보하기 위해 리스크가 작은 국채를 매입할 수 있다. 일본은행에 의한 국채매입은 일본은행의 자산이 되기 때문에 재무의 건전성 확보측면에서 당연한 행동이라고 할 수 있다. 그러나 대량의 국채매입은 일본은행권의 과잉유통을 의미하며 물가상승의 요인으로 작용할 수 있다.[35]

일본은행의 국채보유는 <표 1>에서 보듯이 1995년 이후 크게 증가하고 있다. 이것은 장기불황에 의한 저금리정책과 양적완화정책에 기인하는 것이라고 할 수 있다. 양적완화정책의 목표는 일본은행이 장기불황의 원인으로 지목되었던 디플레이션 상황에서 벗어나기 위한 수단으로 도입되어 국채매입을 통한 통화량 증가에 있었다. 그러나 물가상승과 관련해 거품경제 붕괴 후 민간의 자금수요가 작은 상황에서 통화 공급량을 늘려도 대출증가의 효과가 나타나지 않아 기대만큼 효과가 없었다. 또한 저금리 상황에서 다른 금융자산의 대체성이 높아 통화 공급량의 증대는 화폐 보유를 증대시켜 물가상승과는 직접적으로 연결되지 못했다. 이처럼 양적완화정책을 통한 물가상승 정책은 기대했던 만큼의 효과가 없었음에도 불구하고 일본은행은 양적완화정책이 해제되었어도 국채매입을 계속했다.[36]

공적부분의 국채보유를 구체적으로 검토하기 위해 나타낸 것이 <표 2>이다.[37] 재정투융자자금에서의 국채 보유비율은 1991년에 33.0%를

---

35) 이러한 변화는 1999년 만기국채에 대한 차환방식이 변경되었기 때문이다. 일본은행이 보유하고 있는 국채가 만기가 되면 일본은행권의 유통을 원활하게 하기 위해 새롭게 국채를 매입할 필요가 있다. 이 경우 통화량 증가가 아니기 때문에 물가상승의 우려가 없어 국채발행당국으로부터 직접 구입하는 경우가 있다. 森山茂樹, "わが国の公的部門における国債保有の現状について,"『信州大学経済学論集』第57号(2007), pp. 6-11.

36) 1999년 만기가 도래한 국채는 자동적으로 차환되었던 것을 일본은행 정책위원회의 검토를 매년 받아야한다는 것으로 변경되었기 때문에 2005년 이후 감소 경향을 보이고 있다.

37) 분류에 있어 (1)공적금융기관(재정투융자자금, 정부계금융기관(우체국저축과 간이생명보험은 비포함), 우체국저축(예금취급기관으로 분류), 간이생명보험, (2)공적비금융법인기업, (3) 일반정부(중앙정부, 지방정부, 사회보험기구)로 되어 있다.

차지했지만, 이후 지속적으로 감소해 2003년에는 9.4%, 2008년에는 1.0%까지 감소했다. 이것은 국채관리정책에 있어 재정투융자자금이 1990년대까지 중요한 역할을 했다는 것을 의미한다. 재정투융자제도는 자금이 공적부문으로 유인되면서 시작되었다.

〈표 2〉 공적부문의 국채보유 변화

	재정투자자금	우체국저축	간이생명보험	사회보장기금
1990	31.2	3.5	0.5	2.4
1991	33.0	4.3	0.6	2.3
1992	32.7	4.9	0.9	2.5
1993	28.7	5.6	2.1	2.7
1994	24.4	6.0	2.7	3.4
1995	21.8	7.0	3.7	3.7
1996	21.3	7.3	4.4	3.3
1997	22.4	7.5	4.4	3.2
1998	23.9	7.8	5.3	3.1
1999	21.6	7.7	7.2	3.1
2000	18.9	6.3	5.3	2.7
2001	15.1	11.4	5.1	5.7
2002	12.2	14.1	5.1	6.1
2003	9.4	15.4	5	8.2
2004	7.6	17.1	5.5	9.0
2005	5.9	18.9	8.7	9.2
2006	3.6	20.8	9.1	10.2
2007	1.6	-	-	11.2
2008	1.0	-	-	11.7

출처: 内閣府, 『国民経済計算』에 의거 작성.

역사적으로는 1872년 창설된 준비금제도로 거슬러 올라간다. 1878년 국채관리의 중요한 부분을 담당했던 우체국 저축이 시작되면서 자금을 운영하게 되었고 저축 운영에 대한 규칙이 마련되어 있지 않아 거의 대부분이 국채관리에 사용되었다. 1924년에는 예금부예금법이 제정되어 자금사용을 공익을 위해 운영해야 한다는 원칙이 마련되었지만 전시체제에서의 손실발생과 전후 닷지라인에 의한 긴축재정으로 자금운영에 제한을 받기도 했다. 고도경제성장기에는 공공사업을 목적으로 설립된 공단 및 정책금융기관에 융자하기도 했지만, 1990년대 거품경제 붕괴 후 금융기관의 도산이 이어지면서 금융시스템의 불안이 가중되어 공적금융기관이었던 우체국 저축에 자금이 집중되었다. 집중된 자금은 자금운영부에 위탁되어 운영되었지만 비효율적 자금운영에 대한 비판이 일어나 위탁제도가 폐지되었다. 그래서 자금운영부는 재정투융자자금으로 개편되어 필요한 자금을 금융시장에서 재무채권(재투채)을 발행하여 조달하게 되었다.[38] 이러한 과정을 거치면서 국채관리의 중심역할을 했던 재정투융자자금은 시장의 변화로 국채보유 비중이 크게 감소하고 있다.

공적부분의 국채보유비율은 재정투융자자금이 감소 경향을 보이면서 이를 보전하기 위해 우정성의 우체국 저축과 간이생명보험에서 증가하고 있다. 우정성 우체국 저축의 국채보유는 2000년에 약간 감소했지만, 2001년 이후 지속적으로 상승해 2006년에는 20.8%를 기록했다. 또한 우정성 소관이었던 간이생명보험의 국채보유 비율은 1990년부터 1999년까지 크게 증가했다. 이후 감소하다가 2006년에 9.1%를 기록해 보유비율이 회복되었다. 한편, 분류상 일반정부에 포함되는 사회보장기금은 거의 대부분이 공적연금이다. 사회보장기금의 보유비율은 2000년 이후 크게 증가해 2008년에는 11.7%를 기록하고 있다. 사회보장기금의 보유비율이 지속적으로 상승하고 있는 상황에서 우체국 저축과 간이생명보험의 국채 보유비율은 제로를 기록했다. 그것은 통계분류에서의 변화로 기존 공적금융기관에서 우체국저축과 간이생명보험이 2007년 민간금융기관으로 변경되었기 때문이다.

이것은 국채관리에 있어 새로운 변화를 시사하고 있다. 그것은 기존에 정부요구 의해 국채보유가 가능했던 것과는 달리 민영화가 되면서

38) 中川雅治·乾文男·原田有造, 『日本財投資』(東京: 大蔵財務協会, 1994), pp. 81-95.

정부의 국채관리정책에 변화를 예고하고 있기 때문이다. 또한 사회보장기금(공적연금)에서의 국채보유 증가는 시장성 국채로 운영되고 있다는 점에서 금리변동의 리스크에 직면하고 있다고 할 수 있다. 이러한 문제점은 국채관리정책에 있어 해결해야 할 중요 과제라고 할 수 있다.

7. 결론

일본의 재정은 전대미문의 적자 상황에 있고 국채발행 의존도가 높아 국채관리에 있어서 대량으로 발행되는 국채의 안정적인 소화를 확보하고 국채시장의 유동성 유지가 중요한 과제로 대두되고 있다.

일본은 지금까시 경기불황으로 인한 세수입 부족현상이 발생하면 국채를 발행하여 경기부양 정책을 실시했고, 경기호황기에도 의원들이 인기획득과 유지를 목적으로 공공사업이 이용되었다. 이것은 재정적자 확대가 충분히 예견되는 상황에서 중앙과 지방정부, 그리고 정당체제에서도 적자 축소의 노력이 부족했다는 것을 나타낸다. 신규 국채와 차환채의 발행 증가로 국채잔고가 눈덩이처럼 불어나, 국채시장의 정비가 필요했다. 그러나 국채시장의 정비는 사채와 예금 등 금리의 기초가 되는 국채의 유동성을 향상시키고 자본시장의 기능을 높여 결과적으로 국채발행을 원활하게 했다. 여기에 경기부양정책으로 대규모 감세와 공공사업의 확대로 국채 금리가 상승 기미를 보이면 원칙적으로 금지되어 있는 일본은행에 의한 국채인수가 거론되기도 했다.

이처럼 재원을 국채발행에 의존하는 경기부양정책은 특히 제로금리정책이 도입되어 금리 상승이 억제되면서 반복되었다. 결과적으로 하시모토, 고이즈미 총리의 재정구조개혁은 경기부양이라는 명분아래 동결되었고 국채의 유통 확대를 위해 장기국채 발행이 억제되었고 중·단기 국채 중심으로 국채발행이 전환되었던 것이다.

향후 국채관리에서 중요한 문제는 국채금리의 조절이다. 현재 장기국채 금리가 하락하고 있지만 국채금리가 상승한다면 국채 보유자의 평가손실이 발생하므로 금융정책을 실시해야 한다. 그러나 금융정책이 실시되면 인플레이션의 유발 가능성도 있다. 일본은행이 실시한 양적완화정책은 국채 금리를 억제하는 효과가 있었지만, 물가상승에는 직접적인 영향이 없어 금리 중시에 초점을 맞출 것으로 예상된다. 그러나 그것만으로 국채누적을 막을 수는 없다. 근본적으로 재정적자의 문제해결을 위해 세출삭감과 정부의 경비절감 노력이 필요하다.

국채발행과 관리정책은 2003년에 발표한 국채관리에 대한 새로운 전개로 전환점을 맞이하고 있다. 국채관리정책 발표에 의하면 국채의 안정소화 및 이미 발행한 국채의 관리에 대해 논하고 있고 정책대상으로 플로와 스톡을 명확히 구별하고 있다. 따라서 국채관리정책에 대한 연구도 국채발행과 소화 그리고 차환에 이르기까지 순환구조를 종합적으로 분석하기 위한 연구가 필요하다. 이러한 연구는 앞으로의 연구과제로 남는다.

참고문헌

김용민, "일본의 국채발행과 국채관리정책에 대한 고찰,"『아시아연구』제10권 1호(2007).

김정일, "위험수준의 일본 국채시장,"『아태지역 동향』제147호(2001).

김정일, "일본의 재정적자 심화와 국채시장의 변화,"『아태 쟁점과 연구』여름호(2008).

Barro, Robert J, "Are Government Bonds Net Wealth?," *Journal of PoliticalEconomy*, vol. 82, no. 6(1974).

International Monetary Fund and The World Bank, *Guiding for public Debt Management*, (Washington D. C: International Monetary Fund and The World Bank), 2001.

Tobin, James, "An Essay on Principle of Debt Management," in Commission on Money and Credit, *Fiscal and Debt Management Policies*, (Englewood Cliffs, N. J: Prentice-Hall), 1963.

Smith, Warren L, "Debt Management in the United States," *Employment, Growth, and Price Levels*, Study Paper, no. 19(Washington: U. S. Government Printing Office), 1960.

青木昌彦·鶴光太郎(編), "財政改革における政党と官僚制,"『日本の財政改革』(東京: 東洋経済新報社), 2004.

淺子友美·伊藤降敏·坂本知典, "赤字と再建:日本の財政 1975-90,"『フィナッンシャル プレビュー』第21号(1991).

財務省,『債務管理リポート2009』(東京: 財務省理財局), 2010.

片桐正俊(編),『財政學』(東京: 東洋経済新報社), 1997.

金子貞吉,『戰後日本経濟の總点檢』(東京: 學文社), 1994.

草野厚,『歷代首相別にみた経濟政策』 (東京: 角川書店), 2006.

武田勝, "第一次大戰後における借換債の日銀引受,"『証券経濟研究』第

43号(2003).

中川雅治·乾文男·原田有造(著),『日本財投資』(東京: 大藏財務協會), 1994.

中島將隆, “國債發行方式の新たな展開,”『証券レポート』1627号(2004).

中島將隆, “國債發行と現物市場の新たな展開,”『甲南経濟學論集』第41号(2000).

中島將隆, “擴大する日本國債市場の危機,”『証券経濟』 第41号(2003).

富田俊基, “再定義を迫られる國債管理政策,”『知的資産創造』(東京: 野村証券経濟研究所), 2001.

土居丈朗, “國債政策をめぐる経濟政策: 展望と示唆,” 『フィナッンシャル プレビュー』 第76号(2005).

松重友啓·河西修, “公的債務管理に關する研究會報告書及び國債管理政策の新たな展開について,”『フイナンス』3月号(2004).

森山茂樹, “わが國の公的部門における國債保有の現狀について,”『信州大學経濟學論集』第57号(2007).

제6장

일본정치와 동아시아 경제공동체

-주요관청의 FTA 추진전략-

김 용 민

1. 서론

1990년대 이후 국제경제 환경변화로 자유무역협정(Free Trade Agreement: FTA)체결이 증가하고 있다. 이러한 움직임은 1970년대 중반까지 선진국 간의 경제협력을 중심으로 진행되었던 것과는 달리 개도국과 선진국, 개도국 간의 체결로 이어지면서 지리적 조건과 관계없이 확대되고 있다. 이것은 냉전붕괴 이후 세계화의 가속과 국제적 분업이 확대되면서 지리적으로 근접하지 않아도 중요한 무역·투자 상대국이라고 인식되면 FTA체결을 통해 이익을 창출하는 것이 유리하다는 판단이 작용한 것이라고 할 수 있다.

최근의 FTA는 지리적 접근성의 변화와 협정 내용의 심화로 경제적 이익뿐만 아니라 지역통합의 수단으로 사용되고 있다. 유럽에서는 1992년의 마스트리히트 조약 체결에 의해 1993년 유럽연합(European Union: EU)이 탄생, 1999년에는 공동 통화 유로가 도입되는 등 지역통합이 심화되고 있다. EU 확대에 대응하는 형태로 1994년 발효된 북미자유무역협정(North American Free Trade Agreement: NAFTA)은 거대 무역블록으로 자리 잡았고, 이를 확대 편성하기 위해 2005년까지 미주 자유무역협정 체결이 합의가 되었지만 국가 간 이해관계 때문에 아직 타결되지 않는 상황에 있다.

지역주의 확대로 미주 지역과 유럽 지역의 양대 무역블록이 등장하면서 동아시아 지역에서도 FTA체결을 매개로 지역 경제공동체 창설의 움직임이 활발하게 진행되고 있다.[1)] 동아시아 경제공동체 형성에 대한

---

* 이 장은 "일본 주요관청의 EPA추진전략: 외무성과 경제산업성의 정책언설을 중심

기대감은 1990년대 후반 세계적 지역주의 움직임 속에서 역내 경제적 상호 의존 관계의 심화가 작용했다고 할 수 있다. 특히 1997년 경제위기를 계기로 역내 경제적 측면과 함께 ASEAN+3의 설립과 동아시아 정상회의 개최 등 정치적 측면에서의 논의가 활발히 진행되고 있다. 이것은 경제적 교류 증진으로 경제통합이 상당 수준에 도달했다는 것을 반영한 것으로 경제적 측면에서의 통합이 암묵적으로 형성되어 있어 경제통합에 대한 정치적 논의가 가속되고 있다는 것을 의미한다.

이 글은 일본의 지역주의 전개와 동아시아 공동체 구상을 위한 일본의 전략을 FTA추진 주요 관청의 간행물을 통해 분석하는 것을 목적으로 한다. 일본은 동아시아 지역과의 교역을 통해 경제적 측면에서 밀접한 관계를 유지해 왔으나 정치·외교적 측면에서 소극적인 자세를 취했다. 그러나 1990년대 후반 경제적 측면뿐만 아니라 정치적 측면에서도 동아시아 공동체 구상을 위해 적극적인 자세를 취하고 있다. 이러한 동아시아 지역에 대한 자세변화가 FTA추진에 어떤 영향을 미치고 있는가를 정부부처의 자료를 통해 분석하려는 것이다.

이하 제2절에서는 일본의 동아시아 지역주의 전개를 살펴보고, 제3절에서는 공동체 구상의 배경에 대해 고찰하고, FTA추진 현황에 대해

으로,"(『21세기 정치학회보』 19권3호)에 실린 논문을 수정하고 보완한 것이다.

1) 일본에서 동아시아 경제공동체에 대한 논의가 활발하게 진행된 것은 2004년 이후라고 할 수 있다. 동아시아 공동체에 대한 논의는 찬성파, 반대파, 자유무역지역 찬성파, 회의파로 구분된다. 이중 다수를 차지하는 것이 찬성파이다. 찬성파 논의는 동아시아 경제통합의 조류 속에서 일본의 대응이 늦다는 것을 지적하고 일본의 발전을 위해 적극적 관여의 필요성을 강조하는 외교정책 관점에서의 논쟁이다. 반대파는 동아시아 공동체라는 정체성의 존재자체가 이해하기 어렵다는 주장이다. 아시아에서 리더십을 목표로 하는 중국의 구상이므로 일본이 이 구상에 참여하는 것은 바람직하지 않다는 것이다. 자유무역지역 찬성파(자유무역지역과 공동체 사이에는 통합 수준에서 차이가 나기 때문에 자유무역에 대한 찬성파가 공동체 찬성을 의미하는 것은 아니다)는 공동체 수준이 아닌 FTA체결 수준에서 본다면 FTA 형성이 협정가맹국의 GDP성장률을 상승시킨다는 주장이다. 회의파의 경우 통합을 실현하기 위해서는 EU에서 보듯이 가치관의 공유가 필요하며 가맹국 간의 유사성이 필요하다. 이러한 의미에서 동아시아 공동체 구상의 가맹후보국들 사이에는 가치관의 공유 및 유사성이 존재하지 않아 동아시아 공동체라는 정체성 자체가 시기상조라는 것이다. 森田憲·陳雲, "地域統合と経路依存：アジア統合をめぐって,"『経済論集』 32巻1号(2008), p. 4.

제4절에서 검토한다. 그리고 제5절에서는 FTA추진 주요 관청인 외무성과 경제산업성의 전략을 분석하고, 제6절에서는 재무성과 농림수산성의 전략에 대해 분석하며, 제7절에서는 결론과 함의를 도출한다.[2)]

2. 일본의 동아시아 지역주의 전개

일본의 동아시아 지역주의는 1960년대 전후 전쟁책임에 대한 배상의 형태로 전개되었다. 이러한 전개는 수출 촉진의 전략으로 진행되었고, 그 연장선으로 1970년대 이후 정부개발원조(ODA)를 통한 경제외교를 전략적으로 사용해왔다. 이 시기 일본은 동아시아 정책에 있어서 정책적으로 미국에 보조를 맞추고 있었기 때문에 동아시아 지역과의 협력관계 강화에 적극적인 자세를 취하지 못했다.[3)] 그 와중에 동남아 지역개발을 위한 콜롬보 플랜(Colombo Plan)과 1966년 아시아개발은행 설립에 적극 참여했고 1977년에 후쿠다 독트린(Fukuda Doctrine)을 발표하여 ASEAN과의 협력강화에 노력했다. 이후 거시적 관점에서 일본이 동아시아 지역에 적극적인 자세를 취한 것은 1979년 오히라 마사요시(大平正芳)총리가 발표한 '환태평양 연대구상'이라고 할 수 있다. 이 구상은 미국 중시의 기본 틀에서 벗어나지 못한 것이었지만 아시아 지역을 포함한 아시아 태평양 지역의 상호 의존관계를 중시했다는 점에서 후쿠다 독트린을 계승한 것이라고 할 수 있다.[4)]

냉전종언 후 일본은 경제뿐만이 아니라 정치적 측면에서도 동남아시

---

2) 일본은 FTA보다 경제연대협정(Economic Partnership Agreement: EPA)를 선호하고 있다. EPA는 FTA보다 폭 넓은 분야의 내용을 담고 있지만, 여기에서는 FTA로 통일하여 사용하고자 한다.

3) 이원덕, "일본의 동아시아지역 형성정책의 전개와 특징," 『日本研究論叢』 제22호(2005), p. 64.

4) Ellis S. Krauss, "The US, Japan, and Trade Liberalization: From Bilateral to Regional Multilateralism to Regionalism," *The Pacific Review,* 16(2006), pp. 307-329.

아 지역에 적극적인 자세를 보였다. 1991년 5월 가이후 도시키(海部俊樹)총리가 싱가포르에서 "일본과 ASEAN: 신시대의 성숙한 파트너십을 찾아서"의 강연을 통해 전쟁책임에 대해 총리로서 처음으로 국가에 사죄하고 아시아 태평양 지역에서 일본의 정치적 역할에 대해 공식 언급했다. 그 후 1997년 1월 하시모토 류타로(橋本龍太郎)총리의 동남아시아 방문에서 미래지향의 일본과 ASEAN 협력관계의 중요성을 강조했다.

1997년에 발생한 아시아 금융위기는 동아시아 경제협력 강화의 계기를 제공했다. 이후 1998년 ASEAN+3 정상회담의 정례화는 역내 경제공동체 창설에 대한 기대감을 고조시켰다. 일본은 이를 계기로 동아시아 지역주의에 대해 적극적인 자세를 취하게 되었다. 특히 1998년 하노이에서 개최된 ASEAN+3 비공식 정상회의에서 오부치 게이조(小渕惠三)총리는 동아시아 지역협력을 위해 적극적 역할을 수행하겠다는 의지를 나타냈다. 이것은 1997년 하시모토 총리 이후 미국 배려 중심에서 아시아 태평양 중심으로 정책기조가 변했다는 것을 의미한다.[5] 이러한 정책기조의 변화는 1998년 김대중 대통령과의 정상회의에서 채택한 "21세기를 향한 한국과 일본의 새로운 우호관계 설립"의 공동선언을 통해 문화교류의 협력 증진을 통한 상호협력을 강조했다는 것에서 확인할 수 있다. 또한 오부치 총리의 동아시아 협력을 위한 행보는 한국에 머물지 않고 중국의 장쩌민(江澤民)주석과의 회담에서 동아시아 지역과의 관계개선을 강조했다는 점에서도 일본의 정책기조 변화를 확인할 수 있다.

이러한 일본의 적극적 자세는 오부치 총리에 이어 모리 요시로(森喜朗)총리로 계승되었다. 모리 총리는 2000년 9월 IT기본법을 제정, 이를 토대로 동아시아 지역과의 협력증진에 기여하겠다는 역할론을 강조했다. 이후 2002년 1월 고이즈미 준이치로(小泉純一郎)총리는 ASEAN(5)을 방문하면서 후쿠다 독트린에서는 대등한 협력관계의 이념을 중시했다면 고이즈미 독트린에서는 이를 한층 더 발전시켜 파트너로서 "함께 걷고 함께 진행하는" 협력관계를 강조, ASEAN과의 협력을 재확인했다.[6]

5) 박창건, "신국제정치질서의 재편과 동아시아 지역주의: '적극적 국가'로서의 일본의 역할과 한계," 『아세아연구』 제49권 2호(2006), pp. 193-202.

3. 일본의 동아시아 경제공동체 구상의 배경

동아시아 지역은 미국 의존도가 높기 때문에 독자적인 활동에 제약을 받아왔다.[7] 이것이 동아시아 경제공동체 구상의 한계로 작용했지만, 1997년 동아시아 금융위기는 역내 경제협력 강화의 계기를 만들었고, 세계화와 함께 지역주의가 진전되고 있는 상황에서 동아시아 경제공동체 창설에 대한 공감대를 형성시켰다.

동아시아 경제공동체 구상의 움직임은 1990년 말레이시아의 마하티르 총리가 제창한 동아시아 경제그룹(East Asia Economic Group: EAEG) 창설로 거슬러 올라간다. EAEG창설의 움직임은 무역확대를 위한 2국간 시장개방을 요구한 미국과 지역주의 경향을 뚜렷하게 나타내고 있었넌 EU에 대응하기 위한 것이었다. 그러나 EAEG는 1989년 발족한 아시아태평양경제협력(APEC)을 분단시킨다는 의미로 받아들인 미국의 반대로 동아시아 경제협력체(East Asia Economic Caucus: EAEC)로 명칭이 변경되었다. 일본은 미국을 제외한 지역경제 통합이 시기상조라고 판단해 소극적 자세를 취했다. 그러나 거품경제의 붕괴로 경제구조조정에 대한 내압과 WTO체제 출범으로 대외전략에 변화를 꾀할 필요성이 제기 되었다.

일본은 거품경제 붕괴로 경기침체기가 장기화되는 상황에서 1997년 금융위기를 전후해 금융기관의 도산이 이어지면서 심각한 불황을 맞이하게 되었다. 이러한 상황에서 일본은 아시아통화기금(Asia Monetary Fund: AMF)의 창설을 제안했으나 미국의 반대와 국제통화기금(IMF)과의 중복 등이 지적되면서 추진되지 못했다.[8] 그러나 동아시아 금융협력은 2000년 5월 태국 치앙마이에서 개최된 재무장관회의의 합의에 따라 치앙마이 이니셔티브(CMI)로 초점이 맞추어져 ASEAN+3의 틀 안에서

---

6) 2002년 1월 처음으로 싱가포르와 EPA를 서명한 다음날 고이즈미 총리는 대ASEAN정책연설을 싱가포르 현지에서 했다. 이것은 일본의 FTA전략에 중요한 시발점이 되었다고 할 수 있다.

7) 진시원, "동아시아자유무역협정(EAFTA)전망," 『시대와 논리』 4호(2004), p. 85.

8) 이천우, 『신아시아 경제론』 (서울: 두남, 2010), p. 237.

통화스왑 협정을 체결하는 등 강화되었다.

한편, 2000년 치앙마이협정 체결을 통한 금융시스템 안정과 역내 자본 활용을 위한 자금조달 채널의 다양화를 위해 아시아 채권펀드(Asia Bond Fund: ABF)가 창설되어 역내 금융과 금융협력이 동시에 진행되고 있다. 이러한 금융협력은 아시아 자금이 선진국 금융기관과 금융시장으로 유출되어 선진국 금융기관 및 투자가에 의해 다시 아시아 금융기관과 기업에 자금을 공급하는 기존 금융구조의 반성에서 진행되었다는 점에서 동아시아 경제공동체 구상에 중요한 의미를 갖는다.

금융협력을 위한 ABF창설은 2002년 이후 본격적으로 진행되어 아시아 오세아니아 지역 중앙은행 총재회의(Executives Meeting of East Asia-Pacific Central Banks: EMEAP[9])) 출범으로 2003년 6월에 10억 달러 규모의 ABF1이 조성되어 채권시장 활성화의 기초가 마련되었고, 이후 2005년에는 총 20억 달러 규모의 ABF2가 운용되면서 아시아 채권시장 육성에 탄력을 받게 되었다.[10)]

ABF창설 목적은 단기적으로는 수동적 운용의 채권펀드로 저비용과 효율적인 상품을 제공하여 아시아 채권에 대한 투자가의 인지도 향상을 꾀하고 장기적으로는 새로운 금융상품의 창출과 시장인프라 정비, 과세 및 규제완화를 통한 시장개혁의 촉진을 통해 채권시장의 확대 및 아시아 금융 중개의 효율성 향상을 목표로 하는 것이다. 이것은 궁극적으로 역내 금융협력을 증진시켜 장래 동아시아 공동체의 기능을 원활하게 하는 중요한 역할을 담당할 것으로 예상된다.[11)]

---

9) 아시아·오세아니아지역 중앙은행 간의 협력을 목적으로 하는 포럼으로 일본은행의 제안으로 1991년에 창설되었다. 참가국은 한국, 중국, 일본, 홍콩, 오스트레일리아, 인도네시아, 말레이시아, 뉴질랜드, 필리핀, 싱가포르, 태국의 11개 국가·지역이다.

10) 아시아 채권시장의 육성은 통화위기 원인의 하나로 지적되는 단기 자본유입과 장기대출의 미스매치에서 비롯된 부분을 개선하기 위해 역내 자본 활용을 위한 방안으로 진행되고 있고 동아시아 지역의 보유외환을 이용한 투자 가능성이 높아지면서 더욱 탄력을 받았다고 할 수 있다. 김용민·이기완, "아시아채권시장의 현황과 일본의 금융전략," 『아시아연구』 11권 1호(2007), pp. 43-69.

11) ABF는 ABF1과 ABF2로 구성, 운용되고 있다. BIS, *Quarterly Review*, 2005, p. 86.

이처럼 동아시아 지역은 금융협력이 진행되고 있고 역내 무역 비중도 상승하고 있어 경제공동체 창설에 대한 기대감을 고조시키고 있다. 동아시아 지역이 세계경제에 미치는 영향을 검토하면 동아시아 경제 중심지역인 한·중·일의 세계GDP에 차지하는 비중은 2003년 17.3%, 2005년 16.9%, 2007년 15.9%, 2009년 18.7%로 약간의 변동이 있지만, 15%에서 18% 수준에 있다. ASEAN(10)과 한·중·일을 합한 ASEAN+3은 2003년 19.2%, 2005년 18.9%, 2007년 18.2%, 2009년 21.2%를 기록해 총체적으로 18%에서 20%의 비중을 차지하고 있다. 이러한 비중은 2009년의 NAFTA(28.4%)와 EU(28.4%)수준에는 미치지 못하지만 상당히 높은 수준이라고 할 수 있다.

〈표 1〉 경제권역별 GDP규모와 세계에 차지하는 비중

	2003년		2005년		2007년		2009년	
한·중·일	6,418	17.3	7,565	16.9	8,626	15.9	10,809	18.7
ASEAN	713	1.9	891	2.0	1,260	2.3	1,480	2.6
ASEAN+3	7,131	19.2	8,456	18.9	9,886	18.2	12,289	21.2
NAFTA	12,467	33.6	14,356	32.1	16,030	29.5	16,468	28.4
EU	11,417	30.8	13,671	30.6	16,753	30.8	16,447	28.4
세계	37,056	100.0	44,718	100.0	54,347	100.0	57,937	100.0

단위: 10억 달러, %

출처: 이천우, 『신아시아 경제론』 (서울: 두남, 2010), p. 236;
経済産業省, 『通商白書』 (東京: 日経印刷, 2010), p. 157.

<표 2>의 지역별 무역현황을 검토하면 1998년 한·중·일 삼국은 12.1%, ASEAN+3은 17.6%를 기록해 EU와 NAFTA에 비해 작은 비중을 차지하고 있지만, 이후 무역량이 증가하면서 세계무역에 차지하는 비중이 점차 상승하고 있다. 2000년에는 ASEAN+3에서 19.9%를 기록해 EU수준에는 미치지 못하지만, NAFTA와 비슷한 수준을 기록했고 2008년에는 21.7%를 기록해 NAFTA의 13.7%를 크게 상회하는 수준까지 성장했다. 이처럼 동아시아 지역은 지속적으로 상승하고 있지만, NAFTA

와 EU는 상대적으로 세계무역에서 차지하는 비중이 감소하고 있다. 특히 2001년 중국의 WTO가맹은 동아시아 지역의 경제발전과 역내 분업구조에 크게 기여했다고 할 수 있다. 이러한 요인은 동아시아 경제공동체 창설의 기대감을 고조시키는 요인으로 작용했다고 할 수 있다.

〈표 2〉 지역별 무역현황과 세계무역 비중

단위: 10억 달러, %

	1998년		2000년		2008년	
한·중·일	1,320	12.1	1,785	13.8	4,968	15.3
ASEAN	599	5.5	804	6.2	2,104	6.5
ASEAN+3	1,919	17.6	2,589	19.9	7,072	21.7
NAFTA	2,297	21.0	2,580	19.9	4,472	13.7
EU	4,073	37.3	4,468	34.4	10,810	33.2
세계	10,920	100.0	12,979	100.0	32,550	100.0

출처: 이천우, 『신아시아 경제론』 (서울: 두남, 2010), p. 237;
経済産業省, 『通商白書』 (東京: 日経印刷, 2010), p. 157.

구체적으로 동아시아 지역의 무역상황을 설명하기 위해 나타낸 것이 <표 3>이다. 2008년 일본의 무역총액은 7,820억 달러로 수출상대국 순위는 중국(홍콩 포함), 미국, ASEAN(10)순으로 각각 1,653억 달러, 1,374억 달러, 1,036억 달러를 기록하고 있다. 반면 수입상대국은 중국, ASEAN(10), 미국 순으로 각각 1,318억 달러, 1,064억 달러, 651억 달러를 기록했다. 이것은 수출에서는 미국 의존도가 높지만 수입에서는 ASEAN(10)에 의존도가 높다는 것으로 역내 분업이 활발하게 진행되고 있다는 것을 반증하는 예라고 할 수 있다. 한편 ASEAN(10)에서도 가입시기가 늦은 브루나이, 캄보디아, 라오스, 베트남은 일본과의 무역은 물론 역내에서의 비중이 낮게 나타나 ASEAN(10)지역에서의 경제격차가 크다는 것을 알 수 있다.

〈표 3〉 2008년 동아시아 중심의 무역현황

단위: 억 달러

수입 수출	일본	중국 (홍콩)	한국	대만	ASEAN (10)	인도네 시아	말레이 시아	필리핀	싱가 포르	태국	미국
일본		1,653	594	460	1,036	126	164	100	267	295	1,374
중국(홍콩)	1318		810	332	138	193	249	119	396	202	2985
한국	283	1,112		115	493	79	58	50	163	58	464
대만	163	926	83		378	35	54	46	112	48	295
ASEAN(10)	1064	1,496	389	233		518	615	174	575	330	1056
인도네시아	277	134	91	32	271		64	21	129	37	130
말레이시아	215	276	78	49	516	63		29	294	96	249
필리핀	77	105	25	19	71	6	20		26	15	82
싱가포르	167	662	123	95	109	357	409	73		132	237
태국	201	208	367	27	401	63	99	35	101		203
브루나이	41	0.8	16	0		22	0.9	0.7	2	0.9	1
캄보디아	1	0.4	0.1	0.8		0.02	0.1	0.01	1	0.8	24
라오스	0.1	1	0.5	0.2		0	0.03	0	0.01	6	0.4
미얀마	3	6	1	0.6		0.2	2	0.03	0.8	30	–
베트남	81	47	18	11		6	21	15	21	13	129
미국	651	912	347	249	669	56	129	83	279	91	

출처: 国際貿易投資研究所, 国際比較統計에 의거 작성.

ASEAN 역내에서 경제격차가 존재하고 있지만, 역내 FTA시대가 본격적으로 시작되고 있다. 그것은 2010년 1월에 AFTA(ASEAN Free Trade Area)[12]가 실현되었고, ASEAN(6)과 중국, ASEAN(6)과 한국과

12) AFTA창설은 1992년 싱가포르에서 열린 ASEAN 정상회의에서 정식으로 결정되었다. 1993년 1월에 발족한 AFTA는 관세인하, 역내무역, 투자확대를 목표로 하고 있다. 이를 위해 1993년 1월부터 공통효과특혜관세(Common Effective Preferential Tariff: CEPT)제도를 설치, 관세인하를 가속시켰다. 2000년까지 대상품목 90%의 관세를 0~5%까지 인하하기로 합의, 1999년 9월, 주요 6개국은 2015년, 후발가맹 4개국은 2018년까지를 목표로 관세 제로를 결정했다. 이를 위해 2003년 1월 CEPT의 관세를 5%이하에서 관세철폐로 목표를 수정했고, 주요국은 2010년, 나머지 국가는 2015년까지 수입관세의 철폐를 목표로 하고 있다.

의 관세가 철폐되었기 때문이다. 여기에 ASEAN과 인도, ASEAN과 호주, 뉴질랜드의 FTA가 발효되어 동아시아 FTA가 빠른 속도로 진행되고 있다. ASEAN(6)에는 브루나이, 인도네시아, 말레이시아, 필리핀, 싱가포르, 태국으로 구성되어 있다. 이들 국가에서는 역내 무역관세가 철폐되어 99.1%의 품목이 AFTA대상으로 포함되었다. 평균관세율에서도 2009년 0.75%에서 0.05%로 인하되었고, CLMV(캄보디아, 라오스, 미얀마, 베트남)의 AFTA 평균세율도 2009년의 3%에서 2.61%로 인하되었다.[13)]

이처럼 ASEAN 내에서의 FTA추진뿐만 아니라 한·ASEAN, 중·ASEAN, 일·ASEAN의 FTA도 적극적으로 진행되고 있어, 동아시아 공동체 구상의 기운이 고조되고 있다.

4. 일본의 FTA 체결 현황

앞에서 설명한 것처럼 1997년 동아시아 경제위기는 역내 협력을 통해, 지역주의 공백지역으로 남아있던 동아시아 지역의 경제공동체 구상의 계기를 제공했다. 즉 역내 무역의존도 상승을 통한 역내 분업구조에 제도적 장치와 정치적 논의가 더해져 경제공동체 형성에 대한 기대감을 고조시켰다는 것이다. 또한 WTO 회원국 증가로 교섭의 정체가 현저하게 나타나면서 FTA체결 증가도 영향을 미쳤다고 할 수 있다. 이러한 요인들은 다자간 무역체제의 최대 수혜국이었던 일본이 WTO체제를 견지하면서 FTA협상을 적극적으로 추진하는 통상 정책의 전환을 가져오게 만들었다. 즉 FTA체결을 통해 장기불황에서 벗어나고, 국내 산업의 구조조정을 가속화시키기 위해 WTO체제보다 유연성이 있는 FTA

AFTA발족 당시 ASEAN 가맹국은 6개국이었지만, 1995년 베트남, 1997년 라오스, 미얀마, 1999년 캄보디아가 가맹해 동남아시아 10개국에 의한 지역 경제협력권이 형성되었다.

13) 石川幸一, "新段階に入った東アジアのFTA,"『国際貿易と投資』no. 80(2010), pp. 20-22.

를 선호하는 정책으로 전환했다는 것을 의미하는 것이다.

이러한 움직임에서 일본의 ASEAN(10)과의 FTA체결은 FTA추진 전략에 중요한 의미를 갖고 있다. 그것은 ASEAN을 둘러싼 한·중·일 삼국이 ASEAN을 중심으로 수직적 FTA체결에 경쟁적인 양상을 보이고 있고, 한·일, 일·중, 한·중의 2국간 FTA체결이 진전되고 있지 않는 상황에서 다자간 무역체제에 중심을 두면서 지역주의에 대해 적극적인 자세를 취해 동아시아 경제공동체 창설에 주도적 역할을 하겠다는 의지를 나타내는 것이기 때문이다.14)

〈표 4〉 일본의 FTA체결 현황

상대국	교섭개시	서명	발효
싱가포르	2001년 11월	2002년 1월	2002년 11월
멕시코	2002년 11월	2004년 9월	2005년 4월
말레이시아	2004년 1월	2005년 12월	2006년 7월
칠레	2006년 2월	2007년 3월	2007년 9월
필리핀	2004년 2월	2006년 9월	2008년 12월
태국	2004년 2월	2007년 4월	2007년 11월
브루나이	2006년 6월	2007년 6월	2008년 7월
인도네시아	2005년 7월	2007년 8월	2008년 7월
ASEAN(10)	2005년 4월	2008년 4월	2008년 12월
베트남	2007년 1월	2008년 12월	2009년 10월
스위스	2007년 5월	2009년 2월	2009년 9월
한국	2003년 12월	-	-
GCC	2006년 9월	-	-
인도	2007년 1월	-	-
호주	2007년 4월	-	-
페루	2009년 5월	-	-

출처: 外務省経済局, "日本の経済連携協定(EPA)交渉-現状と課題-", pp. 6-7.

14) Barry Desker, "In defence of FTAs: from purity to pragmatism in East Asia," *The Pacific Review*, vol. 17, no. 1(2004), pp. 11-17.

현재 일본의 FTA체결은 ASEAN(10)중심으로 전개되고 있어 성장 잠재력을 고려한 경제적 이익창출에 초점이 맞추어져 있다. 즉 ASEAN지역의 시장규모와 발전의 잠재력이 일본의 산업구조에 영향을 미친다는 것으로, 수출기업의 생산 확대가 지역 경제발전에 공헌해, 궁극적으로 일본 경제에 활력을 불어넣을 것이라는 기대감이 작용한 것이라고 할 수 있다.

특히 <표 4>에 나타나 있듯이 2008년 ASEAN(10)과의 FTA체결(AJCEP)은 장기적으로 관세철폐를 통해 일본에서 생산된 부품을 ASEAN역내에서 가공, 역내에 공급하는 생산 네트워크의 완성을 의미한다. 이는 거대 시장의 성장잠재력이 장기불황의 일본 경제 탈출구로 인식되면서 국익창출과 동아시아 공동체 구상의 주도권 우위라는 두 가지 효과를 기대하는 전략이라고 해석할 수 있다.[15)]

5. 외무성과 경제산업성의 FTA 추진전략

일본의 FTA추진 관련의 주요 관청은 외무성, 경제산업성, 재무성, 농림수산성 등이 있다. FTA추진은 정부부처 간 협력을 토대로 진행된다. 그러나 각 기관은 고유정책영역이 있어 영역의 경계부분에 대해 민감하게 반응한다. 일반적으로 FTA추진에 있어 정부 부처별 정책영역을 견지하려는 측면이 강하게 작용하지만, 포괄적 추진을 위해 공동연구를 진행한다. 공동연구와 정부부처간의 협의를 통해 FTA를 추진하지만 고유정책영역에 대한 인식이 강하게 작용해 FTA추진 전략에 정부부처 간 미묘한 차이를 보이고 있다.

그것은 각 부처의 정책영역과 국제정치경제의 환경이 밀접한 관계를

15) 일본은 ASEAN지역의 생산 네트워크를 이용해 역수입하기도 하지만, 미국, EU 지역으로의 수출기지로 활용하고 있다. Bernard Mitchell and John Ravenhill, "Beyond Product Cycles Flying Geese: Regionalization, Hierarchy, and the Industrialization of East Asia," *World Politics*, 47(1995), p. 178.

가지고 있기 때문이다. 예를 들어 외무성에서는 FTA추진과 관련해 동아시아 지역통합보다는 지역협력이라는 표현을 선호하고 있고, 경제산업성은 국제경제의 조류로 정착된 지역주의를 반영해 동아시아 지역통합 또는 경제통합 및 경제공동체 구축의 표현을 선호하는 경향이 강하게 나타난다. 이것은 FTA추진 전략이 정부부처의 정책영역에 대한 고유인식을 반영하는 것으로 각 부처의 간행물에서 미묘한 차이를 보이고 있다는 것이다. 즉, 각 부처별 FTA추진 전략의 목표는 동일하지만, 세부적 부분에 대해서는 고유정책영역을 반영하고 있다는 것이다. 각 부처의 간행물에서는 고유정책영역을 반영한 특정표현을 반복적으로 사용함으로써 정책판단을 내리게 하는 환경에 고유인식을 접목시키고 있다. 이것은 일본의 FTA추진전략이 경제적 이익창출에 초점이 맞추어져 있지만, FTA추진 관련부처의 간행물을 통해 고유정책영역에 대한 인식이 정책판단에 어떠한 영향을 미치고 있는지에 대한 분석을 가능하게 한다.[16]

1) 외무성의 FTA추진 전략

외무성의 FTA추진 전략은 간행물인『외교청서』,『일본의 FTA전략』을 통해 분석할 수 있다.『외교청서』는 외교정책과 국제정세의 변화를 중심으로 작성한 것으로 외교적 환경변화에 따르는 외무성의 인식을 대변하는 것이다. 외무성의 대외통상전략은 1990년대까지 다자간 무역체제를 기본으로 자유무역 확대를 강조했다.[17] 그러나 다자간 무역체제인 WTO회원국의 증가로 각국의 이해관계 조정에 난항을 겪으

16) 大賀哲, "WTOとFTAをめぐる政策言説と政策空間: 外務省と経産省における地域主義形成,"『国際 協力論集』15券 2号(2007), pp. 115-149. 大賀哲는 일본 정부의 기관별 FTA추진을 언어학적 접근방법을 통해 연구했다. 이 글의 정부부처별 전략분석도 大賀哲의 논문을 참조했다.

17) 예를 들어 "지역 경제협력은 다자간 무역체제를 보완할 수 있는 가능성이 있지만, 세계경제 블록화로 연결될 수 있는 위험을 동반한다"고 표현하여 지역협력보다 다자간 무역체제에서의 개방무역의 확대를 주장하고 있다. 外務省,『外交青書』(東京: 国立印刷局, 1998), p. 88.

면서 다자간 무역체제의 보완역할에 지나지 않았던 FTA의 중요성을 인식하기 시작했다. 이것은 글로벌 정치경제의 장이라고 할 수 있는 WTO체제의 유지와 강화가 기본 전략이지만, 복잡한 이해관계로 교섭에 난항을 겪으면서 FTA추진에 적극적인 자세를 취하게 되었다는 것을 의미한다.[18] 이러한 인식의 변화에는 1999년부터 2001년까지 WTO각료회의 실패가 요인으로 작용했다.[19] WTO체제의 교섭정체로 2001년 이후 외무성은 WTO체제의 중요성을 인식하면서도 지역협력의 필요성을 강조하기 시작했다.

2005년도『외교청서』에서는 보완의 의미로 사용되었던 FTA가 대외경제발전 및 경제적 이익 확보에 기여한다는 인식을 나타내면서 FTA 체결을 매개로 한 동아시아 공동체 구축을 높게 평가하고 있다. 이처럼 지역협력의 필요성을 강조하고 있지만, 외무성의 기본전략은 다자간 무역체제인 WTO체제 유지 및 강화에 있다. 특히 2008년 9월 거대 투자은행인 리먼브러더스 파산 이후 동아시아의 경제가 급속히 악화되는 상황에서 이를 회복하기 위한 다자간 무역체제의 중요성을 강조하고 있다는 점에서 확인할 수 있다. 즉 세계적 경기악화로 지역주의에 의한 경제블록화에 우려를 나타내면서도 글로벌 정치외교의 일환으로 다자간 무역체제의 보완역할인 FTA를 추진하고 있다는 것이다.[20] 이것은 국제정치사회에서 일본의 영향력을 향상시키기 위해 FTA체결에 의한 지역협력이 국제정치사회에 위상을 높일 수 있는 수단이라는 인식이 작용한 것이다. 외무성의 입장은 FTA체결을 매개로 동아시아 공동체

---

18) FTA와 GATT간의 정합성이 거의 존재하지 않아 1994년까지 심사를 마친 69개 작업부회 중에서 정합성 문제에 대해 합의를 이룬 것은 6건에 불과해 WTO체제의 유연성과 기동성이 결여되어 교섭타결까지는 상당한 시간을 필요로 한다. 浦田秀次郎,『ガイドブック』(東京: 日本貿易振興会, 2002), pp. 68-69.

19) 1999년 말 시애틀 각료회의에서 신라운드의 교섭범위에 대해 가맹국간의 의견조절이 실패하면서 신라운드 개최가 불투명해졌다. 일본은 신라운드의 조기 개최를 통해 다자간 무역체제를 강화하는 동시에 다자간 무역체제의 보완·강화를 위해 지역 간 협력, 역내 협력, 2국간 협력을 증진하는 것이 중요하다고 인식하기 시작했다. 이것은 외무성의 인식변화가 2001년경부터 시작되었다는 것을 시사하고 있다. 外務省,『外交青書』(東京: 国立印刷局, 2001), p. 93.

20) 이천우, 앞의 책, p. 235.

창설의 주도권을 확보하고 이를 배경으로 국제정치경제에서의 외교적 영향력을 강화하겠다는 것이다.

이러한 외무성의 전략은 2002년 10월에 발표한『일본의 FTA전략』에서 구체적으로 나타나고 있다. 여기에서는 세계적으로 FTA체결이 크게 증가하고 교섭내용도 다양화되고 있어 국익증진을 위한 외교상의 수단으로 FTA를 재정의 할 필요가 있다고 언급,[21] 2국간 및 지역과의 FTA체결을 통해 경제발전에 대한 기대감을 나타냈다.[22] 즉 FTA추진의 기동성을 높이 평가한 것으로 외교적 선택의 폭을 확대하겠다는 것이다. 이것은 동아시아 지역의 경제통합을 의식한 것으로 10년 이내에 지역무역 협정을 완성한다는 것을 명시했다는 점에서 확인할 수 있다.[23]

이처럼 FTA체결을 통한 공동체 구축 전략은 EU, NAFTA와 동급 수준으로 경제통합을 달성해 일본의 안전보장과 경제적 이익창출에 기여하겠다는 것이다. 즉, FTA를 자유무역 확대를 통한 다자간 무역체제의 유지 및 강화의 일환으로 인식하고 있는 것이다.[24] 이러한 배경에는 1997년 동아시아 경제위기로 인한 지역경제의 정체와 2001년 중국의 WTO 회원가입이라는 환경변화 속에서 중국의 영향력을 견제하려는 정치적 의도와 함께 지역주의 중요성을 인식한 것이 작용한 것이라고 할 수 있다.[25] 이러한 인식은 EU와 NAFTA에 비해 경제통합의 정비가 진전되고 있지 않는 상황에서 일본 주도의 지역경제시스템 구축은 동아시아 지역의 안정적 발전에 중요하다고 명시한 것에서 중국 견제와 함께 동아시아 공동체 구축의 주도권 확보에 강한 의지를 나타낸 것이

21) 外務省,『日本のFTA戦略』(本文) (東京: 外務省, 2002), p. 1.
22) 外務省, "なぜ自由貿易協定(EPA/FTA)か?,"『日本のFTA戦略』(東京: 外務省, 2002), p. 2.
23) 위의 책, p, 1.
24) 위의 책, p, 2.
25) 중국은 2002년 16차 공산당대회에서 "동아시아에 근거를 마련해 세계로 나아간다"는 동아시아전략을 채택했다. 이것은 지역협력을 대외정책의 중심으로 설정했다는 것을 의미하며 높은 경제성장률을 통해 역내 주도권 경쟁에서 우위를 차지하겠다는 전략이다. 중국의 동아시아 전략은 1997년 아시아 금융위기 이후 ASEAN과의 경제협력을 강화해 경제공동체 구상에서 ASEAN+3을 강조하고 있다. 이천우, 앞의 책, p. 240.

라고 할 수 있다.[26)]

외무성의 FTA추진 전략은 앞에서 언급했듯이 EU, NAFTA의 존재가 일본의 지역 경제통합의 주도적 역할을 하게 하는 요인으로 작용해 선진국과 대등한 입장에서 국제정치경제의 장이라고 할 수 있는 WTO에서의 영향력 강화와 이를 통해 교섭에서의 유리한 입장을 취하겠다는 것이다. 이러한 전략을 실현하기 위해 다자간 무역체제를 견지하면서 동아시아 지역과의 경제협력을 적극적으로 추진하고 있다.

2) 경제산업성의 FTA추진 전략

경제산업성의 FTA추진 전략은 간행물인『통상백서』,『글로벌 경제 전략』을 통해 분석이 가능하다. 경제산업성의 FTA추진 전략은 국내 경제성장에 초점을 맞추고 있다. 경제성장 중시의 경제산업성 전략은 앞에서 분석한 외무성의 FTA추진 전략과는 고유정책영역이 다르기 때문에 세부적인 면에서 차이를 보이고 있다. 외무성은 국제정치경제의 외교적 측면에서 WTO체제의 다자간 무역체제를 중시하면서 이를 보완하는 형태의 FTA를 추진해 대외영향력 강화의 수단으로 활용하겠다는 것이었지만, 경제산업성은 국내 경제의 지속적 성장을 정책의 중심축으로 하고 있다는 점에서 1990년대 이후 장기불황의 일본 경제에 활력을 불어넣기 위한 수단으로 FTA체결에 적극적인 자세를 취하고 있다.

경제산업성은 2000년 이후 다자간 무역체제 중심에서 지역협력을 강조하고 있다. 예를 들어 2000년에는 중층적인 통상정책의 일환으로 다자간 무역체제와 지역협력의 연계가 가능하다는 인식하에 다자간 무역체계와 2국간 FTA의 접점을 강조했지만,[27)] 2001년에는 WTO체제가 기능저하의 경향을 보이면서 지나친 WTO체제 의존은 일본경제의 활성화를 위한 조건에 결여된다는 인식을 나타내고 있다는 점에서 확인

26) 外務省, "EPA/FTAの戦略的優先順位,"『日本のFTA戦略』(本文) (東京: 外務省, 2002), p. 2.
27) 通商産業省,『通商白書』(東京: 経済産業調査会, 2000), p. 119.

할 수 있다.[28] 이는 장기불황에서 탈출하기 위한 수단으로 FTA를 이용하려는 인식으로 전환되었다는 것을 나타낸다.

2005년도『통상백서』에서는 질적 수준이 높은 동아시아 경제통합은 일본뿐만 아니라 동아시아 전체의 경제적 이익을 가져온다는 인식을 나타내고 있어 경제통합의 중요성을 강조하고 있다.[29] 이것은 경제통합에 대한 제도적 규범이 확립되지 않았지만, 역내 경제관계가 심화되고 있기 때문에 경제통합의 실현은 역내 분업관계 발전을 통해 지역경제 발전을 가져올 것으로 기대하고 있다는 것을 나타낸 것이다. 이를 위한 조건으로 인적자본 축적과 금융시장 정비의 필요성을 강조하고 있다.[30]

2006년도에는 WTO에서 아직 규범화 되어있지 않는 분야를 개척할 수 있다는 측면을 강조해, FTA체결이 무역자유화에 기여할 것으로 평가하고 있다.[31] 즉 회원국 증가로 규모가 확대된 WTO체제에서의 교섭 정체를 FTA를 통한 경제통합의 실현으로 자유무역에 기여하겠다는 것이다. 이것에 대해 2006년 4월에 발표한『글로벌 경제전략』에서 구체적으로 명시하고 있다.[32]

『글로벌 경제전략』은 글로벌화가 진전되고 있는 상황에서 일본의 전략적 대응에 대한 분석과 중·장기적 동아시아 공동체 구축을 위한 대외경제정책의 방향성을 나타낸 것이다. 여기에서는 EU의 경제통합과 비교하면서 아시아의 다양성을 고려해 분권적 어프로치를 선택할 필요가 있다고 강조하고 있다.[33] 이러한 인식은 역내 국가들의 발전단계, 정치체제, 시장경제의 성숙도, 가치관의 다양성이 존재하기 때문에 EU형의 중앙집권이 아닌 분권형태의 경제통합을 통해 상호경쟁을 통한 질서

---

28) 通商産業省,『通商白書』(東京: 経済産業調査会, 2001), p. 174.
29) 위의 책, p. 323.
30) 経済産業省,『通商白書』(東京: ぎょうせい, 2005), p. 284.
31) 経済産業省,『通商白書』(東京: ぎょうせい, 2006), p. 180.
32) 경제산업성의『글로벌 경제전략』은 국내외 300사을 넘는 기업의 히어링 조사 및 산업구조 심의회 통상정책에서의 심의를 정리한 것이다. 経済産業省,『グローバル経済戦略報告書の公表について』(東京: 経済産業省, 2006), p. 1.
33) 経済産業省,『グローバル経済戦略』(東京: 経済産業省, 2006), p. 4.

확립에 초점을 맞추어야 한다는 것이다. 이것은 FTA를 단순한 경제정책이 아닌 동아시아 경제통합과 연결해서 추진할 필요가 있다는 것으로 일본의 장기적인 지속성장을 위해서는 역내 경제성장이 필수조건이라는 인식이 작용한 것이다. 즉 경제적 이익창출을 위한 메커니즘 강화의 필요성을 강조한 것이다.[34]

2007년도의 『통상백서』 에서는 16개국(ASEAN+6)을 연결하는 동아시아 확대 공동체 구상을 제안하는 등 열린 동아시아 경제권 구상의 필요성을 강조하고 있다.[35] 이것은 2006년 발표의 『글로벌 경제전략』 에서 FTA를 글로벌화와 지역주의의 보완기능인 동시에 열린 지역주의 질서를 형성하기 위해 적극적 견인기능으로써 정의하고 있는 것과 같은 맥락으로 해석이 가능하다. 즉 확대 공동체 구상을 통해 경제적 영향력을 확대하겠다는 것이다. 또한 장기적으로 미국이 제안한 아시아 태평양 자유무역협정(Free Trade Area of the Asia-Pacific: FTAAP)에 대한 검토의 필요성을 언급하고 있다.[36] 이것은 미국과의 동맹관계를 적극적으로 이용하여 중국 견제와 함께 동아시아 지역의 영향력 확대를 위한 구상이라고 할 수 있다. 2008년도에는 지속적 경제성장을 위해 거대 시장 및 신흥 시장과의 FTA를 적극적으로 추진할 필요가 있고, 특히 2국간 투자협정을 위한 기업의 역할에 대해 강조하고 있다.[37]

2009년도에는 미국발 금융위기의 영향으로 세계적 경기침체가 계속되면서 각국의 보호주의적인 자세에 대해 우려를 나타내면서 자유무역체제의 중요성을 강조하는 한편, 역내 경제성장을 위한 협력을 제안했다.[38] 특히 2009년 4월 아소 다로(麻生太郎)총리가 발표한 아시아경제성장 구상은 광역 사회간접자본 정비와 산업개발의 일체적 추진을 통해 투자자극과 소비증대를 위한 동아시아 전체 협력을 강조하고 있어 경제산업성의 FTA추진 전략과 일맥상통하고 있다. 이것은 동아시아 경제성장이 일본의 지속적인 성장을 유인한다는 인식과 같다고 할 수 있

34) 위의 책, p. 5.
35) 経済産業省, 『通商白書』(東京: 時事画報社, 2007), p. 232.
36) 위의 책, p. 237.
37) 経済産業省, 『通商白書』(東京: 日経印刷, 2008), p. 382.
38) 経済産業省, 『通商白書』(概要) (東京: 日経印刷, 2009), p. 20.

다.[39] 이러한 인식은 정권이 교체되어도 계승되고 있다. 그것은 아소 총리 이후 민주당의 하토야마 유키오(鳩山由紀夫)총리도 아시아 중심의 경제외교를 강조하고 있다는 점에서 확인할 수 있다. 하토야마 총리는 동아시아 공동체 구축을 위해 동아시아 정상회의 16개국 합의에 의해 2008년 6월에 설립된 동아시아·ASEAN경제연구센터(Economic Research Institute for ASEAN and East Asia: ERIA)에 기대를 나타내면서 동아시아 지역의 협력을 강조하고 있다. 이것은 동아시아 내수시장에 시야를 둔 일본의 성정전략 실현에 있어 역내의 제도정비, 표준화 등의 분야에 ERIA가 중요한 역할을 할 것이라는 기대감이 작용한 것이라고 할 수 있다.

2010년 일본은 APEC의장국으로 APEC주변 환경의 변화를 지역주의 측면과 글로벌 지역주의 측면에서 접근해 경제적 영향력 강화의 기회로 생각하고, 동아시아 공동체 구상과 미국 제안의 FTAAP구상에 대한 구체적 논의를 전개시킬 것으로 예상된다.[40] 미국 제안의 FTAAP에 대한 참여의지는 15개 분야의 자발적 조기 자유화로 1997년 아시아 금융위기에 효과적으로 대응하지 못했다는 APEC의 새로운 움직임에 있다. 이것은 APEC의 활동 분야가 확대되어 글로벌화에 대응하는 기동성과 유연성을 높이는 조직개혁이 진행되고 있다는 것이 작용한 것이다. 단기적으로 FTAAP의 실현가능성이 없다고 할 수 있지만, 아시아 태평양지역 역내 제도정비가 진행된다면 장기적으로 실현가능성이 있다는 인식이 내재되어 있다는 것을 나타낸다.[41]

---

39) 経済産業省,『通商白書』(東京: 日経印刷, 2009), p. 270.

40) 21개 국가·지역으로 구성되어 있는 APEC는 경제규모가 세계50%인 26.9조 달러, 역내 무역비율이 65.1%, 인구구성에서도 세계인구의 40%인 26.8억 명이다. 역내 무역비율에서는 ASEAN+3에서 38.5%, ASEAN+6에서 43.5%로 단기적으로 실현가능성이 낮지만, APEC의 FTAAP가 실현된다면 규모와 파급효과가 클 것으로 사료된다.

41) 연구 활동분야의 대상은 무역투자, 중소기업, 인재육성 등으로 경제법제도의 정비, 경쟁정책·규제완화 분야도 포함되어 있다. 菊池努, "APECグローバル·リジョナリズムの可能性,"『外交フォーラム』(東京: 都市出版, 2008), p. 37. 의사결정방식은 기존의 합의를 유지하면서 선구자적 방식을 채택해 유연성을 높였다고 할 수 있다. 심상겸·박성훈·박순찬·박인원,『APEC 보고르 목표 실행전략, 시나리오별 효과분석』(서울: 대외경제정책연구원, 2005년), p. 40.

이처럼 경제산업성의 전략은 1990년대 이후 계속되고 있는 장기불황에서 벗어나기 위해 동아시아 지역과 FTA를 적극적으로 추진하고 있고 열린 지역주의를 제도적으로 강화하려는 자세를 취하고 있다. 이것은 외무성 추진의 FTA전략이 WTO체제를 보완하는 수준에 있다는 것과 비교해 지역통합에 적극적인 자세를 취하고 있다는 점에서 차이가 있다.

6. 재무성과 농림수산성의 FTA 추진전략

1) 재무성의 FTA추진 전략

재무성은 관세·외환거래심의회 관세분과위원회에서 도하라운드가 실패한 2001년부터 FTA추진에 대해 심의를 시작했다.[42] 심의는 WTO체제 유지와 강화를 기본으로 하면서 경제 활성화를 위해 WTO와 정합성을 갖는 FTA 활용에 대한 것부터 시작되었다.[43] 관세분과위원회는 2002년에 농업보조금과 부당한 수입금지 및 제한폐지를 교섭의 목표로 설정해 WTO체제 개혁을 논의했지만, 2003년에는 다자간 무역체제의 한계로 WTO체제의 보완역할로 FTA를 설정했다. 이것은 외무성의 FTA추진 전략과 동일한 것이라고 할 수 있다.[44]

2004년과 2005년에는 FTA추진 관련의 언급은 특별히 없었고, 2006년부터 FTA추진에 대한 논의가 활발히 진행되고 있다.[45] 여기에서는 확대 동아시아 경제협력 구상과 FTAAP에 대해 언급하면서 다국간 교

---

42) 大賀哲, "EPA政策から構造改革へ,"『国際協力論集』第15巻 第3号(2008), p. 117-129.

43) 分科委員会 資料,『最近の関税政策をめぐる諸問題』(東京: 財務省, 2002), p. 4; 分科委員会 資料,『自由貿易協定をめぐる最近の情勢と関税政策の対応のあり方に関する企画部会長報告』(東京: 財務省, 2001), p. 3.

44) 大賀哲, 앞의 논문, p. 125

45) 分科委員会 資料,『経済連携協定の動向』(東京: 財務省, 2006), p. 10.

섭의 주도권 발휘를 위해서는 개혁이 진행되고 있지 않는 분야에서의 개혁을 통해 리더십을 발휘할 필요가 있음을 강조하고 있다.[46] 이것은 논의의 진전이 없어 교착상태에 있는 농업의 시장접근, 국내지지(보조금), 비농산품 시장접근을 해결하기 위해 일본이 주도적 역할을 해야 한다는 것으로, 산업구조 개혁과 맞물려 산업의 체질 강화를 의식한 것이라고 할 수 있다.[47] 산업의 체질 강화는 국제경쟁력 향상으로 연결되어 다자간 무역체제와 FTA협상과정에서 유리한 카드로 활용할 수 있다는 인식이 작용한 것이라고 할 수 있다.

2007년에는 신성장경제를 슬로건으로 농업의 체질강화와 아시아와 함께 성장하는 메커니즘 강화를 강조하고 있다.[48] 즉 침체되어 있는 경제에 활력을 불어 넣기 위해 민감한 부분으로 분류되는 농업부문의 체질 개선을 FTA체결을 통해 적극적으로 추진하겠다는 의지를 나타낸 것이다. 이를 위해서는 FTA교섭을 전략적으로 전개할 필요가 있어 FTA 공정표를 개정해 2009년 초까지 12개 이상의 FTA체결을 목표로 설정했다.[49]

2) 농림수산성의 FTA추진 전략

농림수산성은 2004년 6월 '경제협력(EPA), 자유무역협정(FTA)교섭에서의 농림수산물 취급에 대한 기본방침'을 발표하면서 FTA추진 정책에 본격적으로 참가하기 시작했다. 이것은 FTA를 WTO체제의 보완적 위

46) 分科委員会 資料, 『最近の関税を巡る国際的諸問題』(東京: 財務省, 2006), p. 3; 分科委員会 資料, 『経済連携協定の動向』(東京: 財務省, 2006), p. 12.
47) 일본이 FTA에 적극적인 자세를 보이는 것은 산업계의 우려가 작용한 것이다. Saadia M. Pekkanen, "Bilateralism, Multilateralism, or Regionalism? Japan's Trade Forum Choices," *Journal of East Asia Studies*, vol. 5(2005), pp. 77-103; Hidetaka Yoshimatsu, "Japan's kedanren and Free Trade Agreements: Societal Interests and Trade policy," *Asian Survey*, vol. 45, no. 2(2003), pp. 258-278.
48) 分科委員会 資料, 『経済連携の最近の動きについて』(東京: 財務省, 2007), p. 7.
49) 分科委員会 資料, 『最近の関税を巡る国際的諸問題』(東京: 財務省, 2008), p. 6.

치로 설정하고 FTA체결을 통해 일본의 식량안보 확보와 농림수산의 구조개혁을 추진하겠다는 의지를 나타낸 것이라고 할 수 있다. 11월에는 '농림수산 분야의 아시아 지역과의 FTA추진에 대해'를 발표해 아시아 지역과의 FTA체결을 통해 아시아 지역의 식량 안전보장 및 농림어업·식품산업의 공존과 공영의 실현 의지를 나타냈다.[50] 이것은 FTA가 WTO의 보완적 위치에 있다는 전제 하에 아시아 지역과의 FTA를 적극적으로 추진하겠다는 것이다. 2009년에는 농업 구조개혁과 국익창출을 위한 FTA교섭을 강조하고 있지만,[51] 이것은 2004년의 발표한 '경제협력(EPA), 자유무역협정(FTA)교섭에서의 농림수산물 취급에 대한 기본방침'을 토대로 작성한 것이다. 즉 2009년 발표는 2004년 발표내용을 포괄하면서 아시아 지역과 무역·투자·경제협력을 통한 녹색 FTA를 추진하겠다는 것이다.[52]

이처럼 농림수산성의 FTA추진 전략은 기본적으로 외무성과 경제산업성의 전략과 거의 비슷한 내용으로 구성되어 있고, FTA추진에 의한 농업개혁의 의지를 나타낸 것이라고 할 수 있다.

한편, FTA추진에 있어 정부부처 간의 고유정책영역에 의한 대립을 조정하는 곳으로 경제재정자문회의가 있다. 경제재정자문회의는 2001년 정부개편에 따라 내각부의 '중요정책에 관한 회의'의 하나로 경제정책의 중요사항에 대해 심의를 담당했지만, 2009년 하토야마 유키오(鳩山由紀夫)내각에서 실질적으로 폐지되었다.

경제재정자문회의는 FTA교섭 내용이 다양해지면서 정부부처 간 이해관계를 조절하기 위해 포괄적 심의를 주관했다. 자문회의에서는 전문적으로 FTA정책에 관한 사항을 심의하는 '글로벌 구조개혁 전문조사회'의 'FTA·농업 워킹그룹'이 설치되어 2007년 1차 보고서를 발표했다. 여기에서는 자유무역 체제의 공헌을 포함해 '주장하는 경제외교'를 강조하고 있다. 주장하는 경제외교는 FTA의 전략적 전개와 교섭 가속의 중요

---

50) 農林水産省, 『農林水産分野におけるアジア諸国とのEPA推進について: みどりのアジア推進戦略』 (東京: 農林水産省, 2004), p. 1.

51) 農林水産省, 『経済連携協定(EPA)·自由貿易協定(FTA)とは何か』 (東京: 農林水産省, 2009), p. 5.

52) 위의 책, p. 6.

성을 지적하고 있다. 여기에서는 FTA추진의 적극적인 자세가 자유무역과 투자를 촉진하여 세계경제발전에 기여한다는 것으로,[53] 교섭의 주도권을 발휘하기 위해서는 개혁의 진전이 없는 농업분야의 개혁이 필요하며, 이를 토대로 경제통합을 추진해야한다는 것을 지적하고 있다.[54] 이것은 농업 구조개혁의 수단으로 FTA를 이용하겠다는 것으로, 개혁의 의지를 천명해 통상교섭에 유리한 카드로 활용하고, 다자간 무역체제에서의 자유무역을 추진하겠다는 의도가 내재되어 있다.[55] 이를 구체적으로 실행하기 위해서 동아시아 지역과 적극적으로 FTA체결을 추진해 네트워크를 완성할 필요가 있다고 지적하고 있다.[56]

구조개혁과 관련해서는 FTA체결은 무역창출 효과를 통해 산업공동화를 억제하고 지역경제 활성화에 기여하며,[57] 에너지 문제와 관련해서는 자원의 안정적 공급을 위해 자원이 풍부한 국가들과 우선적으로 FTA를 체결해 포괄적 네트워크 형성을 강조하고 있다.[58] 이를 토대로 2007년 5월 18일 경제재정자문위원회에서는『글로벌 전략』을 발표해, 일본과의 무역량이 많고 일본기업의 생산 네트워크가 구축되어 있는 동아시아 지역과의 FTA체결을 추진하는 것이 경제적 이익창출에 기여한다는 결론을 내리고 있다.[59]

이상에서 FTA추진 전략을 정부부처별로 개관했다. FTA추진 전략은 정부부처별 고유정책 영역에 대한 인식이 작용해 미묘한 차이를 보이고 있지만, 공통적으로 국익창출에 목적이 있다. 일본은 기본적으로 WTO체제 유지와 강화에 역점을 두면서 경제적 이익창출을 위한 수단으로 FTA를 이용하고 있다.

---

53) 大賀哲, 앞의 논문, p. 127.
54) グローバル化改革専門調査会, EPA·農業ワーキンググループ 第1次報告,『EPA交渉の加速, 農業改革の強化』(東京: 内閣府, 2007), p. 1.
55) 위의 책, p. 3.
56) Hatch Walter and Kozo Yamamura, "A Looming Entry Barrier: Japan`s Production Networks in Asia," *NBR Analysis*, vol. 8, no. 1(1997), pp. 3-28.
57) グローバル化改革専門調査会, 第1次報告,『グローバル化の活力を成長へ』(東京: 内閣府, 2007), p. 4.
58) 위의 책, p. 15.
59) 経済財政諮問委員会,『グローバル戦略』(東京: 内閣府, 2007), p. 7.

7. 결론

1997년 아시아 경제위기는 동아시아 지역의 경제통합에 대한 논의를 본격화 시키는 계기를 만들었다. 이러한 논의의 본격화는 역내 무역의존도 상승과 민간차원의 지역협력이 실질적 경제통합 수준에 도달했다는 것과 경제위기로 인한 역내 경기침체를 회복시킬 필요성이 작용한 것이라고 할 수 있다. 경제위기를 계기로 일본의 동아시아 외교는 소극적인 자세에서 적극적인 자세로 전환되어, 동아시아 경제공동체 구축의 주도권 선점을 위해 경쟁적으로 FTA를 추진하고 있다. 일본은 AFTA, 한·ASEAN의 FTA, 중·ASEAN의 FTA가 진행되고 있는 상황에서 중국 견제의 의미와 함께 일본 산업계의 요구가 작용해 구조조정의 수단으로 FTA를 적극 활용하겠다는 의지를 나타내고 있다. 이것은 거품경제 붕괴 이후 장기불황이 계속되면서 이를 타개할 목적으로 구조개혁을 실시했지만, 커다란 성과를 얻지 못해 FTA를 구조개혁의 가속을 꾀하는 지렛대로 이용하려는 것이다.

일본의 대외정책은 기본적으로 다자간 무역체제 중시의 입장을 견지하고 있지만, 회원 증가에 따른 교섭 정체가 계속되면서 FTA를 적극적으로 추진하고 있다. 각 부처의 추진전략을 정리하면 다음과 같다.

첫째, 외무성은 WTO체제 유지와 강화를 기본으로 하고 있지만, 교섭의 정체가 계속되면서 국익증진을 위한 수단으로 FTA를 추진하고 있다. 이것은 경제성장뿐만 아니라 FTA를 매개로 지역 공동체를 구축해 역내에서의 영향력을 행사하겠다는 의도가 내재되어 있다. 즉 외무성의 FTA추진 전략은 EU 및 NAFTA와 동급 수준의 동아시아 경제통합을 실현해 지역이익을 대변하고 국제사회에서 영향력을 발휘하겠다는 것이다.

둘째, 경제산업성은 국내경제의 활력을 불어넣기 위한 수단으로 FTA를 적극적으로 추진하고 있다. 1990년대 이후 장기불황으로 침체된 일본경제를 회복시키기 위한 전략으로 FTA를 적극적으로 추진해 동아시아 지역의 발전을 통해 일본의 경기회복과 지속적 성장을 추진하겠다는 것이다.

셋째, 재무성, 농림수산성, 경제재정자문회의의 전략은 외무성과 경제산업성의 전략을 답습하는 수준이다. 이것은 각 부처별 고유정책영역의 축소를 의식한 것이라고 할 수 있다.

이상에서 일본의 FTA추진 전략은 다자간 무역체제의 보완역할로 국익증진을 위한 수단으로 활용하고 있다. 그러나 이익창출 측면을 지나치게 강조하고 있는 FTA전략은 통합수준을 위한 활발한 경제교류를 저해하는 요인으로 작용할 가능성도 있다. 그것은 공동체형성을 위한 경제의 기능주의 측면을 지나치게 강조한다면 공동체구축의 실현가능성은 그만큼 작아지기 때문이다. 특히 정치적으로 상호신뢰가 없으면 경제적으로 밀접한 관계에 있다 해도 큰 성과를 거둘 수 없다. 무엇보다도 동아시아 지역은 역사적으로 대등한 관계에서의 교류가 부족했다는 사실에서 경제적 교류뿐만 아니라 문화의 다양성을 고려한 교류의 증진이 진정한 동아시아 공동체 구상의 실현에 기여할 것으로 사료된다.

참고문헌

김상겸·박성훈·박순천·박인원, 『APEC 보고르 목표 실행전략, 시나리오별 효과분석』(서울: 대외경제정책연구원), 2005.

김용민, "일본의 동아시아 공동체 구축과 CEPEA전략," 『아시아연구』 10권 2호(2007).

김용민, "일본 주요관청의 EPA추진전략: 외무성과 경제산업성의 정책언설을 중심으로," 『21세기 정치학회보』 19권3호(2009).

김용민·이기완, "아시아채권시장의 현황과 일본의 금융전략," 『아시아연구』 11권1호(2007).

김호섭, "아시아경제위기 이후의 지역주의," 『한국정치외교사논총』 제35집 제1호(2001).

박창건, "신국제정치질서의 재편과 동아시아 지역주의: '적극적 국가'로서의 일본의 역할과 한계," 『아세아연구』 제49권 2호(2006).

박창건, "동아시아에 대한 일본의 FTA전략," 『국제정치논총』 제47집 4호(2007).

이기완, "일본의 통상정책 변화와 동아시아 경제공동체," 『국제관계연구』 제28권(2010).

이승주, "일본의 생산네트워크와 지역주의 전략의 변화," 『한국정치학회보』 제43집 제3호 (2009).

이원덕, "일본의 동아시아지역 형성정책의 전개와 특징," 『日本研究論叢』 제22호(2005).

이천우, 『신아시아 경제론』(서울: 두남), 2010.

조정원, "일본의 동아시아지역공동체 구상," 『동북아문화연구』 제20집 (2009).

진시원, "동아시아자유무역협정(EAFTA)전망," 『시대와 논리』 4호(2004).

BIS, *Quarterly Review*, (Basel: Bank for International Settlement), 2005.

Desker, Barry, "In defence of FTAs: from purity to pragmatism in East Asia," *The pacific Review*, vol. 17, no. 1(2004).

Mitchell, Bernard and John Ravenhil., "Beyond Product Cycles Flying Geese: Regionalization, Hierarchy, and the Industrialization of East Asia," *World Politics*, vol. 47(1995).

Krauss, Ellis S, "The US, Japan, and Trade Liberalization: From Bilateral to Regional Multilateralism to Regionalism," *The Pacific Review*, 16(2006).

Pekkanen, Saadia M, "Bilateralism, Multilateralism, or Regionalism? Japan's Trade Forum Choices," *Journal of East Asia Studies*, vol. 5(2005).

Yoshimatsu, Hidetaka, "Japan's kedanren and Free Trade Agreements: Societal Interests and Trade policy," *Asian Survey*, vol. 45, no. 2(2003).

Walter, Hatch and Yamamura, Kozo, "A Looming Entry Barrier: Japan`s Production Networks in Asia," *NBR Analysis*, vol. 8, no. 1(1997).

浦田秀次郎·日本経濟研究センター,『日本のFTA戰略』(東京: 日本経濟新聞社), 2002.

浦田秀次郎,『ガイドブック』(東京: 日本貿易振興會), 2002.

石川幸一, "新段階に入った東アジアのFTA,"『國際貿易と投資』no. 80 (2010).

大賀哲, "WTOとFTAをめぐる政策言說と政策空間: 外務省と経産省における地域主義形成,"『國際協力論集』15巻 2号(2007).

大賀哲, "EPA政策から構造改革へ,"『國際協力論集』第15巻 第3号(2008).

菊池努, "APECグローバル リジョナリズムの可能性,"『外交フォーラム』(東京: 都市出版), 2008.

外務省,『外交青書』(東京: 國立印刷局), 1998-2001年度版.

外務省,『日本のFTA戰略』(東京: 外務省), 2002.

西川吉光,『日本の外交政策』(東京: 學文社), 2004.
通商産業省,『通商白書』(東京: 経済産業調査會), 2000-2001年度版.
経済産業省,『通商白書』(東京: ぎょうせい), 2005-2006年度版.
経済産業省,『通商白書』(東京: 時事畵報社), 2007.
経済産業省,『通商白書』(東京: 日経印刷), 2008-2009年度版.
経済産業省,『'グローバル経済戰略' 報告書の公表について』(東京: 経済産業省), 2006.
経済産業省,『グローバル経済戰略』(東京: 経済産業省), 2006.
分科委員會 資料,『最近の關稅政策をめぐる諸問題』(東京: 財務省), 2002.
分科委員會 資料,『自由貿易協定をめぐる最近の情勢と關稅政策の對応のあり方に關する企畵部會長報告』(東京: 財務省), 2001.
科委員會 資料,『経済連携協定の動向』(東京: 財務省), 2006.
森田憲·陳雲, "地域統合と経路依存：アジア統合をめぐって,『経済論集』32巻 1号(2008).

제7장

일본정치와 국가

-특수국가 형성을 중심으로-

이 기 완

1. 서론

최근, 일본에서 과거사에 대한 역사인식 변화, 국가상징의 부활, 유사 관련 3법의 국회 통과, 그리고 국제공헌이라는 명분 하에 자위대의 해외파병 실현 등과 관련하여 '일본국가의 변질'에 대한 관심이 높아지고 있다. 하지만 이러한 논의의 대부분은 전후 일본국가에 대한 체계적인 분석에서 출발하기보다는 1990년 이후 대두된 '보통국가론'을 주된 분석 대상으로 하고 있다.[1] 이는 탈냉전 이후 일본 정치사회에서 지배적인 담론으로 대두되고 있는 보통국가론이 대외정책의 변화와 동아시아 국제체제에 미칠 압력을 고려하면 당연한 귀결이라고 볼 수 있다. 그러나 그것의 태생적 기반이 된 일본국가의 '특수성'에 대한 체계적인 분석 없이 일본국가의 변질을 심층적으로 이해하는 것은 불가능하다.

제2차 세계대전 후 연합국총사령부(GHQ)의 비군사화 정책에 따라 1946년 11월 3일 요시다 시게루(吉田茂)내각은 일체의 전쟁권한 부정과 군대의 불보유를 규정한 '일본국헌법'을 제정·공포했다. 이로 인해 '평화국가' 건설의 제1막을 시작했지만, 이러한 절대적 평화주의에 입각한 국가는 미소 대립에 의해 촉발된 냉전의 격화라는 국제체제 하에서 자국의 안보문제에 심각한 딜레마를 초래하지 않을 수 없었다.

이러한 와중에 1951년 9월 8일 일본은 샌프란시스코 강화조약과 미일안보조약에 의해 독립을 달성하고 미국의 동아시아 안보전략에 편입

---

* 이 글은 "일본 '특수국가'의 형성과정 연구"(『대한정치학회보』제12집 2호)에 실린 논문을 수정하고 보완한 것이다.

1) 小沢一郎, 『日本改造計画』(東京: 講談社, 1993).

되어 소련을 중심으로 한 사회주의 진영에 대항하는 자유주의 진영의 일원이 되었다. 이러한 미일안보체제 하에서 일본은 미국의 군사력을 배경으로 한 지배권에 진출할 수 있었을 뿐만 아니라 자국의 안보에 필요한 군사비를 절약할 수 있었다. 이를 통해 일본은 1960년대 고도 경제성장을 달성하고 안정적인 통치질서를 구축할 수 있었다. 미야자와 기이치(宮澤喜一)전 총리는 이러한 일본의 국가를 '특수국가'라고 명명했다.[2] 즉, 특수국가란 "헌법 9조를 지키고 군사 소국이라는 대의명분을 바탕으로 다른 국가들과의 경제협력과 기술협력을 통해 우호적인 관계를 유지함으로써 안보를 도모해 가는 국가"를 의미하는 것이었다.

그러나 이러한 특수국가는 국민으로부터 국가에 대한 충성과 통합을 이끌어낼 수 없었을 뿐만 아니라 일본을 국제무대에서 정치 소국으로 전락시키는 결과를 초래했다. 즉, 특수국가는 헌법 9조와 미국의 경제지원 하에서 일본의 군사력을 주로 미일안보체제에 의존하며 경제의 성장과 발전노선을 추구하는 것으로 그 역할이 폄하되었다.[3]

이 글은 전후 일본에서 "어떻게 특수국가가 형성될 수 있었던 것인가" 하는 문제를 정치세력의 역학관계, 평화헌법, 그리고 미일안보체제에 초점을 맞추어 그 원인을 해명하는데 그 목적이 있다. 이러한 설명방식은 정치세력의 역학관계, 국가이념, 그리고 대미관계 등이 전후 일본국가의 특수성 형성에 큰 영향을 미쳤다는 것을 전제로 한다.

2. 연구동향 및 분석방법

1960년대부터 1980년대 후반에 걸쳐 일본 학계는 전후 특수국가의 형성을 전후 점령정책, '55년 체제'[4]의 형성, 미국의 대일정책, 그리고

---

2) 岩見隆夫, "政界再編を目論む金丸人脈,"『中央公論』9月号(1991), pp. 67-77.

3) 內田健三·早野透·曾根泰教,『大政變』(東京: 東洋經濟新報社, 1994), p. 11.

4) 55년 체제라는 개념을 처음으로 사용한 사람은 升味準之輔, "一九五五年の政治体制,"『思想』6月号(1964), p. 55; 다나카는 "55년 체제를 첫째, 헌법 개정·안보 옹호를 주장하는 보수정당(자민당)과 헌법 옹호·안보 반대를 내걸었던 혁신정당의

미일안보체제의 형성이라는 연구주제 속에서 단편적으로 다루어 왔지만, 1990년대에 들어 일본국가의 변질이 현실화된 시점에서 전후 특수국가에 대한 관심과 연구는 거의 전무한 실정이다. 또한 지금까지 특수국가에 관한 연구는 연구자들의 주관적 편견과 이념적 성향에 따라 다양한 시각—월프렌(K. V. Wolferen)의 반국가(half state)론,[5] 존슨(C. Johnson)의 자본주의적 발전지향 국가론,[6] 와타나베 오사무(渡辺治)의 기업국가론,[7] 그리고 삼두마차론(tripartite)[8]—에서 진행되어 왔다. 이 때문에 특수국가의 형성에 대한 보편적 이해가 가능한 설명들은 아직까지 없다.

더욱이 1990년대 들어 보통국가론이 정치적 담론으로 급부상하자 특수국가에 관한 연구는 정치학의 분석대상조차 되지 못하면서 점차 관심의 영역 밖으로 밀려나게 되었다. 이런 학문적 무관심은 전후 일본정치에서 주요한 역할을 수행한 특수국가의 본질 및 성격을 폄하시키는 동시에 1990년대 들어 본격화된 보통국가론에 대한 이해를 크게 제약하고 있다.

이 글에서는 전후 일본국가의 특수성을 해명하기 위해 단일적 차원이 아닌 세 가지 차원에서 분석적으로 문제에 접근해갈 것이며, 이를 통해서만 특수국가의 형성에 대한 평면적 이해가 아닌 입체적 이해를 도모할 수 있을 것이다. 그 주된 내용은 다음과 같다.

첫째, 일본국헌법과 특수국가 형성과의 관련성에 관한 것이다. 일본국헌법은 일본의 안보에 어떠한 제도적 구속을 부과하며, 또한 그것이 미국과의 안보조약 체결에 어떠한 방식으로 영향을 미쳤던 것인지를

대립, 둘째, 1과 2분의 1정당이라는 정당제의 형태, 셋째, 보수세력의 결집에 의한 정권의 독점적 유지" 등으로 정의한다. 田中愛治, "國民意識における55年體制の變容と崩壞,"『政治學年報』1996年版(1996), pp. 32-33.

5) Kaeal van Wolferen, *The Enigma of Japanese Power* (New York: Alfred A. Knopf, 1989).

6) Charlmers Johnson, *MITI and the Japanese Miracle* (Stanford: Stanford University Press, 1984).

7) 渡辺治,『企業支配と国家』(東京: 青木書店, 1991).

8) 이 이론에 따르면, 일본의 국가 또는 정치체제는 정치집단(政), 관료집단(官), 경제단체(財)의 결합을 기초로 한 삼위일체의 엘리트 집단에 의해 지배되고 있다고 한다.

검토할 것이다.

둘째, 전후 국제체제 및 미일안보체제의 하중과 특수국가 형성과의 관련성에 관한 것이다. 냉전격화, 중국혁명의 성공, 그리고 한국전쟁의 발발 등으로 대표되는 동아시아 국제체제의 구조적 압력이 헌법 9조에 의해 독자적으로 안보 확보를 달성할 수 없었던 전후 일본국가에 어떠한 정치적 구속과 주권의 제한을 초래했던 것이며, 또한 그것은 일본의 안보정책과 대외정책에 어떠한 족쇄로 작용했던 것인지를 규명할 것이다.

셋째, 정치세력의 역학관계와 특수국가 형성과의 관련성에 관한 것이다. 일본국헌법에 의해 부과된 국가의사결정에 관한 제도적 구속과 미일안보체제에 의해 부과된 국제체제의 압력 속에서 일본의 지배세력은 국가의 성격을 결정하는데 있어 수동적으로 반응했던 것인지 아니면 그러한 제도적, 구조적 틀 속에서 능동적으로 행위했던 것인지의 문제를 분석할 것이다.

3. 특수국가 형성의 국내적 요인(1)
-일본국헌법의 특수성-

1) 미국의 대일 점령정책과 헌법개정

1945년 9월부터 시작된 미국의 대일 점령정책의 핵심은 일본이 재차 세계의 평화를 위협하는 일이 없도록 일본을 평화국가로 변화시키는 것이었다. 이러한 비군사화 정책의 최고 정점에 위치하고 있던 것이 헌법개정이었다. 1945년 10월 11일 맥아더(D. MacArthur)연합국총사령관이 시데하라 기주로(幣原喜重郞)내각에 제국헌법의 개정을 시사하자 일본정부는 헌법개정을 검토할 마쓰모토 조지(松本烝治)를 중심으로 한 헌법문제 조사위원회를 설치하고 '마쓰모토 안'을 작성했다. 이 안에는 천황에 의한 통치권의 총람을 원칙으로 하면서 천황의 대권 제한, 의회의 권한 확대, 그리고 국무대신의 책임 강화 등이 포함되어 있었지만,[9] 전쟁포기 조항은 삽입되어 있지 않았다.

이 시기 각 정당들도 헌법 개정안을 준비하고 있었다. 정우회 출신의 동교회계가 중심이 되어 창당된 자유당은 헌법개정 특별조사회를 설치하고 초안 작성에 착수하여 1946년 1월 21일 헌법개정 요강을 발표했다. 여기서 "천황이 원수로서 통치권을 총람하지만, 내각책임제를 도입하여 의회의 권한을 강화한다"고 하는 국가 주권설에 입각한 헌법 개정안이 제시되었다. 1945년 11월 대일본정치회 출신들이 모여 창당된 진보당은 1946년 2월 14일에 "천황제 유지를 기본으로 하면서 의회의 뜻에 따라 통치권을 행사한다"고 하는 헌법개정 방침을 발표했다. 한편, 1945년 11월 2일 전전(戰前)의 무산 정당 제 파를 규합하여 창당된 사회당은 1946년 2월 23일에 "주권은 국가에 있으며 통치권을 분할하여 천황과 의회가 나누어 행사한다"고 하는 신헌법 요강을 발표했다. 공산당은 11월 8일 전국협의회에서 "주권은 인민에게 있고 의회는 주권을 관리한다"고 하는 신헌법의 대강을 발표했다.

각 정당의 헌법초안이 발표되는 가운데 GHQ는 마쓰모토 안에 대해 보수적인 내용으로 받아들이기 어렵다는 입장을 표명하고 독자적인 초안을 작성하기로 방침을 정했다. GHQ는 '맥아더 3원칙'—국가원수로서의 천황과 천황제의 존속, 전쟁의 포기, 봉건제의 폐지—을 작성하고,[10] 1946년 2월 3일 일본정부에 헌법개정의 지침으로 시달했다. 이 3원칙 중 제 2원칙에는 "국권의 발동인 전쟁은 폐지한다. 일본은 분쟁해결을 위한 수단으로의 전쟁뿐만 아니라 자국의 안보를 확보하기 위한 수단으로 전쟁도 포기한다. 일본이 군대를 가질 권한은 장래에도 없고, 교전권이 일본군에 부여되는 일도 없다"고 기술되어 있다.[11]

이에 입각하여 민정국에 설치된 헌법 개정안 초안그룹은 국가원수로서의 천황의 권한을 제한하고 전쟁의 포기를 핵심으로 한 발본적인 헌법 개정안을 작성했다. 1946년 2월 13일 GHQ는 일본정부에 헌법개정

9) 古關彰一, 『新憲法の誕生』(東京: 中央公論社, 1988), pp. 65-67.
10) 升味準之輔, 『戰後政治(上)』(東京: 東京大學出版會, 1983), p. 112.
11) 高柳賢三·大友一郎·田中英夫(編), 『日本國憲法制定の過程』(東京: 有斐閣, 1972), p. 99.

초안을 제시했지만, 시데하라 내각은 이를 받아들이려 하지 않았다. 이에 GHQ는 천황의 전범처리를 요구하는 주장이 연합국 내에 높다는 점을 지적하면서 일본정부의 태도 결정을 강요하자, 시데하라 내각은 이를 받아들여 3월 6일 이것을 '헌법개정 초안요강'으로 공표했다.[12] 일본정부가 원안과 상당한 차이를 보인 GHQ안을 수용한 것은 천황이 전범이 될 가능성 때문이었다. 극동 국제군사재판(도쿄재판)의 개정(開廷)이 다가오자, GHQ는 "천황 및 천황제를 보존하기 위해서는 맥아더 3원칙에 기초한 헌법 개정안을 받아들이는 것이 최선이다"고 일본정부에 권고했다.[13]

이에 시데하라 내각은 천황제를 보존하기 위해 헌법 9조를 포함해서 GHQ의 헌법 개정안을 받아들이지 않을 수 없었다. 여기서 지적하고 싶은 것은 전쟁포기 원칙이 사실은 천황제 존속과 밀접히 관련되어 있었다는 점이다. GHQ는 미국 주도의 점령정책을 원활히 수행하기 위해서는 천황제의 존속이 불가피하다고 판단했지만, 연합국 내에서는 천황의 전범처리와 천황제 폐지를 주장하는 요구도 높았다. 이에 GHQ는 천황제 폐지를 요구하는 연합국의 주장을 극복하기 위한 담보로서 전쟁포기의 원칙을 헌법에 포함할 필요가 있었던 것이다.[14]

2) 요시다 내각의 성립과 일본국헌법의 제정

헌법개정을 둘러싼 논의가 고양되는 가운데, 1946년 4월 10일에 실시된 총선거에서 시데하라 내각의 여당 진보당이 공직추방의 영향을 받아 제2당으로 전락했다. 한편 자유당은 제1당이 되어 정권형성에 착수했지만, 그 목전에서 하토야마 이치로(鳩山一郎)총재가 GHQ에 의해 공직추방을 당했고,[15] 이를 계기로 친미 노선을 견지하고 있던 요시다

12) 升味準之輔, 앞의 책, pp. 113-114.
13) 北岡伸一, "9條は平和主義の象徵にあらず," 『Voice』3月号(2001), p. 81.
14) 小林直樹, 『憲法第9條』(東京: 岩波書店, 1982), pp. 35-36.
15) 增田弘, 『公職追放: 三大政治パージの研究』(東京: 東京大學出版會, 1998), pp. 25-66.

가 정권을 장악하게 되었다.

요시다 내각은 민정국 안을 토대로 헌법개정 초안을 작성하여 6월 20일에 소집된 제국의회에 제출했다. 6월 26일 중의원 본회의에서 요시다 총리는 헌법 9조에 대해 자위권 발동으로서의 전쟁과 교전권을 포기한다고 주장하면서 제안의 취지를 다음과 같이 설명했다. "오늘날 일본에 대한 불신은 일본이 호전국으로 언제 재군비를 추진하여 세계의 평화를 위협할지 모른다는 것이다. 그러므로 일본은 교전권을 우선적으로 포기하여 세계평화 우호국의 선두에 서 세계평화 확립에 공헌하는 결의를 헌법에 표현하고 싶다."[16] 이러한 요시다 총리의 입장은 헌법개정을 전후하여 일본정부가 자위전쟁 및 자위권조차 부정하고 있음을 알 수 있다. 특히 요시다 총리는 만주사변 및 대동아 전쟁이 자위라는 명분 하에 행해졌던 것을 인정하고, 일본을 호전국으로 보는 세계의 의혹을 불식할 필요가 있었던 것이다.

정부 제출의 헌법개정 초안을 심의하기 위해 1946년 7월 25일 아시다 히토시(芦田均)를 위원장으로 하는 소위원회가 설치되었다. 이 소위원회는 헌법 9조에 대한 본격적인 심의를 통해 9조 원안에 커다란 수정을 가했다. GHQ는 '아시다 수정'이 장래에 일본의 재군비 가능성을 열어주는 것이 된다는 것을 알고 있었지만, 냉전 격화라는 국제정세로 인해 이를 묵인했던 것이다.[17]

그러나 극동위원회는 아시다 수정에 문제를 제기하면서 심의 중인 헌법 초안에 문민조항을 삽입하도록 요청했다. 이에 맥아더는 극동위원회의 의향이 헌법 조문에 실리도록 요시다 내각에 요구했다. 본래 맥아더와 요시다는 헌법 9조를 비무장의 의미로 이해하여 문민 통제를 헌법에 규정할 필요가 없다고 생각했지만, 아시다 수정에 의해 재군비의 가능성이 제기되고 있어 문민 조항을 삽입하게 되었던 것이다. 그 결과 극동위원회도 1946년 9월 25일 아시다 수정을 포함한 헌법 초안을 승인하게 되었다.

이러한 수정을 거쳐 정부안은 귀족원과 중의원에서 가결되어 요시다

16) 猪木正道, 『評伝吉田茂』(東京: 読売新聞社, 1981), p. 85.
17) 江藤淳(編), 『占領史緑(下)』(東京: 講談社, 1989), p. 57.

내각은 1946년 11월 3일 교전권의 부인과 군대의 불보유를 규정한 일본국헌법을 제정·공포하기에 이르렀다. 이는 일본인 스스로의 민주주의에 대한 자각과 메이지 헌법 체제의 철저한 부정에 입각해서 일본정부의 주도로 제정된 것이 아니라 GHQ에 의해 외압적으로 강요된 정치적 타협의 부산물이었다.[18] 즉 신헌법은 일본정부가 구상했던 것이 아니라 GHQ에 의해 기안되고 그 수락을 강요받았던 것이다. 일본정부는 천황제 존속의 대가로 어쩔 수 없이 이를 받아들였던 것이다.[19]

4. 특수국가 형성의 국제적 요인
-국제체제와 미일안보조약-

1) 헌법 9조와 안보구상

1946년 11월 3일 제정된 일본국헌법은 9조에서 "일본국민은 정의와 질서를 기조로 하는 국제평화를 성실히 희구하며, 국권의 발동인 전쟁과 무력에 의한 위협 또는 무력의 행사는 국제분쟁을 해결하는 수단으로 영구히 포기한다. 이러한 목적을 달성하기 위해 육·해·공군 및 그 밖의 전력을 보유하지 않는다. 국가의 교전권을 인정하지 않는다"고 규정하여 교전권의 부인과 군대의 보유 금지를 명확히 했다.[20] 즉 헌법 9조에 의해 일본은 군대를 보유하지 못하는 특수국가가 되었고, 자국의 독자적인 군대 이외의 수단으로 자국의 안전을 확보하지 않으면 안 되는 절체절명의 상황에 직면하게 되었다. 따라서 일본 지배세력에게 있어 가장 중요한 정치적 과제는 자국의 안보를 어떻게 확보해야 하는가의 문제였다. 1946년 일본국헌법이 제정될 당시 일본 지배세력은 헌법

18) 渡辺治, 『政治改革と憲法改正』(東京: 青木書店, 1994), p. 219.
19) 憲法調査會事務局(編), 『憲法制定の經過に關する小委員會報告書』(東京: 大藏省印刷局, 1961), p. 347.
20) 99資料 政治·経済』(東京: 清水書院, 1999), p. 95.

9조에 의해 야기될 수 있는 안보 위협에 대한 대응방안으로 영세중립, 타국에 의한 일본방위, 유엔에 의한 보호 등을 검토하고 있었다.

이러한 와중에 1947년 3월 맥아더는 "일본의 비군사화·민주화라는 점령목적이 달성된 이상 점령은 1년 이내에 종결되어야 하며, 평화조약 체결 후 연합군은 즉각 철수하고 독립회복 후 일본의 안보는 유엔관리하에 위임되어야 한다"고 주장했다.[21] 맥아더 연설을 계기로 일본은 강화 후 안보문제와 관련하여 초기의 영세중립의 입장에서 유엔에 의한 안보로 선회했다. 그러나 일본 지배세력은 미소 간 대립이 심화되는 상황에서 유엔이 강대국 간 대결의 장으로 변질되고 평화유지 기능이 마비되자, 자국의 안보를 유엔에 기대하기보다는 직접 미국에 의존하여 독립 후 일정기간 방위를 미국에 위임하려는 경향을 보이기 시작했다.

이는 당시 국제체제 하에서 미소가 대립하고 상호 거부권을 행사한 결과, 유엔이 유효한 기능을 수행할 수 없는 상황에 직면했던 것에 기인한다. 이러한 유엔에 안보를 의존하는 것은 일본 지배세력에게 있어 안보 위협이 발생할 경우 자국의 파멸을 의미하는 것이었다. 따라서 일본 지배세력은 유엔에 의한 안보 확보 구상에서 내용상으로 전혀 다른 미국과의 양자간 협정을 통해 자국의 안보를 모색하는 새로운 방향으로 정책을 전환하기 시작했다.[22]

1947년 5월 6일 쇼와(昭和)천황은 맥아더와의 회담에서 "강대국이 거부권을 가진 유엔에 일본의 안보를 위임하는 것에 불만을 표시하면서 미국의 군사력에 안보를 위임하고 싶다"는 의향을 내비치었다.[23] 또한 1947년 6월 사회·민주·국민협동 3당 연합에 의해 성립된 가타야마 데츠(片山哲)중도연립내각에서 아시다 외상은 9월 13일에 제8군 사령관 아이첼버거(R. Eichelberger)에게 안보에 관한 일본정부의 입장이라는 문서를 제출했는데,[24] 여기서 "국내적 소요는 일본의 독자적인 힘으

---

21) 五十嵐武士, 『戰後日米關係の形成』(東京: 講談社, 1995), pp. 14-18.

22) 楠綾子, "占領下日本の安全保障構想," 『六甲台論集』第45巻 3号(1999), pp. 31-32.

23) 児島襄, 『日本占領 第3巻』(東京: 文芸春秋, 1978), pp. 26-29; 五百旗頭眞(編), 『戦後日本外交史』(東京: 有斐閣, 1999), p. 58.

24) 芦田均(進藤栄 ·下河辺元春編), 『芦田均日記 第7巻』(東京: 岩波書店, 1986), p. 400.

로 해결할 수 있다고 전제한 후, 국제적 불안이 증대되는 상황에서 적어도 유엔이 헌장 규정에 기초하여 그 기능을 발휘할 수 있을 때까지, 미일 간 특별협정을 체결하여 자국의 방위를 미국에 위임하고 싶다"는 의사를 표시했다.[25)]

이 문서는 미묘한 표현의 차이는 있었지만 실질적으로는 유엔에 의한 안보를 거부하고 명목상으로는 미군에 의한 안보를 지향한다는 점을 명확히 한 것이었다.[26)] 요시다에 의하면, "이 문서가 미군의 일본 주둔을 적극적으로 희망했던 것이 아니라 하더라도, 그 방향성은 후일 미일안보체제의 근간을 이루는 것과 전적으로 동일한 것이었다"고 한다.[27)] 요시다는 이러한 입장을 지지했고, 후일 정권을 장악하여 그 실현을 지향했다. 더욱이 쇼와 천황은 9월 19일 GHQ 정치고문인 시볼드(W. Sebald)에게 "미국이 오키나와를 포함한 류큐 열도를 일본에 주권을 남기는 형태로 계속 점령하는 것이 미국의 이익이 되는 동시에 일본을 지키는 것이 된다"고 언급했다.[28)]

2) 냉전과 점령정책의 전환

일본 지배세력이 안보문제를 둘러싸고 대략적인 의견의 일치를 보이고 있던 것과는 달리, 미국 내에는 일치된 입장이 부재했고, 특히 GHQ와 국방성 사이에는 커다란 이견이 있었다.[29)] 이 때문에 맥아더의 조기강화론은 유럽에서 냉전이 본격화하고, 미국의 대소 공존불가 입장이 구체화되면서 커다란 반응을 불러일으키지 못했다. 또한 유럽에서의 냉전 격화로 인해 아시아의 대외정책을 본격적으로 검토할 여유가 없었

25) 吉田茂(a), 『回想10年 第3巻』(東京: 中央公論社, 1998), pp. 140-141.
26) 渡邊昭夫, "講和問題と日本の選択," 渡邊昭夫·宮里政玄(編), 『サンフランシスコ講和』(東京: 東京大学出版会, 1986), p. 35.
27) 吉田茂(a), 앞의 책, p. 141.
28) 寺崎英成·マリコ·テラサキ·ミラー(編), 『昭和天皇独白録: 寺崎英成·御用掛日記』(東京: 文藝春秋, 1991), pp. 331-332.
29) 이기완, 『일본외교와 동아시아』(서울: 매봉, 2009).

던 미국은 국무성 극동국에 평화조약안 초안의 작성을 지시함과 동시에 극동위원회에 대해 대일 강화예비회의의 개최를 제안했다. 이에 대해 소련은 7월 22일 미국이 관련국과 사전에 어떠한 협의도 하지 않은 채 일방적으로 대일 강화예비회의를 소집한 것에 절차상의 문제가 있다고 반발했다.

이러한 절차상의 문제를 둘러싸고 미소의 대립이 격화되는 가운데 대일 강화예비회의는 1948년 1월에 중단되었다. 이러한 이면에 냉전 격화가 있었다는 것은 말할 필요도 없다. 즉 냉전의 격화는 일본의 강화와 안보를 둘러싼 좌표축을 변화시키기 시작했던 것이다. 또한 미국 내에도 일본의 안보를 유엔에 위임하는 것이 비현실적이라고 보는 견해가 상당히 설득력을 얻고 있었다.

특히 모스크바 주재 외교관이었던 조지 케넌(G. Kennan)은 극동국이 작성한 대일 평화조약안을 맹렬히 비난하면서 소련과의 협의를 전제로 하는 것 자체가 오류라고 주장했다.[30] 그는 대일 강화가 체결되기 전에 정치적, 경제적으로 일본을 안정시켜 소련의 세력권으로 전락하는 것을 막는 것이 중요하다고 역설했다. 이러한 목적을 달성하기 위해 케넌은 대일 강화의 교섭을 일시적으로 중지하고 경제부흥을 최우선 과제로 설정하여 경제 원조를 통해 일본을 부흥시키는 것이 필요하다고 주장했다. 이러한 와중에 가타야마—아시다 중도연립내각이 붕괴하고 '역코스 노선'을 지지하는 제2차 요시다 내각이 성립했다.

요시다 내각이 미국으로부터의 강력한 경제안정화 요구와 혁신세력의 도전에 직면한 가운데 동유럽에서 친소정권의 확대와 아시아 지역에서 중화인민공화국의 성립으로 미국도 대일 강화의 움직임을 본격화하지 않을 수 없게 되었다. 즉 중국의 공산화는 미국의 냉전전략에서 일본의 전략적 가치를 결정적으로 높이는 계기가 되어 대일 강화 연기라는 그때까지의 정책을 수정하여 강화를 촉진하는 방향으로 정책을 변경했다. 이는 이미 비군사화라는 점령목적이 충분히 달성되었고 장기에 걸친 점령이 일본인의 반미감정을 자극할 우려가 있으며 소련이 그

---

30) 五十嵐武士, "対日講和の提唱と反共観の位相," 『国際問題』196号(1976), pp. 41-59.

러한 일본인의 불만을 이용하여 조기강화를 주장할 가능성이 있던 것에 기인한다.

3) 대일강화조약 및 미일안보조약을 둘러싼 정치과정

1948년을 기점으로 미국의 대일 점령정책이 변화의 조짐을 보이는 가운데, 일본 내에서는 평화조약 체결방식을 둘러싸고 사회주의 국가를 포함한 모든 교전국과 강화조약을 체결해야 한다고 주장하는 '전면 강화론'과 중소를 제외하고 미국을 중심으로 한 서방제국만으로 조기에 강화조약을 체결하자는 '다수 강화론'이 대립하고 있었다.[31]

이러한 가운데 요시다 총리는 1949년 11월 11일 참의원에서 "다수 강화라도 그것이 점진적으로 전면 강화로 나아갈 수 있다면 기꺼이 수용할 용의가 있다"고 발언하여 다수 강화를 통해서라도 주권을 조기에 회복할 입장을 명확히 했다.[32] 이러한 입장의 이면에는 요시다가 다수 강화에 의해 일본이 받을 불이익—소련·중국과의 전쟁상태 지속—보다는 얻게 될 정치적, 경제적인 이익이 훨씬 크다는 점이 작용하고 있었다. 그러나 외무성은 다수 강화를 상정할 경우, 자국의 안보를 위해 평화조약 후에 일본 영역 내에 주둔을 인정할 것인가의 여부를 둘러싸고 의견이 사분오열되어 있었다. 주된 쟁점의 차이는 다음과 같이 두 가지로 구분할 수 있다.[33]

첫 번째의 입장은 일본영역 내 주둔, 군사기지 설정은 가능한 한 피해야 하지만, 그것이 불가능한 상황이 되었을 경우에도 일본 본토 내를 피하고 주변도서에 국한해 인정해야 한다는 것이다. 두 번째의 입장은 일본 본토 내 주둔을 필요로 하며 주둔을 국제안보뿐만 아니라 국내치안의 측면에서도 필요하다는 것이다. 그러나 외무성의 대세는 강화 후 일본영역에 외국군이 주둔하는 것에 소극적이었다.

---

31) 西川吉光, 『日本政治外交史論 (上)』(京都: 晃洋書房, 2001), p. 134.
32) 『第六回国会参議院会議録 第8号』1949년 11월 12일, p. 84.
33) 楠綾子, 앞의 논문, pp. 50-51.

한편 당시 사회당을 비롯한 반대세력의 입장은 정부 측 입장과는 상당한 차이를 보이고 있었다. 사회당은 12월 5일 '강화문제에 관한 당의 일반적 태도'를 결정하여 '전면 강화, 중립 견지, 군사기지 반대'의 평화 3원칙을 주창하고 요시다 정권의 다수 강화를 저지할 방침을 명확히 했다.[34] 또한 시민사회 내의 평화문제간담회도 전면 강화, 독립 후 일본의 영세중립과 유엔에 의한 안보, 군사기지 설치반대 등을 주장했다. 그러나 결과적으로 사회당 좌우파의 분열에 의해 요시다 내각이 추진하는 다수 강화를 저지하고 전면 강화를 주도할 정치세력의 결집은 실현되지 못했다.

위에서 언급한 바와 같이 1949년 12월 시점에서 일본 지배세력과 외무성이 다수 강화에 대해서는 의견의 일치를 보였지만, 안보문제를 둘러싸고는 의견이 대립했다. 이 때문에 요시다는 비공식적으로 외무성을 매개하지 않고 직접 미국에 자신의 입장을 전달하면서 안보문제를 주도하기 시작했다. 또한 요시다는 1947년 9월 '아시다 문서'에서 보여진 방식, 즉 미일 간 특별협정을 체결하고 미국에 일본의 안보를 의존하는 방식 이외에 다른 대안이 없다는 결론에 이르렀다.[35]

더욱이 요시다 총리는 미국이 일본과의 강화에 적극적으로 나서지 못하는 것이 강화 후 미군기지의 처리에 대한 국무성과 국방성의 의견대립에 있다는 것을 정확히 간파하고 있었다.[36] 특히 군부가 일본이 가진 전략적 중요성과 군사기지 확보의 필요성을 이유로 조기강화에 반대한다는 점도 인지하고 있었다.[37] 당시 국방성은 일본이 주권을 회복하면 중립주의 혹은 공산주의 진영에 편입될 가능성이 높다고 판단하고 있었다. 따라서 일본에 미군기지를 확보하는 것을 중시하던 군부에

---

34) 月刊社会党編集部,『日本社会党の30年』(東京: 日本社会党中央本部機関紙局, 1976), p. 122.

35) 吉田茂(a), 앞의 책, pp. 138-141.

36) Michael Schaller, *The American Occupation of Japan* (New York: Oxford University Press, 1984), pp. 256-258.

37) United States Department of State, *Foreign Relations of the United States, 1949, vol. 7, Part 2 The Far East and Australasia* (Washington: U. S. Government Printing Office, 1975), pp. 774-777.

게 있어 현상에서의 대일강화는 미군기지로서 일본의 상실을 의미하는 것이었다.[38] 반면 국무성은 한정된 미군기지와 일본 재군비를 내용으로 한 온건한 강화가 필요하며, 점령의 장기화가 친미·반공을 기초로 하는 미일 간 합의를 파괴할 가능성이 있다고 주장했다.[39]

요시다 총리는 강화 후에도 미군의 일본주둔을 인정할 것이라는 점을 명확히 하기 위해 1950년 4월 시라스 지로(白洲次郎)와 이케다 하야토(池田勇人)대장상을 외무성과의 사전 협의 없이 비밀리에 미국에 파견했다. 시라스는 "점령의 장기화는 일본인의 반미의식을 고양시켜 요시다 내각에 커다란 타격이 되며 일본의 영세중립은 현실적으로 가능하지 않다"는 점을 전달했다. 또한 이케다는 "강화조약이 체결되더라도 일본 및 아시아 지역의 안전을 보장하기 위해 미군을 일본에 주둔시킬 필요가 있을 경우, 미국 측이 그것을 희망하면 일본정부도 그것을 진지하게 검토할 것이다"는 요시다 총리의 입장을 미국에 전달했다.[40] 이를 통해 요시다는 조기강화가 주일미군의 지위를 하등 위협하지 않는다는 점을 직접 미국에 보증하려고 했다.[41] 당시 요시다 총리는 미군의 일본주둔 문제를 미국과의 조기강화를 실현하고 독립 후 일본의 안보를 확보하기 위한 '협상 수단'으로 간주했다.[42]

이러한 와중에 발발한 한국전쟁은 일본의 진로에 커다란 영향을 미치게 되었다. 첫째, 일본에 주둔하고 있던 미 4개 사단 중 3개 사단이 한국으로 파병되자 국내치안의 유지에 커다란 불안이 발생하게 되었다. 맥아더는 미군의 한반도 파병으로 인해 발생된 공백을 메우기 위해 일

38) 宮里政玄, "アメリカ合衆国政府と対日講和," 渡邊昭夫·宮里政玄(編), 앞의 책, p. 121.

39) Michael Schaller, op. cit., p. 248.

40) 池田勇人, 『均衡財政』(東京: 中央公論新社, 1999), pp. 230-236; 宮沢喜一, 『戦後政治の証言』(東京: 読売新聞社, 1991), p. 25; 三浦陽一, 『吉田茂とサンフランシスコ講和 上巻』(東京: 大月書店, 1996), pp. 201-215; Marie D. Strazer, "Japanese Efforts to Influence A Peace Settlement 1945-1951," Thomas W. Burkman(ed.), *The Occupation of Japan: The International Context* (Virginia: The MacArthur Foundation, 1984), pp. 195-211.

41) 宮里政玄·草野厚(訳), 『日本が独立した日』(東京: 講談社, 1984), p. 68.

42) 西川吉光, 앞의 책, p. 138.

본정부에 경찰력 증강의 필요성을 역설하고 경찰예비대의 창설과 해상보안청 8천명의 증원을 시달했다. 이에 요시다 총리는 헌법과의 정합성을 고려하지도 않은 채 단지 치안강화의 기회로 받아들여 경찰예비대를 창설했다.43) 둘째, 이 전쟁으로 인해 단독강화가 급부상하게 되었다. 한국전쟁은 일본인의 평화주의, 이상주의를 일거에 현실주의로 회귀시키는 계기로 작용했다.44) 셋째, 일본은 한국전쟁의 후방보급기지로서의 역할을 통해 경제부흥의 발판을 마련했다.45) 넷째, 일본정부 초미의 관심사인 강화 실현에 유리한 환경을 제공해 주었다. 즉 일본의 대소 전략상의 가치를 인식하게 된 미국에 일본을 서방진영에 편입시키기 위해 관대한 강화를 조기에 실현하는 것이 필요하다는 인식을 갖게 했던 것이다.46)

트루먼(H. Truman)정부는 1950년 9월에 대일 강화에 대해 관계국과의 교섭을 시작했지만, 10월 말에 중국군이 한국전쟁에 본격적으로 개입하자 상황은 일거에 급변하여 미국 측에 불리하게 작용했다. 통합참모본부는 일본의 군사적 가치를 중시하여 일본의 기지를 가능한 한 장기에 걸쳐 사용하고 싶다는 의향뿐만 아니라 소련의 일본공격을 상정하여 일본의 재군비가 불가피하다고 주장하면서 대일강화 조기추진에 대한 반대입장을 명확히 했다. 하지만 국무성의 델레스(J. Dulles)는 일본을 동맹국으로 확보하기 위해서는 오히려 강화를 추진하는 것이 유리하다고 주장했다.47)

일본정부는 이러한 미국 내의 대립을 예의주시하면서 미국과의 협의에 대비하여 강화준비작업에 착수했다. 이 준비작업에서 가장 중요한 쟁점은 강화 후 일본의 안보를 어떻게 할 것인가 하는 것이었다. 요시다 총리는 대내적인 간접침략은 자력으로 확보하지만, 대외적인 직접침략은 미국에 의존한다는 입장을 명확히 하면서 미국 측이 제시하는 재

---

43) 吉田茂, 『回想10年 第2卷』(東京: 中央公論社, 1998), p. 162.
44) 『讀賣新聞』1951년 3월 26일.
45) 中村隆英, "日米『經濟協力』關係の形成," 近代日本研究會(編), 『年報近代日本研究 太平洋戰爭』(東京: 山川出版, 1982), p. 281.
46) 五百旗頭眞(編), 앞의 책, p. 67.
47) 細谷千博, 『サンフランシスコ講和への道』(東京: 中央公論社, 1984).

군비 요구를 거절할 방침을 정했다. 특히 한국전쟁에 의해 일본열도의 군사적 가치가 한층 높아졌다고 판단한 요시다는 대미 교섭에서 기지를 제공하는 대가로 안보를 미국에 전적으로 의존하면서 일본의 재군비를 최대한 억제한다는 전략을 채택했다.

1951년 1월부터 시작된 교섭에서 미일 양국은 처음부터 재군비 문제로 대립했다. 미국은 일본이 자유세계의 강화에 공헌할 의사를 보이기 위해서는 재군비가 필수적이라고 주장했다. 이에 대해 요시다 총리는 군국주의 부활의 위험, 경제부흥의 지연, 아시아 주변국의 반발 등을 들어 재군비에의 반대 입장을 명확히 했다.

그러나 일본정부는 미국의 강경한 입장에 직면하여 미국의 요구에 응하지 않으면 대일 강화를 추진하는 것이 어렵다고 판단하여 5만 명 규모의 보안대의 창설과 미일 공동위원회의 설치를 주된 내용으로 한 계획안을 미국 측에 제시했다. 일본정부는 헌법 9조의 전쟁포기 규정이 있음에도 불구하고 미국 의존형 외교 하에서 책임분담요구에 응하지 않을 수 없는 입장에서 부분적인 재군비를 추진할 태도를 명확히 했던 것이다.[48]

이리하여 1951년 9월 8일 샌프란시스코 강화회의에서 대일 평화조약과 미일안보조약이 조인되었다. 일본은 샌프란시스코 강화조약의 조인으로 6년 8개월 만에 독립을 회복하고 국제사회에 복귀했다. 요시다 총리가 이를 승인했던 것은 미 주도로 체결된 조약이 무리한 배상을 요구하지 않는 관대한 것으로 되어 있어 일본의 경제부흥을 도모하려는 그의 의도와 일치했기 때문이었다.[49]

하지만 요시다 총리는 미국과의 대등한 안보조약의 체결에는 실패했다.[50] 미일안보조약에서 일본은 미군에 기지를 제공했지만, 미국의 일

48) 『朝日新聞』1951년 2월 11일.
49) 五十嵐武士, 『日米關係と東アジア』(東京: 東京大學出版會, 1999), p. 97.
50) 미일안보조약에는 여러 가지 결함이 내포되어 있는데 주된 내용은 다음과 같다. 첫째, 미국에 대한 일본의 기지제공의무는 명시되어 있던 반면 미국의 일본방위의무는 명시되지 않았다. 둘째, 내란조항으로 일본에 주둔하는 미군은 일본정부의 명시적 요청이 있을 경우, 일본국내의 내란진압에 출동할 수 있다. 셋째, 미군의 기지사용에 대한 제한이 없고 핵병기의 일본반입에 대한 금지규정이 없다. 넷

본 방위의무는 명기되지 않았다. 이는 자위권 및 집단적 자위권을 행사하지 않는 국가에 대해 상호방위의무조약의 체결을 금지한 미 상원의 '반덴버그 결의안'에 의한 것이었다.[51] 이 때문에 안보조약은 미일 상호방위의무를 규정하지 않은 채 단지 일본이 미국에 군사기지를 일방적으로 제공하는 의무만을 부과하고 미국은 일본방위의 책임을 지지 않게 되었던 것이다. 결국, 이 두 조약으로 일본은 외교의 자주적 선택권을 상실하고, 군사적으로는 근대적 국민국가의 근간인 지휘·통제권을 결여한 '반국가'로 전락하게 되었다.[52]

5. 특수국가 형성의 국내적 요인(2)
-정치세력의 역학관계-

1) 안보정책을 둘러싼 정치세력의 입장

샌프란시스코 강화조약과 미일안보조약의 체결을 전후해서, 일본의 안보를 어떻게 확보할 것인가에 대해 정치세력 내에는 다양한 입장이 존재하고 있었으며 미국과의 관계를 어떻게 할 것인가에 대해서도 정치적 합의가 성립되어 있지 않았다. 따라서 일본국가의 성격은 헌법 9조에 의해 부과된 주권의 제한과 미일안보체제에 의해 부과된 대미 의존 속에서 일방적으로 결정된 것은 아니었다. 오히려 그러한 국내외적 제약요인 속에서 자신의 이익을 추구하는 다양한 정치세력의 역학관계와 입장에 따라 그 방향이 규정되었다. <표 1>에서 보여지는 바와 같이 당시 일본의 안보를 둘러싸고 네 가지 다른 입장이 대립하고 있었다.[53]

째, 조약기한이 명시되지 않았다.

51) 西村熊雄,『サンフランシスコ平和條約·日米安保條約』(東京: 中央公論社, 1999), pp. 21-27.

52) 荒敬, "サンフランシスコ講和, "歷史學硏究會(編),『日本同時代史』(東京: 青木書店, 1990), pp. 188-189.

53) 小野直樹,『戦後日米関係の国際政治経済分析』(東京: 慶應義塾大学出版会, 2002),

〈표 1〉 정치세력의 역학관계와 안보

	정치세력	헌법문제	미일안보조약		재군비 문제
			국회승인	내용	
보수세력	요시다 세력	호헌	찬성	견지	재군비 억제
	하토야마 세력	개헌	찬성	개정	재군비 확대
	아시다 세력	호헌	찬성	견지	재군비 확대
혁신세력	사회당	호헌	반대	개정·재검토	재군비 반대

출처: 小野直樹,『戦後日米関係の国際政治経済分析』(東京: 慶應義塾大学出版会, 2002), p. 76.

첫째로, 전후 정치의 주도권을 장악했던 요시다 파의 비 개헌·재군비 억제론이다. 요시다에 의하면, "헌법 9조에 의해 군대와 군사력을 보유할 수 없는 현실적 상황에서 일본국헌법을 개정하기보다는 미일안보체제 하에서 안보를 미국에 의존하는 경무장 및 군사 소국주의 노선을 추구하면서 경제부흥을 도모하는 것이 일본의 국익에 도움이 된다"고 한다. 즉 미일안보체제에 의해 일본이 외교와 국방의 자주적 선택권을 일부 상실할 수 있지만, 경제부흥, 최소한의 재군비, 그리고 자국의 안전과 평화 확보라는 실질적 이익을 얻을 수 있다는 것이다. 그런데 요시다가 재군비에 반대한 이면에는 경제재건의 우선 또는 군국주의 세력의 대두 억제라는 것 이상으로 재군비에 대한 국민의 지지를 획득할 수 없다는 정치적 판단이 작용하고 있었다.[54)]

둘째로, 하토야마, 기시 노부스케(岸信介), 이시바시 단잔(石橋湛山)등으로 대표되는 개헌·재군비론이다. 1951년 8월 공직추방에서 해제된 하토야마는 요시다가 이끄는 자유당에 복당하여 당내 주도권을 둘러싸고 요시다와 격렬히 대립했다. 하토야마와 기시는 요시다의 친미 경제 노선에 반발하며 헌법개정, 재군비, 그리고 정치 우선주의를 주장했다. 특히 하토야마와 기시에 의하면, 일본은 주권국가이므로 군대를 대폭적으로 확충할 필요가 있고 이러한 목적을 달성하기 위해서는 헌법개정

p. 76.

54) 田中明彦,『安全保障』(東京: 読売新聞社, 1997), p. 52.

이 불가피하다고 한다.

셋째로, 요시다 파와 하토야마 파의 중간에 위치한 아시다, 시게미쓰 마모루(重光葵)를 중심으로 한 개진당의 비 개헌·재군비론이다. 요시다와의 사이에서 재군비에 대한 논쟁을 전개했던 아시다는 현행 헌법의 범위 내에서 미국 측의 재군비 요구에 진지하게 대응해야 한다는 입장을 피력했다. 또한 아시다는 일본 재군비의 근거를 소련과 중국으로부터 오는 직·간접적인 침략의 위험과 그 증대에서 찾고 있었다.[55]

넷째로, 혁신세력인 사회당의 호헌·평화론이다. 기본적으로 미일안보조약을 지지한 보수세력과는 달리 사회당은 호헌·평화를 당의 핵심정책으로 표방하면서 미일안보체제를 파기하고 중립정책을 통해 일본의 안보를 확보해야 한다고 주장했다. 하지만 1951년 10월 미일안보조약의 비준안건을 처리하기 위해 개회된 임시국회에서 사회당은 '단독 강화, 안보조약 반대'를 표방한 우파·중산파와 '전면 강화, 안보조약 반대'를 주장한 좌파가 대립 분열했다.

이러한 점을 고려하면, 향후 일본의 안보문제는 국제체제의 구조적 제약 속에서 어떠한 세력이 정치의 주도권을 장악하느냐에 따라 달라질 수 있는 유동적인 상황이었다. 이미 언급한 바 있듯이 점령기간 중 공직에서 추방된 유력 정치인들이 정계에 복귀함으로써 요시다는 보수세력 내에서 안보와 재군비에 대한 도전을 받았고, 요시다와 하토야마를 지지하는 세력을 중심으로 한 내부대립이 격렬히 전개되었다. 요시다가 경제부흥을 우선시하는 입장에서 일본의 경제력으로는 경찰예비대 정도가 적당하다고 주장했던 반면, 하토야마는 경제정책 속에서 재군비를 고려하지 않았다. 즉 요시다 파와 하토야마 파의 대립은 권력을 장악하기 위한 투쟁인 동시에 헌법개정 및 재군비를 둘러싼 정책상의 대립이었다.[56]

이리하여 요시다 파와 하토야마 파의 대립은 한층 심화되었고, 그 귀결이 1952년 8월 28일 요시다의 '불시해산'이었다.[57] 요시다의 의도는

---

55) 芦田均(進藤栄一·下河辺元春編), 『芦田均日記 第4巻』(東京: 岩波書店, 1986), p. 7.
56) 鳩山一郎, 『鳩山一郎回顧録』(東京: 文藝春秋新社, 1957), pp. 40-43.
57) 吉田茂, 『回想10年 第1巻』(東京: 中央公論社, 1998), p. 193.

하토야마 파가 선거 태세를 갖추기 전에 선거를 실시하여 하토야마 세력을 억제하려는데 있었다.[58] 이 총선거에서 하토야마는 일소 국교회복과 재군비의 필요성을 주장해 요시다와 격렬히 대립했다.[59]

이러한 대립은 1953년 2월 28일 요시다 총리의 '바가야로 발언'[60]을 계기로 야당이 제출한 내각 불신임결의안에 하토야마 파 22명이 찬성표를 던져 가결되었을 때 정점에 이르렀다. 이에 요시다는 중의원을 해산, 4월 19일 총선거가 실시되었다. 지난 총선거와 마찬가지로 이번 총선거도 재군비 문제와 개헌 문제가 주된 쟁점이 되었다.[61] 요시다의 자유당은 호헌과 점진적인 재군비를 주장했지만, 하토야마의 자유당은 개헌과 재군비를 선거공약으로 내걸었다. 개진당은 기본적으로 재군비에는 찬성했지만, 헌법개정 문제를 둘러싸고 당의 입장이 분열되었다. 반면, 혁신세력 내에서 우파 사회당이 재군비 반대·보안대 축소와 자위권의 인정을 표방했던 반면 좌파 사회당은 재군비 반대·보안대 해산을 주장했다.

〈표 2〉 1953년 4월 19일에 실시된 第26회 총선거 결과

회수	자유당	분당파 자유당	개진당	좌파 사회당	우파 사회당	노동당	공산당
제26회 당선자 수	199	35	76	72	55	5	1
제25회 당선자 수	240		85	55	57	4	0

출처: 小野耕二·이기완(역), 『일본현대정치사』 (서울: 케이시, 2003), p. 117.

<표 2>에서 보여지는 바와 같이 총선거 결과, 헌법개정과 재군비를 표방한 하토야마의 자유당과 개진당이 부진을 면치 못했던 것과는 반대로 재군비 반대를 주장한 사회당, 특히 좌파 사회당의 약진이 두드러졌다. 이는 반 요시다 파가 내걸었던 헌법개정과 재군비론이 국민적 지지를 받지 못했다는 것을 의미한다.[62] 또한 요시다의 자유당은 199석

58) 吉田内閣刊行会, 『吉田内閣』(東京: 吉田内閣刊行会, 1954), p. 560.
59) 鳩山一郎, 앞의 책, p. 117.
60) 山田栄三, 『正伝佐藤栄作 (上)』(東京: 新潮社, 1988), p. 224.
61) 西川吉光, 앞의 책, p. 192.

을 얻어 제1당의 지위를 유지했지만, 의석수의 감소와 함께 점차 반 요시다 파의 신장이라는 진퇴양난의 상황에 직면하게 되었다.[63]

그럼에도 1950년대 초반까지 요시다를 중심으로 한 정치세력이 일본정치의 주도권을 장악했던 결과, 일본국헌법과 미일안보체제 하에서 군사력을 미국에 의존하면서 경제성장을 추구하는 일본국가의 특수성이 형성·유지될 수 있었다. 하지만 이러한 특수국가는 1954년 초 조센의혹 사건[64]을 계기로 커다란 타격을 피할 수 없었다. 1954년 12월 6일, 임시국회에서 반 요시다의 보수세력을 규합한 일본민주당과 좌우파 사회당에 의해 반 요시다 연합이 형성되어 요시다 내각 불신임안이 제출되었다. 이로 인해 12월 7일 요시다 내각은 총사직을 단행하게 되었다.

2) 요시다 노선의 좌절과 회귀의 정치과정

요시다 퇴진 후 행해진 총리지명선거에서 일본민주당의 하토야마가 당선되었다. 요시다 노선을 대미 종속노선으로 비판하여 온 하토야마 총리는 자주적 재군비를 추진하기 위해 헌법개정을 목표로 설정했지만, 1955년 2월 총선거와 56년 참의원 선거에서 헌법개정 발의에 필요한 3분의 2이상의 의석을 확보할 수 없었다. 이에 하토야마 총리는 1956년 3월 헌법 9조 개정을 발의할 수 있는 의석을 확보하기 위한 수단으로 소선거구제의 도입을 시도했지만, 당내뿐만 아니라 야당의 반대에 직면하여 실패했다.[65]

개헌에 필요한 의석 확보와 선거제도 개혁에 실패한 하토야마 총리

---

62) 大嶽秀夫, 『再軍備とナショナリズム』(東京: 中央公論社, 1988), p. 174.

63) 小野耕二, 『新版日本政治の転換点』(東京: 青木書店, 1998); 이기완(역), 『일본현대정치사』(서울: 케이시, 2003), pp. 111-112.

64) 조센의혹 사건은 한국전쟁의 특수가 끝나고 불황에 빠진 조선업계를 구제하기 위해 제정된 외항선박건설융자 이자보조금법과 손실보상법의 성립 및 전개과정에서 발생한 뇌물수수 사건으로 자유당의 사토 간사장 및 이케다 정조회장 등이 관련되어 요시다 내각 붕괴의 단초를 제공한다.

65) 이기완, "호소카와 내각과 정치개혁," 『국제정치논총』제41집 4호(2001), pp. 195-211.

는 개헌을 단념하는 대신 소련과의 국교회복을 통한 유엔가입을 핵심 과제로 설정했다. 요시다와 미국에 대한 반감이 컸던 하토야마 총리는 1955년 2월 4일 각의에서 소련과의 국교회복을 정식으로 결정하고 교섭을 시작했다. 이 과정에서 최대 쟁점이 되었던 것은 북방영토 문제로 '2도 반환'을 주장하는 소련 측과 '4도 일괄반환'을 주장하는 일본 측 입장이 첨예하게 대립했다.[66] 특히 이 문제로 하토먀마 총리와 시게미쓰 외상이 첨예하게 대립했을 뿐만 아니라 자민당 내에서도 하토야마 파와 요시다 파가 대립하여 내각과 자민당의 분열양상이 발생했다.[67] 특히 요시다와 그 지지세력은 소련과의 국교회복이 일본의 국익에 반한다고 주장하는 동시에 하토먀아에 대한 감정적 반발도 있어 소일 교섭에 부정적인 태도를 보였다.[68]

1956년 9월 11일 하토야마 총리는 북방영토 문제에 관한 교섭은 후일 계속하는 것을 조건으로 국교회복을 조기에 실현하고 싶다는 의사를 소련 측에 전달했고, 이에 소련 측이 동의하여 10월 19일 양국은 소일공동선언을 발표하기에 이르렀다. 북방영토를 둘러싼 소일 양국이 합의점에 이르지 못했기 때문에 평화조약을 체결하는 데 실패했지만 공동선언이라는 형태로 국교가 회복되었던 것이다. 하토야마 총리는 소련으로부터 귀국한 다음 날, 정계은퇴 성명을 발표했다.

이어 등장한 이시바시 내각은 자주외교의 확립과 중일무역확대를 기본방침으로 내걸었다. 특히 이시바시 내각은 하토야마 내각이 소련과의 국교를 회복했기 때문에 중국과의 관계정상화를 추진하려고 했지만, 그의 지병으로 인해 단명정권으로 끝났다. 그리하여 1957년 2월 25일 기시 내각이 성립했다.

기시 총리는 도조 히데키(東條英幾)내각에서 만주국 건설에 매진했던 경력으로 인해 GHQ로부터 A급 전범 용의자로 지목되어 3년간 스가모(巣鴨)형무소에 수감생활을 한 인물이었다. 기시는 '자주일본'을 건설

---

66) 和田春樹, 『北方領土問題を考える』(東京: 岩波書店, 1990), p. 148; 下田武三, 『戰後日本外交の證言(上)』(東京: 行政問題硏究所, 1974), p. 142.

67) 松本俊一, 『モスクワにかける虹』(東京: 朝日新聞社, 1966), pp. 24-25.

68) 岸信介, 『岸信介回顧錄』(東京: 廣濟堂出版, 1983), pp. 165-166.

하기 위해서는 대내적으로는 자주헌법을 제정하고 그 틀 내에서 군대를 재건하는 동시에 대외적으로는 자주외교를 전개하지 않으면 안 된다고 판단했다. 자주일본을 건설하는 하나의 축인 헌법개정은 하토야마 내각에서 보았듯이 호헌 세력의 존재에 의해 불가능한 일이었다. 그 때문에 기시는 자주외교의 실현을 정책목표로 내걸고, 당시 불평등조약으로 간주되던 미일안보조약의 개정에 착수했다.[69]

그러나 기시 총리는 미국을 적으로 돌려서는 미일안보조약의 개정이 불가능하다고 판단하여 하토야마와는 달리 미국과의 관계를 중시하여 반공·친미 노선을 견지했다.[70] 즉 요시다에 대한 대항심에 불타던 하토야마는 소위 반 요시다 슬로건으로 자주외교를 강조했던 반면, 기시가 내걸었던 자주외교는 대미협조를 전제로 한 가운데 개헌 및 자주군비를 목표로 한 것이었다.[71] 그런 의미에서 기시 총리는 '전술적 친미론자'라고 말할 수 있다.[72]

기시 내각은 안보조약을 대등한 상호원조조약으로 개정하기 위한 포석으로 1957년 4월부터 5월에 걸쳐 방위 2법을 개정하여 자위대원 1만명을 증원하는 동시에 국방회의를 개최하여 국방의 기본방침과 제1차 방위력 정비계획을 책정했다.[73] 이후 기시 총리는 미국을 방문하여 안보조약의 재검토를 미국 측에 요청하고 아이젠하워(D. Eisenhower) 대통령으로부터 동의를 얻는데 성공했다. 기시 내각은 안보개정을 향한 대미교섭에 본격적으로 착수하기 위해 당과 내각에서 이케다를 비롯한 요시다 계열을 배제하는 대폭적인 인사를 통해 당내 주류체제를 확립했다. 1958년 9월 후지야마 아이치로(藤山愛一郎)외상의 미국 방문을 시작으로 본격화된 조약개정의 협의는 1960년 1월 6일 제22회 회담에서 최종적으로 타결되었다. 이리하여 1960년 1월 19일 워싱턴에서 신

69) 山本剛, 『戰後日本外交史VI』(東京: 三省堂, 1984), p. 2.
70) 伊藤昌哉, 『池田勇人とその時代』(東京: 朝日新聞社, 1985), p. 62.
71) 片岡鐵哉, 『さらば吉田茂』(東京: 文藝春秋社, 1992), p. 275.
72) 이기완, "일본의 정치변동과 미일안보체제," 『국제관계연구』제12권 1호(2007), pp. 61-88.
73) 石井修, 『冷戰と日米關係』(東京: ジャパンタイムズ, 1989), p. 219; 室山義正, 『日米安保條約』(東京: 有斐閣, 1992), pp. 129-186.

안보조약이 조인되었다.

신안보조약은 일본과 극동의 평화 및 안전을 위해 미군이 일본의 기지를 사용할 권리를 인정하고 있었다는 점에서 구조약과 동일했지만, 미국의 일본방위의무의 명문화, 10년 간 조약기한의 설정, 내란조항의 삭제, 그리고 사전협의제도의 신설이 새롭게 규정되는 등 중대한 변경이 가해졌다.[74] 하지만 신안보조약도 기본적으로 일본이 미국에 기지를 제공하고 미국이 일본을 방위한다고 하는 구안보조약의 기본적 틀을 변경한 것은 아니었다.

한편, 기시 내각이 안보개정을 위한 교섭을 진행하던 때 혁신세력은 '안보개정저지국민회의'를 결성하여 미일 교섭을 저지하려고 했다. 본래부터 안보조약을 평화에 반하는 것으로 간주하던 혁신세력은 대규모 반대투쟁을 전개했다. 이리하여 안보개정문제는 국론을 크게 양분시키는 쟁점이 되었고 의회 내에서도 격렬한 대립을 초래했다. '안보 국회'에 의해 위기감을 느낀 기시 총리는 1960년 5월 19일 경찰대를 동원하여 사회당 의원을 끌어낸 후, 중의원 본회의에서 자민당 단독으로 신안보조약을 강행·처리했다. 이후 이에 대한 책임을 지고 기시 내각은 개정 실현과 동시에 퇴진하지 않을 수 없었다.

기시 정권이 붕괴된 후 성립한 이케다 내각은 재차 요시다 노선으로 회귀하여 헌법 9조에 대한 '해석 개헌'을 통해 일본국헌법의 기본구조를 그대로 유지함과 동시에 미일안보체제 하의 대미협조를 기축으로 하면서 경제성장을 추구하는 정치노선을 표방했다. 이케다 총리는 국민소득배증계획을 통해 고도 경제성장의 청사진을 제시하여 국민으로부터 높은 지지를 받았지만, 암으로 인해 1964년 10월에 사임함에 따라 사토 에이사쿠(佐藤榮作)내각이 성립했다. 사토 내각도 고도 경제성장노선과 대미 협조노선을 답습하여 안정된 정권을 유지할 수 있었다.

이케다·사토 내각은 경제성장을 국가의 목표로 설정하고 대기업을 중심으로 자본 축적을 촉진·유도하는 다양한 정책을 계통적으로 전개하며 '기업국가'의 역할을 수행했던 결과,[75]1960년대 일본경제는 비약

---

74) 大平善梧, "改定安保條約の成立と特質," 鹿島平和研究所(編), 『現代日本の外交』(鹿島: 鹿島平和研究所出版會, 1970), pp. 109-118.

적인 발전을 이루었다. 1960년 당시 449억 달러였던 GNP는 1970년에 1962억 달러로 4배 이상 증가했으며 연평균 15.9%의 높은 성장률을 기록하여 1968년에는 서독을 제치고 세계 제2위의 경제대국으로 부상했다.

이로써 개헌 및 자주외교를 주창했던 하토야마·기시로 대표되는 반요시다 세력은 일본국가의 특수성을 초래한 전후 정치구조의 변질을 시도하여 소일 국교회복과 안보조약의 개정을 실현했지만, 이케다·사토로 대표되는 요시다 직계로 재차 정치의 중심이 이동하면서 동요하던 특수국가는 안정화될 수 있었다.76)

6. 결론

지금까지 살펴본 바와 같이 헌법 9조의 존재와 전후 국제체제의 구조 및 미일안보체제에 의해 주조된 일본국가의 특수성은 이러한 이중의 제약성 속에서 행위하는 정치세력의 역학관계에 따라 약간의 변형이 가해졌지만, 군사기구의 기형성과 대미 종속외교를 극복할 수 없었음을 알 수 있다.

미국은 일본 제국주의의 부활과 일본군의 재건을 금지하기 위해 헌법 9조에 비무장 규정을 삽입했다. 이로 인해 일본은 국제분쟁의 해결수단으로 군사력을 행사하지 않는다는 국가방침의 설정과 헌법상의 구속에 의한 파행적인 군사조직으로 자국의 안보를 스스로 확보할 수 없게 되었다. 이리하여 일본은 자국의 군사력 이외의 방법으로 자국의 안보를 확보하지 않으면 안 되는 상황 속에서 미국과의 동맹을 통해 안보를 보장받을 수 있었다. 헌법 9조와 미일안보조약에 의해 일본국가의 특수성은 두 가지 흐름으로 전개되고 상반된 결과를 초래했다.

75) 形野清貴, "国家イデオロギー状況を読む," 金子道雄(編), 『現代日本の国家と社会』(京都: 法律文化社, 1996), p. 211.
76) 愛敬好二, "9條改定論の變遷と現在," 『論座』2月号(2004), pp. 22-23.

첫째, 헌법 9조와 미일안보체제 하에서 특수국가는 미국의 세계전략, 특히 동아시아에서 대소 봉쇄전략에 편입되어 독자적인 안보정책을 전개하지 못하고 국제정치의 장에서 일본을 정치 소국으로 전락시켰다. 전술한 바 있듯이 일본이 미국과 안보를 위한 협상에 착수하게 된 국내적 요인으로는 헌법 9조의 규정을 들 수 있고, 국제적 요인으로는 동아시아 국제체제의 압력을 지적할 수 있다. 특히 냉전 격화, 중국혁명의 성공, 그리고 한국전쟁의 발발 등에 의한 국제체제의 압력이 헌법 9조와 맞물려 일본의 안보에 심각한 위협을 가하자 일본은 자국을 극동전략의 기지로 활용하려는 미국의 동북아 정책에 편승하여 미군 존재의 '반사효과'로 안보를 확보하려고 했다.

그럼에도 불구하고 지배세력 내에는 어떻게 자국의 안보를 확보할 것인지, 또한 미국과 어떠한 관계를 유지할 것인지에 대해 일치된 견해가 존재하지 않았다. 국가진로를 둘러싼 지배세력 내 입장 차이는 하토야마 내각에서 기시 내각에 이르는 사이에 최고조에 달했지만, 안보투쟁 후 지배세력은 정치 우선주의(개헌과 재군비)노선을 포기함으로써 자주국가 일본건설의 문제를 더 이상 심각하게 고민하지 않게 되었다. 만약 그 시점에서 지배세력이 일본이 나아갈 진로 및 국제공헌의 방식(정치 우선주의 노선)에 대해 국민적 합의를 도출하려고 시도했다면 대미 종속에 의거한 특수국가는 종말을 맞이했을 것이다.

이와 관련하여 정치세력의 역학관계가 전후 일본국가의 성격을 규정짓는데 있어 커다란 영향을 미쳤다는 점이다. 이미 지적한 바 있듯이 일본국헌법의 제정과 샌프란시스코 강화조약 및 미일안보조약의 체결과정에서 주도적인 역할을 수행한 정치인은 요시다였다. 따라서 이 시기 요시다의 정치적 입장이 일본의 국가를 특수한 것으로 만드는데 결정적인 역할을 했다. 반면 하토야마와 기시 내각에서는 요시다 내각 하에서 주조된 특수국가의 변질을 시도하여 소일 국교회복과 안보조약의 개정을 실현했지만, 이케다·사토 내각이 재차 요시다 노선으로 회귀하여 동요하던 특수국가는 안정적으로 정착할 수 있었다. 여기서 지적하고 싶은 것은 전후 일본에서 특수국가가 헌법 9조라는 국내적 요인과 미일안보체제라는 국제적 요인에 의해 일방적으로 주조된 것이 아니라 그러한 제도적 틀 속에서 합목적적으로 행위하는 정치세력의 역학관계도 그 성격규정에 중요한 영향을 미쳤다는 점이다.

둘째, 대미 종속과 국가주권의 제한에 의해 형성된 특수국가는 미국의 안보우산 하에서 자국의 방비에 필요한 방위비를 절약할 수 있었던 결과, 1960년대 고도 경제성장을 달성하고 안정적인 통치질서를 구축할 수 있었다. 1945-60년대 특수국가가 형성될 수 있었던 것은 이 시기 일본이 미국의 동맹국으로 냉전체제의 일익을 담당하고 미군의 주둔을 허용하는 형태로 미국의 세계전략에 편입되어 있었기에 가능했던 것이다. 또한 미국은 일본의 정치가 불안정하게 되어 동맹관계가 악화되는 것을 경계하여 일본의 경무장 및 경제 우선주의 노선을 용인해 주었다. 특히 미국은 1956년 하토야마 내각이 소련과 국교를 회복하고 난 후, 일본이 공산화하지는 않더라도 중립화하는 것은 아닌가 하는 의구심을 가지고 있었다. 따라서 미국은 일본이 서방진영에서 이탈하는 것을 방지하기 위해 재군비 요구를 억제하면서 일본경제의 부흥에 중점을 두었던 것이다. 이로 인해 일본은 1960년대 이케다·사토 내각에서 고도 경제성장을 달성할 수 있었다.

이러한 특수국가는 헌법 9조와 미일안보체제에 의해 민족국가의 근간인 군사력을 미국에 의존하여 안보문제를 해결하고 경제성장의 유리한 환경조성과 고도 경제성장을 통해 보수 지배체제의 안정을 실현했지만, 대내외적으로 이중의 제약성을 노정하고 있었다. 전후 특수국가는 헌법 9조와 미일안보조약에 결박되어 국가본래의 역할인 군사력에 의한 해외공민의 보호와 국제질서에의 적극적 공헌을 수행할 수 없었다. 또한 특수국가는 국가정책을 국익의 관점에서 결정하기보다는 경제발전 및 경제적 이익을 최우선적으로 고려하는 경제 제일주의의 기업국가로 전락하면서 국가본연의 성격을 상실했다.[77] 이리하여 특수국가는 대미의존에 의한 보장된 안보와 경제성장에 의한 안정된 지배를 실현할 수 있었지만, 국가에 대한 강한 충성심을 이끌어낼 수도 없었고 국가이념으로 민족주의를 표방할 수도 없었다.

---

77) 이기완, "현대일본국가의 변질과 신보수주의," 『아세아연구』 제47권 제3호(2004), pp. 189-214.

참고문헌

이기완, "호소카와 내각과 정치개혁," 『국제정치논총』 제41집 4호(2001).

이기완, "일본 '특수국가'의 형성과정 연구," 『대한정치학회보』 제12집 2호(2004).

이기완, "현대일본국가의 변질과 신보수주의," 『아세아연구』 제47권 제3호(2004).

이기완, "일본의 정치변동과 미일안보체제," 『국제관계연구』 제12권 1호(2007).

이기완(역), 『일본현대정치사』 (서울: 케이시), 2003.

이기완, 『일본외교와 동아시아』 (서울: 매봉), 2009.

Johnson, Charlmers, *MITI and the Japanese Miracle: The Growth of Industrial Policy, 1925-1975* (Stanford: Stanford University Press), 1984.

Schaller, Michael, *The American Occupation of Japan* (New York: Oxford University Press), 1984.

Strazer, Marie D., "Japanese Efforts to Influence A Peace Settlement 1945-1951," Thomas W. Burkman(ed.), *The Occupation of Japan: The International Context* (Virginia: The MacArthur Foundation), 1984.

United States Department of State, *Foreign Relations of the United States*, 1949, vol. 7, Part 2 The Far East and Australasia (Washington: U. S. Government Printing Office), 1975.

Wolferen, Kaeal van., *The Enigma of Japanese Power: People and Politics in a Stateless Nation* (New York: Alfred A. Knopf), 1989.

愛敬好二, "9條改定論の變遷と現在," 『論座』 2月号(2004).

芦田均(進藤榮一·下河辺元春編), 『芦田均日記 第4卷』 (東京: 岩波書店),

1986.
芦田均(進藤榮一·下河辺元春編),『芦田均日記 第7巻』(東京: 岩波書店), 1986.
荒敬, "サンフランシスコ講和," 歴史學研究會(編),『日本同時代史』(東京: 青木書店), 1990.
五百旗頭眞(編),『戰後日本外交史』(東京: 有斐閣), 1999.
五十嵐武士, "對日講和の提唱と反共觀の位相,"『國際問題』196号(1976).
五十嵐武士,『戰後日米關係の形成』(東京: 講談社), 1995.
五十嵐武士,『日米關係と東アジア』(東京: 東京大學出版會), 1999.
池田勇人,『均衡財政』(東京: 中央公論新社), 1999.
石井修,『冷戰と日米關係』(東京: ジャパンタイムズ), 1989.
伊藤昌哉,『池田勇人とその時代』(東京: 朝日新聞社), 1985.
猪木正道,『評伝吉田茂』(東京: 讀賣新聞社), 1981.
岩見隆夫, "政界再編を目論む金丸人脈,"『中央公論』9月号(1991).
內田健三·早野透·曾根泰教,『大政變』(東京: 東洋經濟新報社), 1994.
江藤淳(編),『占領史線(下)』(東京: 講談社), 1989.
大嶽秀夫,『再軍備とナショナリズム』(東京: 中央公論社), 1988.
大平善梧, "改定安保條約の成立と特質," 鹿島平和硏究所(編),『現代日本の外交』(鹿島: 鹿島平和硏究所出版會), 1970.
小澤一郎,『日本改造計畵』(東京: 講談社), 1993.
小野耕二,『新版日本政治の轉換点』(東京: 青木書店), 1998.
小野直樹,『戰後日米關係の國際政治經濟分析』(東京: 慶應義塾大學出版會), 2002.
片岡鐵哉,『さらば吉田茂』(東京: 文藝春秋社), 1992.
形野淸貴, "國家イデオロギー狀況を讀む," 金子道雄(編),『現代日本の國家と社會』(京都: 法律文化社), 1996.
岸信介,『岸信介回顧錄』(東京: 廣濟堂出版), 1983.
北岡伸一, "9條は平和主義の象徵にあらず,"『Voice』3月号(2001).
楠綾子, "占領下日本の安全保障構想,"『六甲台論集』第45巻 3号(1999).
月刊社會党編集部,『日本社會党の30年』(東京: 日本社會党中央本部機關紙局), 1976.
憲法調査會事務局(編),『憲法制定の經過に關する小委員會報告書』(東京: 大藏省印刷局), 1961.
兒島襄,『日本占領 第3巻』(東京: 文芸春秋), 1978.
小林直樹,『憲法第9條』(東京: 岩波書店), 1982.
下田武三,『戰後日本外交の證言(上)』(東京: 行政問題研究所), 1974.
高柳賢二·大友一郎·田中英夫(編),『日本國憲法制定の過程』(東京: 有斐閣), 1972.
田中愛治, "國民意識における55年體制の變容と崩壞,"『政治學年報』1996年版(1996).
田中明彦,『安全保障』(東京: 讀賣新聞社), 1997.
寺崎英成·マリコ·テラサキ·ミラー(編),『昭和天皇獨白錄』(東京: 文藝春秋), 1991.
中村隆英, "日米『經濟協力』關係の形成," 近代日本研究會(編),『年報近代日本研究 太平洋戰爭』(東京: 山川出版), 1982.
西川吉光,『日本政治外交史論(上)』(東京: 晃洋書房), 2001.
西村態雄,『サンフランシスコ平和條約·日米安保條約』(東京: 中央公論社), 1999.
鳩山一郎,『鳩山一郎回顧錄』(東京: 文藝春秋新社), 1957.
古關彰一,『新憲法の誕生』(東京: 中央公論社), 1988.
細谷千博,『サンフランシスコ講和への道』(東京: 中央公論社), 1984.
增田弘,『公職追放: 三大政治パージの研究』(東京: 東京大學出版會), 1998.
升味準之輔, "一九五五年の政治体制,"『思想』6月号(1964).
升味準之輔,『戰後政治(上)』(東京: 東京大學出版會), 1983.
松本俊一,『モスクワにかける虹』(東京: 朝日新聞社), 1966.
三浦陽一,『吉田茂とサンフランシスコ講和 上巻』(東京: 大月書店), 1996.
宮里政玄, "アメリカ合衆國政府と對日講和," 渡邊昭夫·宮里政玄(編),『サンフランシスコ講和』(東京: 東京大學出版會), 1986.
宮里政玄·草野厚(譯),『日本が獨立した日』(東京: 講談社), 1984.
宮澤喜一,『戰後政治の証言』(東京: 讀賣新聞社), 1991.

山田榮三,『正伝佐藤榮作 (上)』(東京: 新潮社), 1988.

山本剛,『戰後日本外交史VI』(東京: 三省堂), 1984.

吉田茂,『回想10年 第1巻』(東京: 中央公論社), 1998.

吉田茂,『回想10年 第2巻』(東京: 中央公論社), 1998.

吉田茂,『回想10年 第3巻』(東京: 中央公論社), 1998.

和田春樹,『北方領土問題を考える』(東京: 岩波書店), 1990.

渡辺治,『企業支配と國家』(東京: 青木書店), 1991.

渡辺治,『政治改革と憲法改正』(東京: 青木書店), 1994.

渡邊昭夫, "講和問題と日本の選擇," 渡邊昭夫·宮里政玄(編),『サンフランシスコ講和』(東京: 東京大學出版會), 1986.

『99資料 政治·経濟』(東京: 清水書院), 1999.

『第六回國會參議院會議錄 第8号』(1949/11/12)

『朝日新聞』

『讀賣新聞』

저자 소개

이 기 완

· 현 창원대학교 국제관계학과 부교수

· 고려대학교 정치외교학과 졸업(1995)/동 대학원 석사(1997)

· 일본 주오대학교(Univ. of Chuo)정치학 박사(2001)

주요 저술

『일본외교와 동아시아』(매봉, 2009)

『국제사회의 대외인식과 한국관』(공저)(매봉, 2009)

『동맹의 이론과 현실』(공저)(창원대 출판부, 2008)

『일본의 정당과 정당정치』(매봉, 2006)

“일본의 대중인식과 대중정책” 『통일문제연구』(2010)

“동맹정치의 변화와 동맹관계: 한미·미일동맹을 중심으로” 『국방연구』(2010)

최 기 성

· 현 도쿄대학교 사회과학연구소 연구원

· 일본 와세다대학교 정치학연구과 수료(1994)

· 일본 도쿄대학교(Univ. of Tokyo)정치학 박사(2005)

주요 저술

『희망격차사회』(역서)(아침, 2010)

『타자에의 자유』(역서)(아침, 2008)

『정치와 윤리: 21세기 규범이론을 지향하며』(공저)(쇼와당, 2001)

“롤즈 <만민법>의 사상적 함의” 『대한정치학회』(2009)

“롤즈 정치적 정의관의 사상적 함의” 『한국정치사상학회』(2008)

김 용 민

· 현 부경대학교 국제지역학부 강사

· 일본 주오대학교(Univ. of Chuo)경제학과 졸업(2000)/동 대학원 석사(2002)

· 일본 주오대학교(Univ. of Chuo)경제학 박사(2005)

주요 저술

『分權化財政の新展開』(공저)(일본 주오대학교 출판부, 2007)

"일본 주요 관청의 FTA전략" 『21세기 정치학회보』(2009)

"국제수지 동향으로 본 일본과 미국의 경제적 동맹관계" 『대한정치학회보』(2008)

"일본의 동아시아 공동체 구축과 CEPEA 전략" 『아시아연구』(2007)

"일본의 국채발행과 국채관리정책에 대한 고찰" 『아시아연구』(2007)